U0636399

国家文化产业课题研究报告

（2007 年度）

文化部文化产业司　编

云南大学出版社

图书在版编目（CIP）数据

国家文化产业课题研究报告：2007年度/文化部文化
产业司编. 一昆明：云南大学出版社，2008
ISBN 978 - 7 - 81112 - 720 - 1

Ⅰ. 国… Ⅱ. 文… Ⅲ. 文化—产业—研究报告—中国—
文集 Ⅳ. G124 - 53

中国版本图书馆 CIP 数据核字（2008）第 200399 号

国家文化产业课题研究报告

（2007年度）

文化部文化产业司 编

策划编辑：柴 伟
责任编辑：李兴和 李 平
装帧设计：猎鹰创想｜书籍设计

出版发行：云南大学出版社
印　　装：云南华中印务有限公司
开　　本：787mm × 1092mm　1/16
印　　张：20.875
字　　数：343 千
版　　次：2008 年 12 月第 1 版
印　　次：2008 年 12 月第 1 次印刷
书　　号：ISBN 978 - 7 - 81112 - 720 - 1
定　　价：45.00 元

地　　址：云南省昆明市翠湖北路 2 号云南大学英华园（邮编：650091）
发行电话：0871 - 5031071　5033244
网　　址：http：//www.ynup.com
E - mail；market@ynup.com

前　言

　　摆在各位读者面前的《国家文化产业课题研究报告》，是部分高校的国家文化产业理论研究机构根据文化部下达的课题研究任务而推出的文化产业最新理论研究成果。

　　党的十六大以来，在国家文化产业政策的积极引导和文化体制改革的有力推动下，我国文化产业从探索、起步、培育的初级阶段进入了快速发展的新时期。期间，为推动文化产业理论研究，以战略性、前瞻性的科学理论有效地指导文化产业实践，1999 年和 2002 年，文化部分别与上海交通大学和北京大学共同组建了国家文化产业创新与发展研究基地；2005 年在中国传媒大学和深圳特区文化研究中心设立了国家对外文化贸易研究基地；2006 年又与清华大学、南京大学、南京航空航天大学、中国海洋大学、华中师范大学、云南大学等高校共建了国家文化产业研究中心。近年来，各研究基地和中心不断加强自身建设，集聚了一大批具有较高学术造诣的专家学者，在文化产业理论研究、人才培养、学术交流、服务地方等方面做了大量有益的工作，促使许多文化产业理论研究成果转化为现实的文化生产力，为推动我国文化产业快速发展发挥了重要作用。

　　2007 年 5 月，为充分发挥各研究基地和中心的作用，进一步推动文化产业理论创新，为国家和各级政府部门科学决策提供智力支持，文化部向各研究基地和中心下达了文化产业研究课题任务。半年多来，经过各研究基地和中心的辛勤努力，12 个研究课题全部圆满结题。归纳起来，这些研究课题大致有以下特点：

　　一、选题切合实际。研究课题立足于我国文化产业的丰富实践，着眼于文化产业的长远发展，从发展思路、政策完善、运行模式、区域研究、文化贸易等方面，进行了比较深入的理论研究。既阐述了文化产业发展过程中人们所关注的一些焦点问题，又对我国文化产业未来的发展趋势进行了大胆预测和战略思考，具有较强的指导性、普适性和针对性。

　　二、分析细致严谨。研究前期，各课题组十分重视调查研究，实地走访了很多地方的政府主管部门和文化企业，搜集掌握了大量翔实资料和相关数据，为课题研究奠定了坚实的基础。同时，注意借鉴其他学科成熟的思维方式和比较方法，引入数学等量化分析等工具，有力地提高了研究课题的客观性和科学性，保证了研究成果的质量。

三、富有参考价值。根据党和国家发展文化产业的大政方针，各课题组十分注重理论联系实际，不仅提出问题，思考问题，分析问题，而且着力研究解决问题的路径和方法，提出很多颇有价值的意见和建议，为我国文化产业健康持续发展提供了较好的理论参考依据。

总之，《国家文化产业课题研究报告》凝聚了各研究基地和中心众多理论研究人员的心血和汗水，同时，还得到财政部教科文司、文化部办公厅、计划财务司的大力支持，许多地方文化厅（局）和单位也给予了热情帮助。虽然这是近年来难以看到的一本高质量的报告文集，但由于我国文化产业毕竟是一个新兴产业，尚处于初步发展阶段，理论研究工作也必然会受到客观条件和认识水平的局限。课题研究报告中还有种种不足与缺憾，期望得到各位读者的批评和指正。

当前，党的十七大向全党全国人民发出"推进社会主义文化大发展大繁荣，兴起社会主义文化建设新高潮"的号召，强调在时代的高起点上推动文化内容形式、体制机制、传播手段创新，大力发展文化产业，解放和发展文化生产力，力争"十一五"期间，文化产业占国民经济比重明显提高、国际竞争力显著增强，适应人民需要的文化产品更加丰富。这对我国文化产业理论研究工作提出了新的、更高的要求。我们相信，有党的十七大精神的正确指引，加上广大理论工作者的共同努力，今后一定会推出更多更加丰硕的文化产业理论研究成果，一定会为推动我国文化产业大发展大繁荣作出理论上的突出贡献！

编　者

目　录

前　言 ……………………………………………………………… （1）

构建和谐世界与中国文化产业发展战略

　　……………… 上海交通大学国家文化产业创新与发展研究基地（1）

当前我国文化产业的金融环境基础建设问题与政策建议

　　……………… 北京大学国家文化产业创新与发展研究基地（23）

高新科技与文化产业

　　——从新媒体技术的视角

　　……………… 清华大学国家文化产业研究中心（43）

文化产业政策与制度创新研究

　　……………… 上海交通大学国家文化产业创新与发展研究基地（83）

中国文化产业公共资讯平台建设研究

　　……………… 北京大学国家文化产业创新与发展研究基地（103）

中国城市文化竞争力及其评价指标

　　……………… 南京航空航天大学国家文化产业研究中心（127）

中国文化产品进出口结构分析

·················· 中国传媒大学国家对外文化贸易理论研究基地（151）

政府促进文化产品出口的角色定位和介入方式研究

······ 深圳特区文化研究中心国家对外文化贸易理论研究基地（177）

我国东部沿海城市与中西部城市文化产业模式比较

························· 中国海洋大学国家文化产业研究中心（195）

长江三角洲地区区域文化市场一体化过程中市场分割与非经济壁垒

······························ 南京大学国家文化产业研究中心（229）

云南民族文化生态与文化产业发展

························· 云南大学国家文化产业研究中心（265）

中国会展文化研究

························· 华中师范大学国家文化产业研究中心（297）

构建和谐世界与中国文化产业发展战略

上海交通大学国家文化产业创新与发展研究基地

◆ 2 引　言

◆ 2 一、和谐世界是关于世界秩序结构和秩序状态的伟大构想，包含着对整个世界文化秩序重构的文明思考

◆ 6 二、以建设和谐世界的伟大战略构想为指导，在积极参与新一轮国际文化产业分工体系进程中，建构中国文化发展战略的目标体系

◆ 11 三、站在国家文化战略需求的高度，为新的国际文化战略竞争提供战略力量与合成形态，应当成为进一步深化中国文化产业发展的战略目标和战略价值取向

◆ 21 结　语

◆ 22 课题组成员名单

引　言

　　2005 年 9 月 15 日，在纪念联合国成立 60 周年首脑会议上，中国国家主席胡锦涛发表了题为《努力建立持久和平、共同繁荣的和谐世界》的重要讲话。在这一讲话中，胡锦涛不仅全面阐述了和谐世界的中国主张及其深刻内涵，并且明确指出：中国将始终不渝地把自身的发展与人类共同进步联系在一起，既充分利用世界和平发展带来的机遇发展自己，又以自身的发展更好地维护世界和平，促进共同发展；强调：中国将一如既往地遵守联合国宪章的宗旨和原则，积极参与国际事务，履行国际义务，同各国一道推动建立公正合理的国际政治经济新秩序。[①]

　　"和谐世界"是我国继"三个世界理论"之后提出的又一个具有普遍战略意义的关于世界秩序的战略理论，是在"文明冲突"之后提出的完全不同于"文明冲突"理论的文化战略理论和战略构想。这一理论和战略构想，不仅清晰地表明了中国政府致力于参与国际事务的态度，而且还清晰地表明了中国参与全球化进程的伟大目标。这一伟大目标既是我国构建社会主义和谐社会崇高理想的必然延伸，同时也是我们思考建设有中国特色社会主义的战略坐标。

　　大力发展文化产业，是党中央在对国际国内文化发展趋势进行分析判断基础上作出的科学决策，是社会主义文化大发展大繁荣的重要战略举措，是我国提高国家文化软实力和在国际文化战略竞争中的竞争力的重要途径。因此，如何在一个新的国家战略背景下重新思考和选择中国文化产业发展的战略目标，也就自然地成为当代中国文化产业发展战略的重大命题。

一、和谐世界是关于世界秩序结构和秩序状态的伟大构想，包含着对整个世界文化秩序重构的文明思考

　　和谐世界是关于世界秩序结构和秩序状态的一种外交主张和文化描

[①]　胡锦涛：《努力建设持久和平、共同繁荣的和谐世界——在联合国成立 60 周年首脑会议上的讲话》（2005 年 9 月 15 日，美国纽约），2005 年 9 月 17 日《人民日报》。

述。它包括对世界的政治、经济、文化未来目标的完整内容。文化是世界和谐的重要组成部分和重要标志。文化和谐是和谐世界的重要内容和鲜明特征。建设和谐世界必然提出建设和谐的世界文化的要求。承认并尊重世界文明的多样性是建设和谐世界的基本文化前提。

不同社会有不同社会的文明构成方式。不同社会的文明构成方式是以不同的社会生产力发展形式来表现的，并且通过具体的占主导地位的生产力实现形式来体现。由于文化是在终极的意义上反映了社会生产力的发展程度和文明构成方式，物质领域里的一切文明成果只有积累和表现为文化及其文化的物化形态在具有文明价值的时候，文化成果的物化机制和程度才成为文化和现代社会构成文明方式之间的力学运动。

文明方式构成的特殊性和差别性，是一种文明区别于另一种文明形态的尺度。它是以一定的社会生产力发展水平为指标体系的。生产力构成和规定了文明方式构成的历史性。马克思在论及精神生产与物质生产之间的关系时指出："首先必须把这种物质生产本身不是当做一般范畴来考察，而是从一定的历史的形式来考察。例如，与资本主义生产方式相适应的精神生产，就和与中世纪生产方式相适应的精神生产不同。如果物质生产本身不从它的特殊的历史的形式来看，那就不可能理解与这相适应的精神生产的特征以及这两种生产的相互作用。"[1] 农耕文明是以农业为其主要的社会生产力构成方式，并且以此为核心建构农村社会为主体的组织形态和生存方式。在农耕文明时代，虽然也有人类的文化生产和文化消费活动，以及前文化产业形态，如早期的手工业中的工艺美术品业、娱乐业、书籍印刷业等，但是，所有这些行业及其从业人员都是依附于整个农业经济之中，并未形成独立的产业业态和在国家的国民经济产值中占有重要比例，未能成为国民财富积累的重要形式和社群形态明显的从业基层。因此，虽有文化产业的前形态，但并未构成社会存在的主要方式，还不是一种生产力形态；其作为一种存在样式，还不能构成对社会进步的巨大影响。

工业文明是以工业为其主要的社会生产力构成方式。城市和市民社会的形成以及产业工人的诞生，是这一文明形态的主要的社会组织形态和文明生存方式。机器的发明和生产工具的革命性变化，在提供社会生

---

[1]《马克思恩格斯全集》第 26 卷，第一册，第 296 页。

产力的同时，也使人类生存的社会空间产生了新的飞跃。社会空间存在形态的变化和人群居住生态结构的变化所提出来的各种适应性需求的必然性，以及由这种必然性所产生的多种形式的生产样式的诞生和行业社会的发展，使得单一的农耕文化发展成为多元的以工业文化为主导的城市文化和农村文化及以城市文化发展为主导的人类文明发展新的动力结构。这种动力结构诞生的革命性意义就在于它为人类社会的发展开辟了一条符合人的自身文明提升所需要的发展道路，使人类精神的和物质的把握世界的能力和领域实现了质的转变和扩大。与此同时，工业化的发展程度也就成为衡量一个国家现代化程度的一个文明标志，一个检验文明程度的历史尺度。现代国际社会关于发达国家、发展中国家和最不发达国家划分的一个主要依据，就是这个国家的工业化水平和工业化程度。

信息文明消除了农业文明和工业文明的生产力界限。它的所有成果都能够被广泛地运用于农业和工业，从而在生产力的存在方式上，也就是文明方式的构成上超越了以上两种文明形态二元对立的局限。自从美国在 20 世纪 90 年代开始实施"信息高速公路"的国家战略，并以此全面推行社会存在方式的功能型结构转型后，开展信息革命和数字化生存，全面推进信息技术在整个国家和社会发展与进步中的主导型作用，便成为全球发展的主要趋势。现代人类社会的一切发展领域和国家发展模式的选择，无不以信息化程度作为检验的标准。数字技术广泛运用于人类社会的各个领域，正在深刻地改变着人类社会的存在方式。网络世界的崛起代替了传统的信息载体，虚拟存在已经成为人们的社会存在的一种重要的生活方式。文明不可能永恒存在，文明的替代是文明发展的规律。这种规律在一个空间实现的时间量度完全取决于在这个特定的空间里文明演化的速度。一种全新的文明形态正在发展和成长成为人类社会。

人类社会是被文明建构的。不同的社会不仅文明构成的内容不一样，而且构成的文化形态也是不一样的。但并非所有的文化形态对现代文明社会都具有建构的意义。只有那些深刻地反映了文明进化水平的标志性人类文明的创造成果，集中地体现和反映了人类的精神与物质两个文明创造的集合文化，才对于现代文明社会具有建构的意义，才构成现代社会文明构成的要件，也就是说，没有他就构不成现代文明社会，或者说就不是现代文明社会。而文化产业正是这样的集中体现和反映了现代人类社会精神和物质文明创造的集合文化的典型存在。

文化产业作为现代工业文明的产物，机器复制不仅极大地提高了文化生产力，而且还极大地提高了文化产品和精神的传播能力，使得空间和时间不再成为阻隔人类文明交流的障碍，使得人类社会得以在文明互动的发展中成为可能。文化产业是现代社会构成的重要组织形态和文明方式，它以自己的内容和形式参与配置和整合各种社会资源，包括政治的、经济的、文化的、社会的、自然的、物质的、非物质的，等等已经成为影响当下人类文明方式和社会走向的重要运动形式。不同时期的文明存在形式是有差别的，不同的文明形式表现着文明发展的不同阶段。这种整合在技术形态上，表现为与信息技术和信息产业的结合，从而使社会生产要素在这种结合的层面上形成社会要素关系的全新组合模式；在内容形态上，表现为人们的娱乐和生活方式的结合，满足人们多样的文化消费需求成为文化产业组织运动的动力模式，从而使得文化产业直接与人们的社会生活发生组织行为关系。人们在文化产业运动中的参与性程度和享有性程度，不仅标志着一个国家和社会文化产业发展的现代化程度，而且还标志着公民文化权利的实现程度。正是这种实现程度的差异，构成了现代文明社会所达到的现代文明程度的差异。国家的现代化程度和现代文明程度在这种差异中被建构。

当代社会已经是生活在由整个文化产业模拟创造的超现实的消费社会之中。在这种社会里，文化生活不再有一定之规。人们的社会关系不但多变而且也很少由既定的社会准则来调整或者构建了。正如自从由现代动漫产业提供了无数的动漫产品之后，儿童的游戏世界便发生了根本性的变化——传统的人与人之间的直接的感情交流的真实世界的游戏，被虚拟的网络或影像世界所代替。虚拟世界的出现使得传统的童话创作与传播不再成为儿童游戏生态的主流——儿童不再在儿童的真实世界的交往中认识世界，而是在虚拟的网络或影像世界中判断世界。现代文明社会的建构正是在文化产业不断革命的进程中发生着整个文化生态的变化。这种变化自从印刷和电影产业被创造出来之后，便以重力加速度的形式不可阻挡地向前发展着。它的速度越快，社会建构的文明变化也就越快，不同国家间的文明差异也就越大。所谓强势文化和弱势文化并不是就文化的文明渊源关系而言的，而是就现代文化产业在构成对现代社会建构的冲击力和影响力而言的。美国文化之所以被称为强势文化，并不是指美国的文化比中华文化所体现出来的文明更悠久，而是指它对当下中国现代化社会建构过程中的巨大冲撞力量——来源于美国的以好莱坞为代表的文化产业。现代文明社会正在沿着文化产业的发展路径而被建构。

文化产业是现代社会发展文明程度的一个标志。文化产业发达的国家，不仅反映出它的强有力的文化生产能力，而且还反映它的文化消费能力。它们建构着一个国家和地区的社会文明程度的高下，以及一个社会发展过程中的弹性程度，因而是一个国家和地区社会结构秩序的反映。

文化产业在当今人类社会的构成中，是一个最能集中反映社会的政治、经济、社会和文化内容与关系的存在。文化产业的产业结构与经济贡献值，不仅一般的反映了一个国家和地区经济现代化的程度，更重要的是反映了这个国家和地区在整个世界经济构成中所控制的战略资源的程度。

不同文明间的对话形式是多种多样的。在今天，通过不同文化产品之间的文化贸易，是实现不同文明间的对话和交流的基本形态。文化产业是这种形态得以产生和存在的最重要的载体。和谐世界的文化建设是体现在不同文明形态的多样性上的，是体现在不同文明形态的平等发展基础上的，而文化产业的发展是这种体现的具体存在形态与存在方式。从这个意义上说，文化产业无论是作为文明多样性的现代性表现，还是作为一种文明进步的重要动力，以平等开放的精神，维护不同文明条件下文化产业发展的多样性，都应该是促进国际文化关系民主化，协力构建各种文明兼容并蓄的和谐世界的题中应有之义。

二、以建设和谐世界的伟大战略构想为指导，在积极参与新一轮国际文化产业分工体系进程中，建构中国文化发展战略的目标体系

文化产业是当今世界中最集中地反映了世界的政治、经济和文化存在状况及其关系型张力的存在形态。在文化产业的这种内在张力中，其中的任何一种力的运动形态的变化，都会引起其他形态更大的变化。从某种意义上来说，这种力的构成形态和变化，实际上是世界政治、经济和文化运动关系的一种表现。一个国家是如此，世界秩序构成也是如此。反映在关于文化产业的市场准入与否的国家文化产业政策的博弈，关于知识产权之争，本质上是关于由谁来主导世界文化秩序建构的主导权之争。而这恰恰是国家文化战略竞争的核心。

现代世界文化秩序是以文化产业的国际分工体系来体现的。处于国际文化产业分工体系末端的那些国家和地区，一般来说，在现代世界文化秩序的重建中所拥有的话语权往往是最小的。从现代国际文化产业分工的基本格局和基本态势来看，大多数国家均处在文化产业发展的世界体系的边缘地带。一定的世界文化秩序，既是国际文化产业分工的前提，同时也是一定的国际文化产业分工的结果。当今世界文化秩序最大的不和谐，就是国际文化分工的不和谐，极少数几个文化产业大国几乎垄断了世界文化市场65%的市场份额。

历史文化产业运动的结果，客观上形成了文化产业的分工结构以及由这种分工结构形成的分工体系。在我国，所谓东、中、西部，不只是一个空间概念，还是一个包括了经济和文化的分工和文化产业的分工概念，并标志着这三个不同的区域在文化产业发展上不同的成熟性程度。因此，在中国的区域发展战略的战略系统中分别处于不同的位置上：东部先行、开发西部、中部崛起。表现在文化产业上，在中国公布的第一个《国家文化发展规划纲要》中，东部地区被列为国家重点文化产业发展带；从产业结构的空间配置来看，东部地区是中国文化产业最发达和最繁荣的地区，是中国文化产业的集群所在。而在整个西部地区，少数民族文化的多样性和自然与人文资源的多样性，使得文化旅游产业普遍地成为西部省份发展文化产业的主要内容和动力，其他文化产业形态基本上也都是以此为轴心而形成的。尽管个别省份的个别文化产业领域在全国整体文化产业格局中占有一定的份额，但是，就整体而言，东高西低是中国文化产业空间布局的基本结构，而中部地区，恰好处在过渡带这个位置。

中国是如此，整个世界的文化产业格局及其分工体系也是如此。东方和西方的概念，在国际政治和经济关系的内容中，同时也是关于文化的划分和分工。这反映和表现了在现代世界体系中国际文化产业分工的基本状况。因此，当我们从这样一个角度来看问题，来思考中国文化产业在建设和谐世界中的战略目标和战略定位的时候，就应当建立国际文化产业分工体系的这一分析坐标，也就是说，应当把中国文化产业发展战略这样的一个重大命题放到整个世界的文化产业分工体系中来考察，并且在这样一个考察中去发现和寻求中国文化产业发展与建设和谐世界的战略结合点，以及由这种战略结合点所确立的战略参与关系，进而在这一关系中建构与现代世界文化产业分工体系相和谐的中国文化产业发展与分工体系，推动中国文化产业的繁荣与发展。

近几年来，我国政府在积极履行加入世贸组织所作出的承诺的基础上、依法推进中国文化市场对外开放的同时，还依据一国两制的原则，创造性地与港澳地区建立起了包括文化贸易在内的"CEPA"；之后又在中国和东盟"10 + 1"的机制上，以中国东盟博览会为平台，创设"中国—东盟文化产业论坛"，积极推进中国和东盟之间在文化产业领域里的广泛合作；2007 年，在中国—东盟合作的基础上，我国广西又提出了泛北部湾区域经济与文化合作的新构想，并得到了泛北部湾有关国家和地区的积极响应，成功举办了泛北部湾经济合作与发展论坛，旅游业作为文化产业的一个重要内容成为首次泛北部湾经济合作与发展论坛的重要议题之一。

无论是中央政府与香港特区和澳门特区关于贸易的特殊安排（CEPA），还是中国—东盟、泛北部湾文化产业的合作，都不是一般意义上的区域文化产业合作与发展模式建构，而是全球文化产业运动发展的一个重要组成部分，是全球文化产业运动的一种表现形态（或结果）。由于新一轮的全球化正在导致新一轮的国际分工体系的形成，这样的合作应当是新一轮国际文化产业分工体系建构的重要内容和表现形态，本质上，它是中国和东盟积极探索建设和谐东亚，进而建设和谐世界的共同的文化上的努力。因此，我们应当从全球文化产业运动和新一轮国际文化产业分工体系的建构这样一个战略视角来界定中国—东盟文化产业上的合作，并选择合作的战略定位、合作模式与合作机制。

中国和东盟各国同处亚洲地区，在文化系统方面，用美国哈佛大学教授亨廷顿的观点来看，同属于儒家文化圈。共同的亚洲价值观的文化认同和地缘政治与经济的相关性，使得中国和东盟各国在区域发展中有着许多共同的利益。并且，正在遭遇到文化产业全球化和文化霸权主义的深刻挑战，这使得中国和东盟都面临着一个同样的问题，那就是如何在深入发展的全球化进程中，充分地参与全球化所导致的国际政治、经济、文化秩序的重建，并且在积极地参与由此而引发的新一轮国际文化产业分工体系的建构中作出中国及东盟各国的积极贡献。因此，只有把中国—东盟文化产业合作和泛北部湾文化产业合作放到整个新一轮国际文化产业分工体系建构中来认识，参与这一合作框架的各合作方才能超越文化意识形态局限，在寻求更多的共同文化利益过程中，开展内容更为广泛的合作领域，而不是仅仅局限于旅游或其他一个非常局部的领域。

2007年8月21日，首届"10+3"媒体合作研讨会在中国天津举行，围绕"加强媒体合作，传递亚洲声音"这一主题，分别就"东亚媒体在促进'10+3'合作中的作用"、"在国际舞台增强亚洲声音"和"2008年北京奥运——亚洲的盛事"三个议题展开了热烈而深入的研讨。东盟秘书处媒体与公关事务办公室官员素切拉·帕差亚布穆指出，当今世界越来越紧密地联系在一起，媒体对于让本地区人民认识到"10+3"合作给人民生活带来的裨益起着关键的作用。在当今的技术条件下，媒体可以跨越国境，促进人民之间的相互理解、信任和接触，架起弥合文化与历史差异的桥梁。因此，增强我们共同的声音——亚洲的声音，对于本地区建设共同的未来起着决定性的作用。媒体处在文化产业的核心部位，是现代文化产业发展最重要的形态，能否以及可在多大程度上建构其文化"软实力"，很大程度上取决于媒体的竞争力和影响力，取决于一个地区和国家的媒体在国际社会拥有多大的话语权。素切拉·帕差亚布穆先生的演讲不仅揭示了"10+3"媒体合作机制对于建设新亚洲文化产业合作机制对于亚洲各国文化合作与文化发展的重要作用，更重要的是揭示了这样的合作对于提高本地区国际地位和影响力不可替代的作用。这个作用，在我看来，就是通过将亚洲的声音更好更快的传递到全世界，[1] 让世界更深刻地了解和理解亚洲各国人民，特别是了解东亚人民对于世界文化问题和人类文明的思考，进而以自己的智慧和方式参与国际文化新秩序和国际文化产业分工体系的建构。现代传媒产业属于文化产业的核心部位，长期以来，西方发达国家和国家集团在国际文化产业分工体系中一直处于这一产业的高端，垄断着世界的话语权。首届"10+3"媒体合作研讨会的成功召开，可以看做是整个东亚地区的国家第一次对现行国际文化产业分工体系重构问题的认真研究，它必将对未来区域文化产业的合作与发展在文化产业的核心领域开展更为深入与广泛的战略协调产生深刻的影响，并将对现行国际文化产业分工体系产生重大影响。中国—东盟文化产业论坛应该在"10+3"的基础上继续深入地开拓研讨话题的领域，以期产生积极的区域文化产业合作成果。

---

① 《人民日报》：《首届10+3媒体合作研讨会在天津召开》，2007年8月22日。

　　要积极参与国际文化产业分工体系建构，就必须深刻关注国际文化产业运动和国际文化产业正在发生的事情，并且对于国际文化产业运动中正在发生的变化表达东亚共同的态度。而要做到这一点，就需要整合东亚地区的文化产业资源，正如马来西亚国家新闻社马新社总编辑翁书雄所建议的，可以考虑在"10＋3"合作机制下动员各国新闻资源成立一个新闻合作中枢，以纠正国际媒体对东亚的不平衡报道，使东亚的声音更洪亮、更加一致。针对西方媒体在关于亚洲地区报道上存在的根深蒂固的偏见和误解，印度尼西亚安塔拉通讯社副总编辑阿卡迈德·库赛埃尼则进一步建议，本地区的新闻媒体应当在不同的层次上开展对话，对内求同存异，对外开展"媒体外交"①。首届"10＋3"媒体合作研讨会的成果完全适用于中国—东盟在文化产业领域的合作。尽管东亚各国在社会、政事、经济、文化、宗教和生活方面存在着很大的差异，但是在加强文化产业领域的广泛合作、传递和表达亚洲声音和新亚洲价值观等方面，有着广泛的共同利益。增强亚洲文化产业在世界文化市场的竞争力和影响力，提高亚洲地区的世界文化形象，既是亚洲各国文化产业发展的共同责任，也是深化中国—东盟文化产业合作与发展的必然要求。

　　国际文化产业分工体系是一个在发展中不断变动的体系，具有不断增值性特征。文化产业是一个复杂的系统工程，发展文化产业需要许多资源条件，并不是所有的国家和地区都适合发展任何形态的文化产业的，同样，也并不是任何一种文化产业形态都参与国际文化产业分工体系建构，并且影响国际文化秩序建立的；只有那些深刻地构成了当前国际文化秩序建立的重要元素的文化产业，并且深刻地影响了当前国际政治、经济战略运动的文化产业形态，才具有战略价值。才是国际文化产业分工体系建构，在当今世界，最能深刻地影响世界运动行为的就是传媒产业。于是，它就拥有话语权。在某种意义上来说，谁掌握了传媒产业，谁就掌握了世界发展的主动权。美国之所以在全球事务中拥有如此巨大的影响力和霸权主义，除了它有发达的经济之外，另一个重要的力量就是他几乎拥有了全世界最强大的媒体集团，以及由此而构成的传媒产业体系。国际文化产业分工体系在今天的运动，很大程度上就是由美国这

---

① 《人民日报》：《推动合作发展的重要力量——首届 10＋3 媒体合作研讨会综述》，2007 年 8 月 22 日。

个"台风眼"形成的。因此，要参与新一轮国际文化产业分工体系的建构，就不能不对国际文化产业分工体系与现状有一个清醒的了解和掌握，从而在这个基础上寻找自己的战略地位，寻求最适合自己的文化方式参与国际文化产业分工体系的建构。当单一的传媒产业还构不成参与新一轮国际文化产业分工体系重建所需要的力量的时候，通过建立区域文化产业合作机制，以其综合力量参与文化产业的国际市场竞争，就有可能借助于国际政治或地缘政治的力量，演绎国际文化产业分工体系重建所需要的力量形态，获得在国际文化产业分工体系新一轮的建构过程中的话语权，从而使得新的国际文化产业分工体系和国际文化新秩序朝着有利于本国、本地区文化利益最大化的方向发展。从这个意义上说，中国—东盟文化产业合作与发展机制，就应当在国际文化发展和文化竞争战略的层面上，寻求共同参与新一轮国际文化产业分工体系建构的共同点，并且在这样的共同点上确立合作机制与合作模式，也只有这样才能实现区域文化产业合作战略的效益最大化，进而在这个基础上实现东亚地区的文化和谐与繁荣发展。

三、站在国家文化战略需求的高度，为新的国际文化战略竞争提供战略力量与合成形态，应当成为进一步深化中国文化产业发展的战略目标和战略价值取向

努力建设和谐世界，是我国为实现构建和谐社会必须要营造的国际环境。没有一个和谐的国际环境，要实现中国构建和谐社会的伟大目标是不可能的。这不仅是因为当今的中国是现代世界体系的一个重要组成部分，现代世界体系的任何变动都会给中国构建和谐社会的努力带来更大的变动，而且，更重要的是，中国正在面临着一个发展自己的难得的战略机遇期，倘若中国不能抓住这个机遇期实现中华民族的伟大复兴，那么，在未来的世界竞争中中国将要付出更多和更大的发展代价。因此，努力建设和谐世界对于今天的中国具有极其重要的战略意义，是当代中国最重大的国家战略需求。以这样的国家战略需求来重新确定中国文化产业的发展战略和价值取向，为新的国际文化战略竞争提供战略力量与合成形态，应当是中国文化产业战略选择合乎逻辑的发展。特别是在走完了入世的后过渡期后，中国面临全球范围的挑战，文化领域的战略竞争已经随着知识产权领域的冲突而变得更加激烈，并且将越来越成为以美国为代表的西方大国集团对华进行战略博弈的全新领域。中国文化产业和文化市场的进一步对外扩大开放，和中国更深入地参与全球文化竞争与国际文化产业分工，已经不再是一个时间问题。国家间的文化战略竞争将随着国际战略竞争进一步朝着非物质领域竞争演化而上升为国家战略竞争的主要形态之一。中国的文化产业发展能否以及可在多大的程度上为即将到来的国际文化战略竞争提供战略力量和合成形态，不仅将直接影响我国国际文化战略竞争能力的大小和强弱，而且将直接决定中国文化产业在未来我国整体文化力量格局中的战略地位。因此，党的十七大报告明确提出了要显著增强文化产业国际竞争力的奋斗目标和崭新要求。

中国正在经历着自五四以来最深刻的新文化变革。这场变革以文化产业发展为主要动力，正在以全新的方式改变着中国文化建设与文化发展的形态，影响着中国社会的发展和国家战略的创新与实现，并且，在创造性的改革计划经济条件下形成文化形态和文化结构的同时，正在创造性地建构中国的新文化、新经济和新政治格局，以及中国文化的新体制。能否把文化产业的积极成果转化成可供公共文化消费的公共文化产品和公共文化服务，经济效益转化成社会效益，为社会公平和公民精神健康提供价值体系和价值观支持，将成为中国文化产业发展战略的价值取向和衡量标准。

中国文化产业发展不只是中国文化自身建设的事。中国的文化产业发展就像社会主义文化制度创建一样，是一个世界性事件。无论是它的建构还是它的改革，都是着眼于它的整体的国家战略利益出发作出的战略调整与战略抉择。由于它的任何变动都会引起国际文化战略格局和国际文化产业分工体系更大的变动，一个最大战略动机，就是改变它在新的国际文化战略格局和新的国际文化产业竞争中的战略竞争形态和结构。正如新中国在选择与计划经济模式相适应的文化事业性主导的国家文化产业体制作为国家文化体制是为了满足当时的国际文化战略竞争的国家战略需求一样，在今天，中国要积极参与国际文化战略竞争，参与新一轮的国际文化产业分工体系建构，并且真正使中国的文化力量具备"国家软实力"的性质。当它不改变它的文化制度形态便不能完成自己的战略转型和实现自己的战略意图的时候，进行艰巨的文化体制改革和对外文化开放，就成为中国在进行了经济体制改革之后必须完成的一场深刻的革命。中国加入世界贸易组织是自身文化产业发展的一个战略契机。利用和参与全球化，并且通过全球化进程参与全球文化资源的重新配置和建设世界文化新秩序，在改变自己的同时，获得自己发展所需要的文化发展的战略资源和战略空间，也就不可避免地成为中国文化产业发展的重大战略机遇。中国的文化产业发展战略应当从这样的战略高度出发，把自己发展成为国家积极参与国际文化战略竞争的文化战略主力。

中国文化产业发展战略的一个最根本的目标取向，就是要为这样的一种全新的国际文化战略竞争提供战略力量与合成形态。相比较在中国加入世贸组织前，我国关于文化产业发展战略研究的全球视野，及其所贡献的理论成果给以国家战略选择的重大影响，近几年来，我国文化产业发展无论在理论上，还是在实践上，关于中国文化产业发展战略的战略思维上的一个最大的局限性就是，仅仅从文化和经济发展的局部利益出发，或者说仅仅从现阶段文化发展所要解决的问题和困难出发，思考和寻求中国文化产业发展的制度设计和路径选择，而没有或很少从未来国家间文化战略角逐和国际文化产业分工体系重建所提出来的、对一个国家和地区文化产业制度设计上的力量性要求去寻求文化产业发展的战略落脚点。这就使得中国文化产业发展在取得初始阶段的成功之后出现了战略深化的推进难度，以及由此而形成了战略困境的一个重要原因。

转变经济发展方式已经成为我国国民经济和社会发展的战略需求。这种转变能否实现和实现的程度与时间，不仅关系到国民经济的发展速度和质量，而且更重要的是，如果这一战略问题解决得不好，将会直接给我国的社会发展和社会稳定造成直接的战略危机。经济发展方式转变的空间不大，除了创新能力的因素之外，另一个重要的原因就是文化生产力没有获得应有的解放，并且使这种解放为经济发展方式的战略性挑战提供可行性示范。如果仅仅把大力发展文化产业看做是克服国内经济结构战略性调整过程中出现的结构性矛盾和体制性障碍的政策举措，而不是同时把大力发展文化产业确立为有中国特色社会主义文化建设的一个重要组成部分，把它作为中国积极参与国际文化产业分工与竞争，增强和提高国家文化软实力，那么，中国的文化产业发展不仅难以达到预期的目的，而且还会由于文化产业发展所需要的制度性创建推进难度的不断增大而增加中国文化产业发展的成本。

积极探索中国文化产业参与国际文化产业分工体系重建和国际文化

产业制度改革，建立起新的国际文化产业分工体系和世界文化新秩序，建立起不同国家和地区在文化产业领域和国际文化市场竞争领域的全新关系，以一种富有张力和弹性的世界文化新秩序为制度基础，为国家积极参与国际文化战略竞争提供战略力量和合成形态。在这里，所谓战略力量是指具有远距离文化投资能力的文化投资战略主体、文化产品创新能力和新文化产业形态缔造的建构能力；而所谓的合成形态，即通过建立多元化的市场主体力量和文化产业建构能力来消解西方国家集团在文化市场准入和文化产业发展的知识产权保护领域日益强化的对我国的"摩擦"。

国家文化安全只有在积极的国际文化战略竞争中才能得到成长性保障。因此，要想实现世界的文化和谐及使文化发展富有创造活力，首先是它的文化制度和文化产业分工体系最终必须满足世界各国的文化发展需要，舍此别无选择。尊重差异、包容多样，不仅在理论上，而且尤其重要的是在体制和制度设计上要能够充分体现和落实这一理论构想。通过制度设计和法律安排，最大限度地维护人类文化的多样性，必须建立起以法律的力量和制度来维护人类文化多样性的新理念，从而使得世界各国在一个互相尊重、相互平等的世界文化秩序内享有最大限度和最充分的文化发展自由和文化权利。在新一轮的国际文化产业分工体系的重建中，中国是否可以尝试突破现阶段文化制度设计中有关文化产业市场准入的规定，适度允许国际资本进入，参照国际惯例有选择地在文化产业的核心部位参与国际文化产业分工。在这方面，演出业准入的成功已经为范围更为广泛的文化产业和文化市场准入积累了示范性经验：建设法律有效控制下的积极参与国际文化战略竞争和国际文化产业分工的中国"新文化体制"。

（1）树立科学的改革观，在全面促进整个社会的文化生产力解放的理念下，深化文化体制改革，培育中国文化产业参与国际文化产业分工体系和国家文化战略竞争所需要的新文化生产力增长机制。

改革的前提是原有的制度安排和制度设计存在缺陷，或者是原来比较先进的制度设计与制度安排已经完成了它的历史使命，不能或不能完全适应和满足新的社会进步与发展的需求。当不通过新的制度设计和制度安排便不能消除这个缺陷来适应和满足新的社会进步与发展需求的时候，改革便自然地成为制度革新和制度创新的唯一选择。但是，如何才能证明用于改革所确定的制度设计和制度创新方案是比原有的制度安排更好的，或者说能够有效地消除原有的制度缺陷的呢？是否还存在着改革之后的情况甚至比原来的制度设计和制度安排更糟糕、存在有更大的缺陷呢？这就需要对改革方案进行理论的证伪过程。我们不能强制推行或采用一种未经证伪的改革方案和制度来取代与消除原有制度存在的缺陷，尤其是当一种改革方案更多的充斥着人为的主观因素、权力意志和集团利益的时候，这样的改革方案就不可能是政府所应该提供的制度性公共文化产品和服务，其结果很可能造成这一轮改革的成果成为下一轮改革的对象。这是因为：下一届政府需要通过新的改革来体现和实施自己的文化施政意志和对文化资源的重新配置。这就可能使中国的文化体制改革与文化制度创新陷入一种循环改革的怪圈，而最终导致中国文化制度创新和大力繁荣与发展文化产业的伟大目标不可能实现。

因此，要树立科学的中国文化体制改革观，对缔造新的中国文化产业发展战略进行多角度的、全面系统的理论证伪，在全面总结和反思前一轮中国文化产业发展所取得的成果的基础上，研究由于文化体制改革的制度设计和文化产业制度安排的非理性而导致和造成的新的文化产业发展的制度性缺陷。只有这样，新的中国文化产业发展战略才能在制度设计和制度安排上最大限度地降低战略交易成本，在一个较长的制度生命过程中，实现中国文化产业积极参与国际文化产业分工、建设和谐世界所需要的文化生产力的解放。

和谐是以力量的增长来实现的，不能指望强势一方的战略让步来实现和谐世界的伟大理想和目标。所以，培育和提高自身的文化力量以及这种力量的具体载体——文化产业的综合竞争力与核心竞争力，就成为中国文化产业发展战略必须确立的战略目标。

联系到正在深入进行的中国文化体制改革，文化生产力的解放不只是国有体制下的、宣传文化系统领域内的文化生产力的解放，而应是全社会的文化生产力的解放。不能把通过文化体制改革和解放文化生产力仅仅局限于所谓体制内的"文化生产力"，应当从全社会的整体层面上界定"解放文化生产力"的价值内涵与政策内涵，从而在超越体制内的"文化体制改革"的局限性的同时，建立新的"文化体制改革"战略思路和路径选择。中国的文化体制改革应当充分体现构建和谐社会与和谐文化的战略思路和创新原则，把中国的文化体制改革与中国文化产业参与国际文化产业分工、建设和谐世界紧密地结合起来，从而在这个结合当中去重新界定中国文化产业发展战略选择的新思路和文化产业制度建构的新创造，只有这样，中国的文化产业发展才有可能为国家参与国际文化战略竞争、建设和谐世界的努力提供战略力量与合成形态。

（2）把文化产业增长和文化发展整体均衡增长有机地结合起来，走文化产业增长与文化发展整体均衡增长、共同发展的道路。

中国文化产业发展战略的目标，应该是通过扩大文化生产力的内涵与外延和通过提供更高的生活质量产品，来解决当前文化发展中存在的关系到文化国计民生的全部重大问题。而要做到这一点，就需要实现文化发展的均衡增长。在此，公益性文化事业发展的丰富性程度将是至关重要的。也就是说，在进一步深化文化体制改革，尤其是在深入推进"转制改企"的改革攻关的同时，必须同时加大公益性文化事业的发展，提供更多的、更加完善的公民文化权利的实现方式和诉求通道。在这里，文化产业的增长仅仅是一个部门的增长，而我国每年都需要提供新的经济和社会发展的增长点，显然文化产业并不能全部满足这样的要求。因此，对于中国来说，建立起新的文化发展的均衡增长机制就显得特别重要。

公益性文化事业均衡发展的关键是政府如何在更多地提供公共文化产品和公共文化服务的同时，提供更多的社会文化就业机会和人们在宪法和法律规定的范围内享有更多的文化表达自由和健康文化的享有自由。文化产业是把双刃剑，它在创造市场奇迹的同时，也在制造社会危机。这两个方面的内容既表现在经济形态中，也表现在意识形态中。前者更多地模糊了政府应有的文化责任，把应该属于公益性文化事业部门作为文化产业发展对象而进行市场化改革，不仅使相当一部分从业人员失去了工作，而且使政府通过公益渠道应当提供的健康的文化产品和文化服务的能力大大降低。要在一个建设和谐世界的视野下推进中国文化产业的发展，应当建立新的文化生产力构成观和解放观。在这里，实现文化产业发展的均衡增长就显得极为重要。中国的社会主义文化发展和文化力量形态的建构，不能只有本土化这一个向度，还必须要有国际化这一个向度。国民素质、民主法制、精神文明和道德力量，以及由此而建立起来的国家文化形象，是单有文化产业建立不起来的。中国的"国家文化软实力"以及由此而形成的"中国形象"，更多的是通过中国文化产业的整体文化素质以及所有这些素质在国际社会的交往行为中体现出来的。在大力发展文化产业的同时，中国文化产业的制度性建构应该有更为广阔的文化视野和战略谋划能力，从构建和谐社会的历史需求中和建设和谐世界的人类文明发展的需求中，开拓中国文化产业发展和增长的新的突破口，把如何推进中国文化产业在全球事业的发展，纳入中国文化产业发展战略的重要内容。从中国的整个制度体系和社会组织体系的整体性，以及参与世界文化新秩序重构所需要的力量形态出发，改革一切与之不相适应的落后的文化生产关系和制度障碍，制定专题的"中国文化产业中长期发展战略"和规划，明确中国文化产业在积极参与国际文化产业分工中的权利和义务及相关条例，建立和健全中国文化产业发展积极融入世界文化市场体系的保障体系，以及以政府为核心主体、社会主体的共同参与的中国国际文化贸易制度，把具有中国特色的国际文化贸易体系的创建建立在建设和谐世界的努力的基础上。没有一个全新的、立足于积极参与国际文化产业分工体系制度的全面建立，就不可能有中国文化产业在建设和谐世界进程中的创造性建设。

（3）创新文化开放理论和政策，赋予文化"走出去"战略以全新的内涵，积极参与国际文化新秩序的建构。

我国正处在经济、社会、文化转型的关键时期。从努力建设和谐世界的崇高目标的基本需求出发，中国的文化产业发展战略应当丰富和充实"文化'走出去'战略"的内涵，以积极参与国际文化产业分工体系为目标推进创新性战略体系建设。文化"走出去"，不只是文化产品"走出去"；文化产品的"走出去"，只是整个文化"走出去"战略一个重要组成部分；不能把文化"走出去"战略理解为就是文化产品"走出去"，就只是文化产品的国际贸易。在我国一系列积极倡导文化体制改革，大力发展文化产业的研究文章中，西方国家的文化经验是重要的理论依据，而且引用最多的也是影响最大的就是西方国家关于文化产业发展的一系列制度和体制，以及以此为核心形成的文化法律体系。也就是说，我们在介绍和引进西方的经验作为倡导我国发展文化产业的参照的同时，也使得西方国家的文化体制和文化制度的理论主张和安排模式"走进了"我国的文化产业发展和文化产业制度的创建之中。西方国家的文化"走出去"战略，不仅仅是文化产品对中国的大量出口和"贸易顺差"，而且也包括文化制度理论、制度模式的"对华出口"和"贸易顺差"，体现的是西方发达国家对华文化战略的整体性。这是国际文化战略竞争最核心的内容，也是西方发达国家在参与新一轮国际文化产业分工体系过程中最主要的战略安排。文化价值只有借助于和通过制度性实现才能够真正获得它的战略利益体现。这也就是以美国为代表的西方国家集团为什么在市场准入和知识产权问题上牢牢地抓住中国不放的战略原因，同时也是为什么他们一再冲击中国文化市场准入制度底线的战略要求。美国不仅要向中国输入他们的价值观，而且也要向中国输入他们的、体现他们民主的文化制度，他们认为这才是最终使中国发生"颜色革命"的要件。中国已经走过了加入世界贸易组织的后过渡期，在今后漫长的中国文化复兴的道路上，中国文化走出去战略所遭遇到的不仅仅是好莱坞式的也文化产品市场的巨大挑战，更为重要的文化产品市场背后所蕴藏的文化市场准入的制度性挑战，以及与此相关的文化"民主"和"人权"的整体系统挑战。在这一点上，中亚国家的"颜色革命"过程中的文化制度主导权的率先解构，就是一个极为深刻的教训。

面对国际文化战略竞争时代的到来，中国的文化"走出去"战略不能仅仅停留在文化产品的国际文化贸易上，不能仅仅停留在对中国国际文化贸易"逆差"的扭转上，尽管这些都是极其重要的。但是，中国要在未来的国际文化战略竞争中真正获得文化战略竞争优势，就必须在文化制度设计和文化制度理论上获得战略性创新，建立起国际文化市场规则的中国标准。制度输出或者叫文化制度、文化标准的国际化，才是文化"走出去"战略的核心与根本，是文化"走出去"战略的核心战略。创建不同文明的平等对话和共同发展是建设和谐世界的需要，其中包含着巨大的国际文化新秩序和国际文化产业制度创新机遇。谁能够在这一巨大的历史机遇当中率先获得创新的成功，谁就能形成和拥有巨大的"软实力"和"文化核心竞争力"，谁就将占领未来全球文化产业发展的高地，影响世界文化整体发展的走向，就可以形成新的巨大的文化资源优势。中国拥有发展文化产业和积极参与国际文化产业竞争的资源优势和市场优势。但是，中国在文化产业发展的许多方面和领域都还没有形成比较科学、成熟和稳定的、可供其他国家认可的，进而成为国际标准的、定型化的架构，并且在文化产业发展的知识产权制度建设、文化市场准入制度探索等方面还未取得创造性成果。面对这样的空间，我们应该组织力量对其中涉及国家文化战略竞争全局的问题进行全面系统的梳理，科学地提出"中国方案"，在制度创新的战略层面上向国际社会作出中国贡献的可能。在经济领域，我国所进行的改革在制度上取得的成果，已经被西方学者冠之以"北京共识"，并且与"华盛顿共识"相提并论。这就说明，在制度领域的创新并且成为某种国际"共识"是可能的。同理，在文化领域，尤其在文化产业发展领域向国际社会贡献中国的"游戏规则"，也同样是可能的。中国不能在一切领域的标准都受制于人。如果说已经失去的战略机遇在今天还存在着某种弥补的可能的话，那么，中国作为一个对全球事务负责任的大国所可能承担的制度交易成本将远远超过自身价值创造的可能，在大国全球战略竞争的文化博弈中，就很可能成为一个全球化大国成本转移的承担者，而不是一个"利益相关者"。如果是这样的话，建设和谐世界将是一个极其艰难的、漫长的历史过程。

文化产业科学作为文化可持续发展的现代理论基础，在国家文化战略需求上有着充分的驱动力。面临着文化产业"全球战略"和建立"全球供应体系"的挑战，原有的关于文化产业发展的战略取向仅仅局限在"走出去"是远远不够的。文化产业系统是一个全球系统，关于它的基础研究必须着眼于整个文化产业的运动。我们不仅在实践上要"走出去"，在理论科学上也要"走出去"，直接参与国际学术竞争，同时通过国内的辐射效应，为推动整个文化产业科学扩大眼界。中国要进入并建立起自己的文化产业科学研究的核心圈，而不只是追随国外的发展走向，就必须分析我国特有的文化生态条件和历史文化传统，根据实际的研究能力和科学积累，选择有突破前景的重大理论与实践课题，建立既有本国特色又与国际学术界保持良好的对话机制的长期性的大型研究计划。我们要在基础理论和实际应用两个方面取得突破性成果，推进文化产业科学和整个人文社会科学的结合研究，扩展文化产业科学的研究范围，组织哲学、文学、政治学、经济学、社会学和管理学等各个方面的力量，参加文化产业前沿问题研究，为我国构建和谐社会、和谐文化以及建设和谐世界提供理论依据。

关于涉及对外文化开放，有几个方面值得研究：

第一，对外文化开放的历史经验研究。首先是对外开放国际经验研究。最近人们在探讨大国崛起的时候，注意到了这些大国如何进行国内改革从而促进崛起，但是缺少对大国崛起的时候是怎样吸纳整合国际资源经验的探讨。其次是对对外文化开放历史教训的研究。中国为什么会两次偏离全球化潮流。再次是对对外文化开放成功经验的研究。对外开放第三次潮流到来的时候，中国成功地应对了挑战，抓住了第三次经济全球带来的机遇，使对外文化开放取得了巨大成绩。

第二，对对外文化开放的基本理论的研究。对外开放与和平发展是什么关系，对对外文化开放的基本途径应怎样深入研究。另外，对外文化贸易和可持续发展、吸收外资和促进我国文化发展关系、对外文化投资与我国文化发展关系，也都值得深入研究。

（4）积极创建核心文化战略资源的新管理体制，把建设有中国特色的文化产业创新体系与努力建设和谐世界的伟大目标有机地结合起来。

制度安排决定产业发展。文化产业首先作为制度性存在。文化体制改革的一个重要目的，就是要建立现代文化建设需要的文化产业制度，从而克服文化产品和文化服务提供不足的战略性短缺，满足人们多样化的文化消费需求。在中国，从计划经济制度下的文化事业发展实现向"积极发展文化事业与文化产业"的战略性转变，本质上就是对中国的社会主义文化建设制度的创造性重建，使文化产业成为社会主义文化建设的一个重要组成部分，由原来的一条腿走路，发展成两条腿走路。文化产业的制度安排，尤其是关于文化产业的市场准入和文化产品审查制度，与一定国家和地区的政治制度密切相关，是它的政治制度的一种文化经济形态表现。

核心文化战略资源是一个国家核心的文化战略利益之所在。中国的国家利益已经全球化了，国家核心文化战略利益也只有在全球和新文化战略资源的配置格局中才能得到充分的体现。在这个背景下，就必须要有一定程度的文化产业运动的全球行动能力。也就是说，在文化产业领域里的中国国家核心利益应当而且可以体现在它在全球化产业国际分工体系重建的各个方面。这不仅是中国国家战略利益的必然延伸，而且也是中国作为 WTO 的成员应当拥有的合法文化权利。因此，这就需要我们在新的文化产业发展战略观的基础上，实现在核心文化战略资源管理体制上的战略性转型，把建设有中国特色的文化产业创新体系同努力建设和谐世界的伟大目标有机地结合起来，在实施文化"走出去"战略已经取得初步经验的基础上，认真研究由此而形成的"战略困境"的原因，以积极参与全球国际文化产业分工体系重建新的战略目标，对我国现有的核心文化战略资源进行战略性重组。

中国要致力于建设和谐世界，促进国际文化关系民主化，就必须把建设有中国特色的文化产业创新体系与努力建设和谐世界的伟大目标有机地结合起来。在这里，重要的是要建立起与这一伟大目标相适应的科学与完善的文化法制体系，建立健全完备的文化立法秩序，形成完整的文化法制内容。中国的文化主张应当通过自身建设的伟大实践得到国际认同。因此，进一步深化中国文化体制改革的一个重要内容，就是创建我国核心文化战略资源的新管理体制，通过树立新文化发展观，在具有核心文化战略资源意义的文化管理体制的改革上，作出积极、科学的改革探索与创新。通过实施国际文化产业重大项目带动战略，积极培育和鼓励成立具有完全的独立的法人地位的文化企业集团和国际文化产业战略投资主体，以形成中国在努力建设和谐世界的战略进程中所需要的国家文化软实力的战略支持，以及推进不同文明主体文化繁荣发展所需要的、充满竞争性的国际文化生态环境。要把以市场经济和改革的名义所集中和垄断起来的文化资源还给市场，还给社会，在核心文化战略资源的分配上朝着有利于建设和谐文化、和谐社会、和谐世界的方向发展。

结　语

中国文化产业发展正在进入一个更加自觉、更加主动的战略新时代。中国文化产业在经历了一个从战略模糊向战略清晰的战略转变，于应对挑战的战略被动时期之后，正在向战略主动发展时期转变。更加自觉、更加主动地推进我国文化产业的大发展大繁荣将作为我国文化大发展大繁荣的重要内容，而成为这一时期的主要特征。

当今世界已经进入了一个国家文化战略全面竞争的时代。文化战略已经成为最主要的国际战略竞争形态。通过和运用国家文化战略竞争来获取新的国家战略利益，成为当今国际战略竞争最主要的竞争领域和竞争方式，正在深刻地影响和改变着世界发展的文化走向与文化力量格局的重组。中国要在这场战略竞争中赢得战略优势，就必须加强有中国特色的、以"文化原产地"为核心标志的文化产业建设，在实现经济发展方式的战略性转变的同时，实现文化产业发展方式的战略性转变。文化财富的极大丰富是文化大发展和文化大繁荣的标志，而这种文化财富的极大丰富只有在"原产地"文化产品的极大丰富的条件下才能实现。没有"原产地"文化产品的极大丰富，就不可能以文化产品的丰富多样性满足人民群众日益增长的精神文化需求，也就不可能有不同文明之间的平等对话，不可能提供国家战略发展所需要的精神动力和智力支持，以及由此而形成的国家战略发展和战略竞争所需要的文化"软实力"。从这个意义上说，"和谐世界"伟大战略目标的提出，不仅提出了今后一段时期我国文化工作的基本任务，而且，更重要的是提出了今后一个时期内我国文化产业发展的战略目标，因而，它也是我们必须长期坚持的一项重要的历史使命。

课题组成员名单

课题负责人：

胡惠林　上海交通大学国家文化产业创新与发展研究基地办公室主任，上海交通大学教授、博士研究生导师

当前我国文化产业的金融环境基础建设问题与政策建议

北京大学国家文化产业创新与发展研究基地

◆ 24　课题研究成果简介

◆ 25　引　言

◆ 26　一、当前文化产业的金融环境问题——制度约束

◆ 29　二、文化产业金融环境基础建设的信息问题与政策问题

◆ 31　三、文化产业金融环境基础建设的概念

◆ 34　四、加强文化产业金融环境基础建设的措施

◆ 38　五、文化产业金融基础环境基本建设的目标

◆ 38　六、文化产业金融环境基础建设的领导者与组织者

◆ 39　结论："文化产业金融环境基础建设"应上升到国家规划层面

◆ 40　参考文献

◆ 41　课题组成员名单

课题研究成果简介

文化产业金融包含国民经济中的文化及相关产业与金融产业两大门类，就其经济属性都属于以盈利为目的的经济组织，但在产业链的分工上，面对目前文化产业资金普遍短缺（虽然效益良好的文化机构处于有利地位）的现实，金融产业则处于贷方的地位，文化产业处于借方的劣势，当前的文化金融服务与国家对文化产业的重视不匹配。

研究认为，文化产业的金融环境受到制度的影响，制度调节在文化产业振兴过程中具有重要的地位，目前政府在解决文化产业资金短缺方面能起到关键作用，发挥政府的力量比单纯依靠市场的效能要高。鉴于我国金融资源的"政府驱导性"，要尽快解决文化产业的资金短缺问题，政府部门就必须动员起来，有计划地组织包括银行在内的各类金融机构"立体化"地为文化产业提供资金源。总体上，文化产业金融环境基础建设是一项系统工程，包括制度建设、基础数据建设、金融机构与金融工具建设、教育普及培训、专才培养与学科建设、硬件建设等方面。

基于此，本文提出了实行文化金融制度强势与市场推进梯次结合的文化产业金融基础环境基本建设规划策略，目前重点实施突出银行作为放款终端的文化金融配套建设的"八结合"政策措施，有计划、有规模、有区别地解决文化产业的短期资金缺乏、中长期与战略产业投资紧缺问题，通过文化金融体制的完善即制度建设的推进促进国家文化产业快速、健康和可持续性地发展。本研究站在高端推进与充实金融工具的立场，提出了包括成立"国务院文化产业金融领导小组"、组建国家文化产业政策性银行、建立文化产业上市绿色通道、竞拍文化产业投资基金和文化产业担保公司及文化产业租赁公司牌照等十三项促进文化产业金融发展的政策建议。

引　言

　　当前，文化产业融资难的问题并没有完全解决，难的问题主要是依靠政府，还是依靠市场？

　　在解决国家宏观经济整体上流动性过剩与文化产业资金普遍短缺的矛盾方面，有没有可靠的途径？（据报道，中国人民银行行长周小川认为："文化产业可以为很多生产和消费活动提供支持，它的经济价值还没有被充分认识到。"①）

　　金融如何服务于文化产业大发展的需要，应有的政策主题与政策体系是什么？

　　在文化产业的投融资问题上，始终存在文化产业企盼金融的介入，但是，谁来保障金融机构的利益等又是个问题。可是，文化产业巨大的蛋糕以及文化产业对于经济贡献业已取得的国际地位，又令金融界为之心动。为此，文化产业金融的点滴创新在时下的中国时有发生，如国家开发银行对文化产业瓶颈资金的供给，个别银行对知识产权融资的认可与选择性接纳，或对于知名艺术家融资资信的肯定，或选择性地进入一些文化领域如探讨艺术品投资，或支持文化企业进行的并购活动，等等。这些文化金融创新既有春雷般的震动，但是僧多粥少的资金短缺现实也让文化金融有光打雷不下雨的饥渴感觉。文化界与金融界的双重困惑需要我们研究新的问题。因此，围绕着文化产业的大发展进行金融资源的组合，就成为急需研究的重大制度建设问题。

　　当前文化产业融资难的问题，不能指望市场自觉自发高效率地予以解决。

　　文化产业金融的发展，需要一些特殊的政策，需要系统配套的政策将文化金融工作在政策上做扎实，需要"特事特办"，需要配备足够的专业金融服务机构，提供足够的金融工具，并且教会文化产业经理人员如何使用金融工具，这是本研究的基本认识与报告的前提假设。

----

① 郭琼、胡蛟：《会诊中国经济：通缩逼近？行政之手可施否？》，news3. xinhuanet. com/fortune/2005
　　-10/05/.

一、当前文化产业的金融环境问题——制度约束

（一）文化产业金融环境的不平衡性

关于文化产业的金融环境，一般的可以用"紧缩"和"宽松"来描述。文化企业面临的金融环境差异很大，也很不平衡。对于规模大、经营业绩良好甚至处于行业垄断竞争地位的大型、特大型文化企业而言，银行是文化企业的"求爱者"，该类文化企业的金融环境是"宽松"的，甚至是银行客户中的"王者"，金融机构皆喜爱之。但是，这样处于融资优势地位或者根本不缺资金的"融资优势企业"毕竟是少数，而更多的文化企业是银行的"求爱者"，甚至根本进入不了银行的"法眼"，这些处于融资劣势的文化企业往往不是缺乏可以盈利的项目，而是缺乏足以使项目活化的资金，进而陷入融资劣势恶性循环的泥潭与深渊。

表 1 文化企业面对的金融环境

文化企业面对的金融环境	宽 松	紧 缩
融资地位	融资优势	融资劣势
企业数量	少	多
加强文化产业金融环境基础建设工作的意义	资金使用成本更经济	1. 融资更便利 2. 资金使用成本降低

根据北京大学文化产业研究院在全国各地文化产业发展规划过程中调研的结果表明，当前我国文化产业在总体上是资金不足的。因此，解开文化产业的资金链，让文化产业尽快进入良性循环，建立金融大力支持文化产业发展的宽松环境，形成面对文化产业的资金灌注流充分滋润，文化产业这块土壤就极为必要，这就是文化产业金融环境基础建设要解决的问题，也是本研究的重点问题。

（二）文化投资限制对文化产业金融的约束

当前，区域文化产业投融资工作面临的迫切问题不少，其中宏观文化管理体制制约方面的问题主要是文化投资领域的限制。尽管国家对文化产业极为重视，部分领域的投资得到鼓励，但是，电台、电视台、报社、出版社、新闻服务等在"十一五"期间甚至更长的时间里不能指望

放开，文化领域的终审权、播出权、舆论管理权、文化事业机构创设权等仍在体制之内，文物的交易与流通也是严格管理的，网络新闻也有所管制，民营资本或外资在这些文化核心领域只能是边缘性地参与，并不能左右主体，投资的风险性与经营管理的不便利将使投资的积极性降低，社会资本在这区域文化产业并不大的"蛋糕"里发展的空间越发显小。

因此，宏观体制的约束使民间文化产业只能走主题公园、演出、广告、旅游、地产和制造业的道路，如果区域的现实资源基础不足以或不愿意发展主题公园、演出、广告、旅游、文化地产和文化制造业，则地方文化产业的起色就不会大。如果在上述方面没有好的利润空间，企业的投资就得不到激励。如果区域的广播、电视、报纸更多的是发挥搭台唱戏的功能，能够主动吸纳社会资金并做出长期的制度保障将产业做大做强，将产业链做长，将市场做宽做深，给社会资金留有足够的空间，给民间和外资赚钱的机会，则大型的文化机构可能由此产生。

（三）文化金融"两张皮"（文化管理体制与金融管理体制的分离）

此外，困扰文化产业与金融结合的一个重要问题恰恰就是文化与金融不融合。所谓文化金融的不融合，包括三方面的问题，一是地方的金融产业管理体制与文化管理体制彼此独立，两者分属于不同的系统，是单独的两个条块，文化是文化，金融是金融，如果还按文化是行政事业求社会效益，银行是企业求经济效益的道路走，则单纯依靠行政手段"互通有无"的老办法已经行不通。二是文化事业向企业化转制步伐的滞后，文化系统没有创造足以让金融系统支持的条件，事业化的文化与企业化的金融彼此难以对接，金融的产业化走在前，文化的产业化走在后，如果文化体制的改革不加速，随着各大银行的纷纷上市，金融对文化的门将关得更紧。因此，在相当长的一段时间内，金融对于文化"高高在上"的姿态的局面将难以改变，除非传统的文化管理模式脱事业的"胎"换产业的"骨"，并主动融入金融的支持体系内。三是文化系统对金融产品的生疏，除对上市融资、基金较为熟悉外，在成熟的金融产品的使用（如债券的发行等）及文化金融产品的创设方面缺乏想象力与措施，既不能用好现有的融资政策，又不能主动创造融资的条件与平台去说服金融系统进行改革以促进文化产业发展，在相当长的一段时期里完成不了文化资源变为经济资源的跳跃。

必须特别说明的是，地级及以下层面（包括全国各地的文化中小企业与个体）发展文化产业处于金融政策劣势。文化产业的发展离不开金融，但是银行与地方行政体制的分离及地级行政决策权的限制，使地方长线文化产业建设项目的资金在体制上得不到保障，国家文化发展纲要中提倡的低息、无息贷款在体制上行不通，这只是文化战线的一相情愿。不能建设长线、大型项目，地方（尤其是地级层面及以下）的文化产业就难以做大做强。虽然国家开发银行等金融机构有选择性地对部分地区的文化产业发展给予支持，但对于全国巨大的文化产业发展资金缺口而言，这只不过是杯水车薪而已。

区域文化产业的金融扶持不力不仅发生在地市级层面，在省级行政层面也是如此。随着银行的纷纷上市，银行走市场化的道路要领先于文化系统，如果文化系统的改革不能跟上市场化的脚步，改制分流与资产剥离不能迅速彻底地完成，不能创造条件获取金融界的理解与支持，则银行与非银行的金融系统都将很难配合文化产业的发展。因此，创造金融支持条件是当今文化系统改革的一大任务，清晰的产权、稳定获利的项目都是金融支持所必需的，而这一点在区域文化系统上却并不能轻易做到。虽然金融体制制约下的文化产业必然会寻求银行系统外的资金支持或借助其他金融政策优势，最后达到文化产业在多元体制下的全面发展，但是这有一个过程，需要较长的时间。

（四）文化产业发展优惠政策面临"优惠政策效用边际递减期"

所谓"优惠政策效用递减"，是指自改革开放以来，经过三十年的发展，各地各行业各方面为刺激经济发展，已经出台了各种各样的优惠政策。出台优惠政策本来是为了建立本行业或本地投资环境的比较优势，但是各种优惠政策的竞争最终导致了行业和区域之间优惠政策措施的趋同（或曰大同小异），形成普天之下皆有优惠政策的大好局面，投资者已经不是先问地方的优惠政策为何，而是先在投资回报率与安全性上做文章。就是说，进入 21 世纪以后，区域、行业的优惠政策对资金与技术及人才的吸引力在下降，在总趋势上是"边际递减"的。新近出台的文化产业优惠政策的效用也处在"政策效用边际递减"的趋势之内。目前文化产业给予公司注册验资、税收、用地、配套设施建设、配套资金及人才引进与使用等方面的投资优惠政策措施及减免税收决定，有些并未落实，有些政策的竞争力不强。从调研的结果看，各地为了促进文化产业的发展，虽然都采取了开明开放的积极态度，但经济工作还是要遵循原有的经济发展趋势与投资回报选择规律，投资回报不稳定的行业与地区不会因为优惠政策的出台而得到投资的特别"开恩"与赏赐。

二、文化产业金融环境基础建设的信息问题与政策问题

（一）文化产业基础信息建设与投资保障政策建设的滞后

根据产业经济学、制度经济学等经济理论与实践，一般而言，如果一个产业要取得健康、快速、持续和大规模的发展，该行业必须能够相对自由地进入宏观经济的大循环体系进行互动，处于相对开放的经济大体系之中，才能获得较为宽松的发展环境，实现资源的有效配置。同时，某行业要与其他行业进行高效结合，也要做好适度的宣传解释与推介工作，以增进其他行业对本行业的了解，降低其他产业进入本产业的投入成本与风险担忧，提供外来投资的便利，促进本行业融资工作的开展。

《国家"十一五"时期文化发展规划纲要》要求"鼓励、支持和促进中小文化企业向'专、精、特、新'方向发展，形成富有活力的优势企业群体。鼓励公民以知识产权作为出资，依法创办中小文化企业。支持社会力量建立风险投资和担保公司，为中小文化企业发展提供服务"。这一段话放到金融管理者的桌面上，即便该管理层对文化产业的态度是非常积极的，但对照现实的金融管埋体制，金融界的高管也很难突破现行的制度把款放出去，只能期望更多的有实力担保的公司来配合银行开展文化金融业务，化解银行的风险，保障银行的效益。解决让银行等金融机构对于文化产业从何下手的问题，促成让更多的金融机构与社会力量参与到文化产业金融的队伍中来，就必须先把文化产业的情况摆清楚。

如果文化产业要吸引社会投资（如文化产业战略投资），尤其是原本非文化产业的企业欲进入文化产业，以中等规模的民营资本为例，多不愿从事大型长线投资，而大集团因为可选择的项目多，其资金投入更优中选优，反复论证。如果文化长线项目和大型项目的立项没有足够的数据支持与政策支持，不能满足可行性研究报告中既要求较稳定收入又承担较小风险的运营要求，文化产业的战略投资也难以到位。须知，越是大型投资，其政策性保障的要求就越强，对政府的要求就越高。

因此，文化产业要打开金融与社会投资的大门，宣传推介性的工作与基础信息建设及政策保障体系的建设，还要不断完善、充实、提高并系统化。

（二）促进文化产业金融发展的信息、政策建设的基本内容

根据目前的情况，在促进文化产业金融环境基础建设方面，需要提供的基本信息与待完善的政策措施（部分是文化企业自身的问题）包括以下几个方面。

1. 基础信息与政策建设——行业进入

（1）投资回报率（ROI）基本数据：全行业平均 ROI 与分部门 ROI；动态 ROI；不同投入规模 ROI 的差异；本行业 ROI 与社会平均 ROI 的比较。

（2）资本进入的自由度，包括：第一，获取回报权利的公平性：行业进入壁垒与核心产业、高回报产业进入的自由度；第二，大资金进入的规模约束。

2. 基础信息建设——消费者的热情与购买力

（1）消费量的现实数据。

（2）潜在消费规模的测算。

（3）专业（本行业）潜在购买力的测算。

3. 基础信息与政策建设——投资风险的明晰性

（1）行业透明度与开放性（尤其要营造"灯塔多，暗礁少"的氛围，防止潜规则多，字面上行而实际上不可行的局面）。

（2）预警机制的完备性与行业管理者的负责精神。

（3）产业/技术/产品设计理念/经营管理理念更新的预见性。

4. 政策建设——发展前景

（1）产业链开放程度的完整性：第一，上中下游纵向拓展的自由度；第二，横向规模（包括国内外业务拓展、同业并购、近似产业并购、跨区域发展等）的约束。

（2）可持续性发展的可能性，包括：第一，产业政策的连续性、稳定性、简约性，管理者的相对单一性；第二，极大化发展的边界。充分发展的边界、同业类比与市场规模的测算、产品社会化的彻底性与规模、产业自由度等。

（3）生产要素供给的充分性：投融资环境、人力资本与技术创新资源/管理资源、必需的自然资源等。

5. 政策建设——退出与投资避险

（1）被并购的自由度。

（2）上市/股权交易的自由度。

（3）股权在行业内外/国内外流通的自由度。

（4）对依法歇业、破产的潜规则约束与不能。

以上问题，金融系统在进入文化产业之前非常关心，文化产业系统外的战略投资者也非常关心，而成为文化产业投融资环境基础建设工作的重要内容，必须有计划有组织地予以解决。

（三）"双边培训"的重要性

加强"双边培训"，即加强对文化产业经理使用金融工具知识的培训，教育文化产业界人士如何进入金融领域，熟悉金融机构，用好金融工具。同时要加强金融企业文化产业金融专才的培训，增进对文化产业行业特性与文化金融特点的了解，促进文化产业金融业务的展开，设计新的金融工具，扩大文化产业在金融市场的份额，创制新的文化产业特色服务的金融服务形式与金融机构，通过双边的努力来共同推进文化产业金融业务。

通过学习来提高新生事物的发展水平，是人类进步的一个基本经验，文化产业金融发展也要借鉴。而且，很有必要建立专门的培训机构与培训基地，培养一批又一批通晓文化产业金融的人才，并颁发有关的就业资质证书。

三、文化产业金融环境基础建设的概念

（一）文化产业金融的概念与共性

文化产业金融指的是文化产业体系内的机构与个人借助于金融机构，通过金融工具在金融市场进行筹资的各项活动，如通过直接融资发行股票、债券，通过间接融资从银行借款等行为，目的是开展文化产业业务；从金融方面讲，文化产业金融是金融机构的文化产业服务，如银行对文化企业的贷款，租赁公司的文化设备设施租赁，担保公司对文化产业企业贷款的担保等。

文化产业金融活动具有一般金融业务的共性，如筹资需要一定的前提条件（如借贷的质押物），不同规模、不同效益、不同资信的文化企业具有不同的融资能力，文化产业筹资的途径是依靠金融机构借助于金融工具自金融市场中获得，融资的目的必须明确，资金的返还与回报需要切实可行的项目作保证，筹集资金的数量与项目的需求相匹配，资金的使用需要一定的成本及有明确的期限，贷方与投资方的风险基本可以控制以及并不一定满足筹资方全部的资金需求，等等，以上特点在各行业的金融业务中普遍存在。

（二）文化产业金融的特殊性

但是，在现阶段的中国，文化产业金融也具有一定的特殊性，如：

（1）与非文化产业的家电制造业相比，文化产业的投资限制制约了文化的资金来源，使通用的金融手段在若干文化产业领域无法运用，这在广电与新闻出版等领域尤为突出。

（2）与房地产金融业务、汽车产业金融业务相比，当前文化产业与金融的结合不仅不深入（如缺乏像房贷、车贷一类的切实可行的融资手段），而且业务开展也不普及（不像房贷、车贷的团体化、家庭化），还存在知识产权融资难等诸多问题，更不像房地产业曾经获得的开放性的金融政策。

（3）与农业相比，农发行强大的政策支持优势使文化产业金融工作相形见绌，虽然力保农民的利益，但是作为以创意为特色生产要素的文化创意产业，作为人类智慧的光芒却无强大的金融后盾予以保障，这是与智慧这一人类最重要的价值的知识经济时代不相吻合的。对于创意这一富有时尚性与流变性的生产要素，必须配置充分的金融、技术、土地等资源及时予以保护、开发，充分显现其价值。

（4）与非文化产业的商业等传统产业相比，文化创意产业作为相对后起的产业，在物流配送、连锁经营、国际贸易等方面也未得到特别的金融支持，还是在按部就班地前进，难以实现跨越式的发展。如果文化产业的商业不能先行一步，文化产品与服务如何解决出路问题？后起的文化产业没有得到特殊的金融政策作为赶超的推进器，中下游的文化产业没有持续不断添加的动力，则国家及各地对文化产业的重视仍然仅只是停留在口头上。

目前我国文化产业金融支持与国家对文化产业重视的不平衡性，对创意的金融服务的滞后性与漠视，文化产业金融服务资源（专业金融服务机构、金融工具等）的短缺性，文化金融服务的浅表性（未能在广度上深入家庭，在深度上进行金融深化），凸显了社会对文化产业认识的局限性。了解韩国、新加坡和我国台湾等国家和地区的经验，认识单纯的政府扩大公共开支式的政府文化采购办法，并不能解决文化产业的出路，单纯依靠财政办文化的道路实际上还是回到了文化事业的老路上；同时，持有文化产业会自我飞跃发展，仅仅依靠简单的优惠政策就能在短期内突破的政策假设，并没有普遍性，或许，上海、北京、深圳发展文化产业的经验并不值得全国所有地区仿效，三地原有的经济基础、市场势能、文化特色及文化地位在全国是屈指可数的，更何况其部分文化领域的资金供给也并不十分充裕。

（三）文化产业金融资源的短缺与文化产业金融环境基础建设

区域经济发展的一个重要经验是"要致富，先修路"，文化产业要高速长效发展，也必须打通融资的道路。要缩小与发达国家的差距，发挥我国文化产业本该具有的经济能量与社会效益，在目前金融手段配置不能适应文化产业快速发展需要的不利形势下，首先需要充实文化金融工具，发展文化金融服务机构，完善文化金融市场体制建设。同时，有必要给予文化产业筹资特殊政策，实现文化产业金融的便利化与积极性，让一切有利于文化产业较经济地筹集资金取得发展的手段都列入文化产业金融基础建设工作的范畴。

目前，较为成熟的筹资方式包括直接融资、间接融资及其配套服务，而文化产业金融基础建设工作即是要完善文化产业直接融资与间接融资及其配套服务的政策法规，建立相应的金融服务机构，促进文化产业金融市场的充分发展，培育一批值得信任的文化金融人才队伍，针对性地对文化产业经理进行金融工具运用的培训，加强文化产业金融可持续发展的研发工作。文化产业要获得高速发展，这些工作都必须齐头并进，要有一个较高层面的机构高瞻远瞩地进行整体协调，充分平衡各方利益，把文化产业金融工作尽快搞上去，解决目前存在的国家宏观金融整体性流动性过剩与文化产业资金普遍短缺之间的矛盾，把流动性的过剩引导到文化产业领域中来。

　　文化产业金融环境基础建设是指在大力发展文化产业的时代背景下，把文化产业的发展放到国家利益高度的视点下，在一定的时空范畴内进行的一切有利于文化产业投资与融资工作的国家与地方的文化宏观管理体制建设及与之相配套的金融制度的建设，以及与之相适应的文化产业金融基础设施的建设等工作。

四、加强文化产业金融环境基础建设的措施

（一）文化产业金融环境基础建设的内容与总体思路

　　文化产业金融环境基础建设是一项错综复杂又极为连贯的系统工程，包括文化产业投融资基础工作的软件建设与硬件建设，文化产业金融的基础研究建设，文化产业金融的专业人才建设，文化产业金融的国家与地方管理制度、组织体制、投融资政策法规体系的完善，文化产业金融的国际交流与跨国经营和融资渠道的建设，文化产业金融的资信评估体系建设，文化产业机构（专业或相对专业的银行及其他金融机构）的建设，文化产业金融的信息网络平台等基础设施的建设，以及文化产业金融的产品、产权交易与电子支付平台的建设等。文化产业金融的基础环境建设至少包括以下内容（表2）：

表2　文化产业金融环境基础建设规划概要

立体规划	纵向建设	横向建设
内容分类1	1. 文化产业金融环境的软件建设： （1）文化产业金融的基础研究建设； （2）文化产业金融的专业人才建设； （3）文化产业金融的国家与地方管理制度、组织体制、投融资政策法规体系的完善； （4）文化产业金融的国际交流与跨国经营和融资渠道的建设； （5）文化产业金融的资信评估体系建设； （6）文化产业机构（专业或相对专业的银行及其他金融机构）的建设。 2. 文化产业金融基础环境的硬件建设： （1）文化产业金融的信息网络平台等基础设施的建设； （2）文化产业金融的产品、产权交易与电子支付平台的建设； （3）其他。	1. 文化产业短线（1～2年）融资环境的建设。 2. 文化产业中线（3～5年）融资环境的建设。 3. 文化产业长线（战略，5～10年及以上）融资环境的建设。

续　表

立体规划	纵向建设	横向建设
内容分类2	1. 文化领域：为文化产业融资提供更为宽松的政策环境，进一步放宽对文化产业投资的限制。 2. 金融领域： （1）文化产业金融基础研究体系，尤其是信用研究与风险评估研究； （2）文化产业财政支持系统，包括财政专项资金对文化产业金融风险的冲抵，分散金融机构从事文化产业业务的风险； （3）文化产业担保系统，包括担保公司与反担保公司； （4）文化产业基金支持系统，包括各类文化产业投资基金； （5）文化产业上市绿色通道，促进文化产业国内外直接融资； （6）文化产业租赁支持系统，促进文化产业的融资租赁工作； （7）文化产业保险支持系统，增加文化产品经营效益与品牌的保险； （8）文化产业战略投资群，促进各类大型特大型企业对文化产业的战略投资，带动银行及其他资金的大规模进入。	1. 文化产业短线（1～2年）融资环境的建设。 2. 文化产业中线（3～5年）融资环境的建设。 3. 文化产业长线（战略，5～10年及以上）融资环境的建设。

　　文化产业金融环境基础建设的总体思路是：促进银行等金融机构敢于为文化产业放款，善于为文化产业放款，并从文化产业金融中受益。为此，需要围绕着文化产业的融资以银行为主体进行"八结合"，即银行与财政的结合、银行与担保公司的结合、银行与上市公司的结合、银行与公募基金的结合、银行与私募基金的结合、银行与风头公司的结合、银行与保险公司的结合、银行与文化金融基础研究工作的结合，形成立体化的相互保障的文化产业金融资金供应源，充分解决文化产业紧迫的资金短缺问题，在文化产业的战略长线（5～10年）产业建设、中线（3～5年）高效益产业开发及短线（1～2年）形成连续有序的资金供应系统，促进文化产业的高效、健康与可持续发展。上述模式可以简概为（图1）：

①文化产业金融基础研究体系

（尤其是信用研究与风险评估研究）

②文化产业财政支持系统

（包括财政专项资金对文化产业金融风险的冲抵）

③文化产业担保系统

（担保公司与反担保公司）

④文化产业基金支持系统　　　　　　　　文化产业长线资金

（各类文化产业投资基金）　＋┃银行┃→文化产业中线资金

⑤文化产业上市绿色通道　　　　　　　　文化产业短线资金

（促进文化产业国内外直接融资）

⑥文化产业租赁支持系统

（文化产业专业租赁公司）

⑦文化产业保险支持系统

（增加文化产品经营效益与品牌的保险）

⑧文化产业战略投资群

（引导文化产业大型企业或其他大型企业对文化产业的战略投资）

图 1　"文化产业资金立体供应源"示意图

（二）文化产业金融环境基础建设重点解决的问题与措施

　　国家文化产业金融环境基础建设工作是一项庞大的系统工程，要抓细、抓落实的工作很多，必须稳步推进，就当前而言，要突出解决的问题主要涉及大、中、小三个层面融资的问题（在此，人才培养、研发等方面不赘述）。结合上述分析，其应对措施如下（见表3）：

表 3　当前我国文化产业金融环境基础建设的问题与对策措施建议

规　模	文化产业金融问题	示　例	主要对策措施
1	大型文化产业系统工程的瓶颈资金短缺，仅仅依靠国家开发银行的政策性投入是不够的	如地方具带动作用与产业战略地位但短期内不易实现盈亏平衡的 10 亿元及以上人民币投入的文化旅游综合开发项目资金短缺，导致整个地区文化产业难以启动，不成规模	（1）继续发挥国家开发银行等政策性银行的牵头带动作用； （2）国家给文化产业金融予特殊地位，诸如： ①建立国家文化产业政策性银行； ②或由中宣部牵头组织成立若干家既分工又合作的大型（1 000 亿元人民币以上规模）文化产业投资基金，该基金可以吸纳国际投资； ③允许地方或大型文化产业机构在国内外发行文化产业建设债券。

续 表

规 模	文化产业金融问题	示 例	主要对策措施
2	中小型文化企业发展资金短缺，既做不大也做不小	如资产在5 000万~1亿元人民币上下的民营（或股份制）文化企业实行并购与扩张（包括国内外同业与非同业并购与跨国经营）但资金不足，发展裹足不前	（1）争取建立文化产业上市融资的绿色通道，积极创造更为宽松的条件，促进文化企业的上市等直接融资的实现； （2）出台专项政策，竞拍牌照，建立起一批文化产业投资担保与反担保公司，促进银行及其他金融机构的文化产业支持，实行文化产业资金来源的多元化与保障措施的立体化； （3）竞拍牌照，成立若干家既分工又合作的大型（1 000亿元人民币以上规模）文化产业投资基金，该基金可以吸纳国际投资。
3	广大的小型文化机构与文化个体资金短缺，仅仅依靠自有资金难以发展	如100万元及以下的文化产业投资项目，项目的收益可以预期，项目经营者也有一定经验，但本项目既缺资金，融资者又未建立起上佳的金融及个人品牌资信，更不善于寻找金融帮助，融资与项目开发始终处于守株待兔状态	（1）建立开放性的国家文化金融信用评估平台，以此作为金融支持的依据； （2）将银行与财政结合起来，要鼓励银行尝试继续探索知识产权贷款，据此成立小额风险贷款部门，相对放宽坏账的比率，国家财政与地方财政定期注入一定的资金予以坏账冲抵； （3）出台专项政策，竞拍牌照，建立起一批文化产业投资担保与反担保公司，分散银行及其他金融机构投资文化产业的风险，并加强对牌照的年审； （4）争取国家对文化金融的特许政策，竞拍牌照，专门建立一批文化产业小型项目投资基金，基金规模可大可小，基金的来源采取市场化措施； （5）增加保险品种与业务，开拓文化产业产品经营效益与文化品牌的保险业务，或成立专业化的文化产业保险公司。

五、文化产业金融基础环境基本建设的目标

文化产业金融环境基础建设是一项可以抓落实、出成效的国家工程，具有明确的目标，这个目标必然要在有关的规划中明晰定位。文化产业金融环境基础建设的效果直接表现在文化产业融资的总量与结构上，应该说，理想的文化产业金融基础建设将不仅大大地增加文化产业的资金流入，而且将满足文化及相关产业不同部门、不同区域、不同时期的资金需要，形成在时空上资金供求的平衡体系，达到文化产业资金供求总量平衡与结构平衡两个均衡状态，实现文化产业资金周转的良性循环，同时实现文化产业经济增长与风险控制的平衡，在文化产业资金供应体系和文化产业资金需求体系之间建立起良性、可持续的共生需求平衡发展状态，为国民经济的可持续发展贡献力量。

就文化产业金融基础环境建设的直接效果而言，从国民经济统计的角度，可以获得以下表格，并作为文化金融基础建设的成就映照：

表4　我国文化及相关产业融资总额、融资途径与融资总量统计表

文化及相关产业层次	直接融资					间接融资	融资总额			
	IPO	配股	增发	发行债券	其他	银行借款	统计年度	3年合计	5年合计	≥10年合计
核心层										
外围层										
相关层										
总　计										

六、文化产业金融环境基础建设的领导者与组织者

中国的四大商业银行及大型股份制银行虽然已经股份化并且全球上市，但依然是政策性银行的缩影，服从宏观经济政策的调控，是国家计划强有力的执行者，其国有计划性的特色仍然闪亮，这对于新兴的文化创意产业的发展是一个福音。同时，各类金融资源包括非银行性的金融服务机构，金融工具研发推广以及金融市场的规划都在政府的掌控之中。

文化产业及其上级主管部门无法为自己制定相适应的金融政策，金

融系统也无法给予文化产业特别的"豁免",它们皆无法给自己特别的出路。只有站在国家整体利益考虑的高度,站在这两个部门之上,才能给文化产业金融"特事特办",文化产业金融的决策才能上升到国家行政管理的最高层面。本研究提出的有关文化产业金融环境基础建设的设想,其生命力取决于政府高层的认同。党的十七大实现全面建设小康社会奋斗目标中"文化产业占国民经济比重明显提高、国际竞争力显著增强,适应人民需要的文化产品更加丰富"的新要求,必将给文化产业金融政策以特别的推动。

有鉴于文化产业金融工作的重要性与跨行业协调工作的复杂性,研究者建议成立"国务院文化产业金融领导小组",直接负责文化产业与金融业的对接,解决国家文化产业各相关部门、中国人民银行及各大银行与非银行金融机构、财政部、银监会、证监会、保监会、商务部、国家外汇管理局、人大财经委等部门的协调工作,为文化产业金融的发展提供制度保障。

文化产业金融环境基础建设的具体组织者与执行者是各有关政府主管部门、行业协会与企业等。

结论:"文化产业金融环境基础建设"应上升到国家规划层面

鉴于文化产业金融基础建设是一项意义重大的战略性工程,本报告建议讨论并制定"国家文化产业金融环境基础建设十年规划",把文化产业金融提升到决定文化产业大发展还是小步前进的至关重要的地位,把文化产业金融作为一件重要的事件有计划有组织地抓起来,重点发展以促进银行资金流出,降低银行风险与其他金融保障措施相结合的"八结合"文化资金立体供给模式,以国家与制度的力量而不仅仅是单纯依靠市场的自觉与自动来保障文化产业的资金供应,摒弃文化产业会完全依靠市场大步前进这一不切实际的幻想,找准我国的计划优势与西方国家文化金融市场优势的结合点,实行文化金融制度强势与市场推进的梯次结合,达到以制度组合金融资源,以金融灌注文化产业,以文化产业促进国民经济平衡发展与社会进步之目的。

为此,本研究建议:

(1)成立"国务院文化金融领导小组",负责文化产业与金融业的合作与协调；

（2）讨论并制定"国家文化产业金融环境基础建设十年规划"；

（3）继续发挥国家开发银行等政策性银行的文化产业投资牵头带动作用；

（4）组建国家文化产业政策性银行；

（5）建立开放性的国家文化金融信用评估平台；

（6）成立财政文化金融投资风险冲抵专项基金；

（7）以经营牌照拍卖的方式，成立若干家既分工又合作的大型（1 000 亿元人民币以上规模）文化产业瓶颈项目投资基金；

（8）以经营牌照拍卖的方式，建立一批文化产业小型项目投资基金；

（9）允许地方或大型文化产业机构在国内外发行文化产业建设债券；

（10）开通文化产业上市融资的绿色通道；

（11）出台专项政策，竞拍牌照，建立起一批文化产业投资担保与反担保公司；

（12）增加保险品种与业务，开拓文化产业产品经营效益与文化品牌的保险业务，或建立专业的文化产业保险公司；

（13）加强"双边培训"，即加强对文化产业经理使用金融工具知识的培训，加强金融企业文化产业金融专才的培训。

参考文献

［1］叶朗．中国文化产业年度发展报告．长沙：湖南人民出版社，2006.

［2］向勇，喻文益，区域文化产业研究．深圳：海天出版社，2007.

［3］北京大学文化产业研究院文化金融研究中心．中国文化产业金融年鉴．编辑模板，2007.

［4］喻文益．当前文化产业投融资工作面临的一些基本问题．第一届中国文化产业投融资论坛，2007.

［5］喻文益．国家文化产业发展银行应尽快建立．人民论坛，2006（19）．

［6］中国人民银行中国金融年鉴编辑委员会．中国金融年鉴．北京：中国金融出版社，2006.

［7］苏东水．产业经济学．北京：高等教育出版社，2002．

［8］喻文益．管理分析学（第二版）．知识经济版，北京：中国财经出版社，1999．

［9］中华人民共和国证券法（第三节，持续信息公开），2005－10－27．

［10］中国共产党第十七次代表大会报告．

［11］李伟．北京首现文化创意中小企业版权贷款．中华人民共和国文化部网站，2007－11－02．

［12］David Hesmondhalgh. *The Cultural Industries*. London，SAGE Publications Ltd.，2002．

课题组成员名单

课题负责人：

向　勇　北京大学文化产业研究院副院长、博士

课题组成员：

喻文益　北京大学文化产业研究院文化金融研究中心主任、博士

何小峰　北京大学经济学院金融系主任、教授

魏鹏举　中央财经大学文化创意研究院执行院长、博士

高新科技与文化产业

——从新媒体技术的视角

清华大学国家文化产业研究中心

◆44 引　言

◆45 **理论研究：新媒体技术与文化产业的互动关系**

◆45 　一、从业态视角：新媒体技术构成文化产业发展的重要载体

◆47 　二、从产业结构视角：新媒体技术推动文化产业结构
　　　　调整和升级

◆52 　三、从价值链视角：新媒体技术变革文化产业价值链条
　　　　构造方式

◆57 　四、从商业模式视角：新媒体技术变革文化产业的运行
　　　　模式

◆60 **案例研究：新媒体技术推动文化产业发展**

◆60 　一、电影产业案例——新媒体技术与传统文化产业结合

◆64 　二、网络游戏产业案例——新媒体技术催生新兴文化
　　　　产业门类

◆68 　三、雅昌艺术网——新媒体技术与传统文化结合企业案例

◆70 **对策研究：高新科技背景下文化产业发展思路**

◆70 　一、从区域经济的视角：高新科技推动区域文化产业发展

◆77 　二、从产业集群的视角：从科技产业园到文化产业园

◆81 　三、展望未来——高新科技与文化产业协调发展

◆82 课题组成员名单

引　言

在 2007 年 10 月闭幕的中国共产党第十七次全国代表大会上，胡锦涛总书记在报告中特别指出，要"运用高新技术创新文化生产方式，培育新的文化业态，加快构建传输快捷、覆盖广泛的文化传播体系"。这一论断从国家政策的高度指明了高新技术与文化产业之间的互动关系。

从国家"十五"规划确立大力发展文化产业政策至今，文化产业在我国取得了迅猛的发展，产业门类、规模和质量都有了显著的提升，逐渐成为国民经济中的支柱产业。在此期间，以信息技术为代表的高新科技成为文化产业发展的巨大动力；计算机动漫、移动通信、大容量数据库、互联网信息服务等一批具有高新技术属性的新兴产业逐渐成长为文化产业中具有鲜明时代特点的重要组成部分；传统的新闻服务、出版贸易、旅游文化、广告会展等产业类型也被赋予了越来越多的高新科技内涵。与此同时，我国文化产业发展和高新科技关系的呈现恰好与世界发达国家的文化产业发展特征合拍。这就是我们研究文化产业与高新技术的时代背景。

根据国家统计局的界定，文化产业覆盖广泛，行业众多，它的发展需要方方面面高新科技的支撑与推动。以游戏动画一个方向为例，就涵盖了计算机数据压缩技术、传输技术、三维建模技术，以及操作系统、硬件平台、人体工程学、电子学、光学、材料科学、人文科学等多项交叉学科和技术。因此，在有限的时间内就"高新科技与文化产业"的关系全面加以研究显然是不现实的，我们必须确定有限的目标和合适的切入点。

"从合到分，从分到合是自然科学和社会科学共同的发展规律。21世纪头几十年在科学技术领域所表现的融合创新将给人类社会的发展带来巨大的思考空间。"文化产业是在知识经济与信息社会建构的时空坐标中逐渐确立为各国的支柱产业的。当我们仔细审视当前全球文化产业发展的历程的时候，会发现"文化产业"并不是仅仅由"文化力"和"经济力"驱动，文化产业的前进脚步恰好与 20 世纪 90 年代以来的信息技术迅猛发展和信息社会建构的进行曲形成美妙的共鸣和变奏，现代信息技术使传统文化的产品形式、展示方式、消费市场得以极大地拓展。新的媒体传播技术与传统文化产业结合，改变了传统文化的制作方式和传播平台，形成了新的文化产业门类，赋予了文化产业在数字化时代新的内涵。为使研究落到实处，我们在"高新科技"这一概念中选取"信息技术"领域，并进一步聚焦于"新媒体技术"进行分析，以期通过这个切入点，折射出高新科技与文化产业之间的复杂关系。

按照美国学者帕夫利克的归纳整理，新媒体技术主要包含采集和生产技术、处理技术、传输技术、存储技术和播放显示技术，涵盖了围绕着互联网和移动通信的输入、处理、输出全过程的各项技术。这也是本研究对新媒体技术的定位。

本研究分为三个部分，第一部分为理论研究，分别从产业形态、产业结构、价值链和商业模式四个视角出发，分析新媒体技术与文化产业的互动关系；第二部分为案例研究，结合电影产业、网络游戏产业和雅昌艺术网三个案例探讨新媒体技术推动文化产业发展的具体表现；第三部分为对策研究，从区域经济和产业集群的视角，提出高科技背景下我国文化产业的发展思路。

理论研究：新媒体技术与文化产业的互动关系

一、从业态视角：新媒体技术构成文化产业发展的重要载体

新媒体技术作为文化产业发展的重要载体给文化产业总体带来的规模扩大、技术升级、消费群体增加等效应更为显著。

"在一项针对计算机网络服务的专项调查中，人们发现网络越普及的地方，文化产业所占的比例越高。在全球 25 个互联网最普及的国家中，文化服务业所创造的价值比开通互联网前平均增加 17.5%，从业人员增加 43%。在美国，因特网普及之后，文化产业所创造的社会价值占社会总产值的比例，从过去的 20% 上升至 30% 以上，达到 9 000 亿美元。"① 网络新媒体对于文化产业的整体提升作用从这些数据可见一斑。

---

① 英莺敏：《国际文化产业发展趋势浅析》[J]，《群众》，2003 年第 6 期，第 55 页。

一方面，新媒体技术的出现促使新、旧媒体融合创造出新的产业类型与盈利模式。如在文化产业中占有重要份额的传统的报纸、广播、电视三大媒体产业通过与新媒体融合，产生了手机报纸、网络广播、IPTV、数字电视等新的产业。仅以我国为例，自从2004年7月18日《中国妇女报》推出全国第一份"手机报"以来，先后有浙江、江西、广州、杭州、四川、辽宁等地的省级报业集团开展了手机报业务，打造以"手机"为载体的可以"听"和"看"的报纸成为传统报业的"新媒体之旅"。[①]世界报业协会认为："报纸如果没有网络和数字服务，将没有前途。"[②]广播方面，2005年7月11日，上海文广新闻传媒集团开播了互动式语音应答（IVR）方式的收集广播；9月，中央人民广播电台在CDMA上开通手机广播；[③]而早在手机广播出现之前，网络电台就已屡见不鲜，同时已经形成稳定的收听群体。电视方面，根据我国《广播影视科技"十五"计划和2010年远景规划》，2010年我国将全面实现数字广播电视，而届时全球IPTV设备和服务市场容量将高达440亿美元。中国仅机顶盒一项业务市场就将达到1 500亿元。[④]另据预测，到2007年，中国手机电视业务的用户数将达到505万左右，手机电视业务的年收入将达18亿元；到2010年底，手机电视业务发展将更加成熟，中国的手机电视用户将达3 080万，全年手机电视业务收入将达110亿元。[⑤]

另一方面，新媒体技术成为文化产业技术升级、传播手段更新的重要载体和手段。如通过虚拟现实、多媒体等技术手段完成的动漫和电影已经和真实的拍摄完美融合起来，观众已经习惯了通过电脑特效打造的大场面和大制作；在发行方面，电影可以直接由卫星数字传输到用户终端，不用再为把电影发行到电影院而复制许多拷贝，节约了大量的人力物力。在文化产业的会展业、旅游文化服务、文化保护与文化设施服务等行业，新媒体促使其产生了全新的展示、营销、反馈、设计等方式。

以美国国会图书馆为例，随着国际互联网的开通，该馆成为北美乃

① 崔保国、卢金珠、李峰：《转型与创新——2006年中国传媒产业发展总报告》，崔保国主编：《2006年：中国传媒产业发展报告》，社会科学文献出版社2006年版，第12页。
② 孙淑艳（编译）：《世界报业协会：没有数字服务报纸就没有未来》，天极网，2005年11月。
③ 孙树凤、王全杰：《与创新同行——2005年中国广播发展改革记录》，崔保国主编，《2006年：中国传媒产业发展报告》，社会科学文献出版社2006年版，第292页。
④ 刘林森：《全球网络电视有440亿美元的商机》，《中国计算机报》，2006年8月14日。
⑤ （作者不详）中国手机电视的发展趋势，《中国计算机报》，2006年8月14日。

至世界最大的网络信息服务商，每天上网访问国会图书馆网站的读者就达 3 万人次，围绕网络进行数据库服务的年收入达 3 亿多美元。其文化产品也由原来的图书、胶片发展为光盘、网站、数据库等形式，成为全球进行文献信息服务的最大企业。[①] 数字博物馆、图书馆、档案馆、艺术馆、科技馆等充满了新媒体光彩的展览馆对人们来说已不再陌生，这些展示充分利用虚拟现实、视频点播等新媒体形态与受众进行交互，融入了体验经济和注意力经济的构想，打破原有展览时间、空间的限制。[②]

新媒体技术最为显著的功能在于创新社会媒体形态，文化产业搭乘新媒体也是建构信息社会的要求和必然选择。

二、从产业结构视角：新媒体技术推动文化产业结构调整和升级

（一）新媒体技术催生文化产业中的重要部类

世界各国对于文化产业的定义和定位各有不同，如我国和韩国等国称为"文化产业（Cultural Industries）"，英国称之为"创意产业（Creative Industries）"，日本称为"内容产业（Content Industry）"，美国则以"版权产业（Copyright Industries）"概括此类以版权交易和知识产权为核心的产业类型。各国对文化产业所包括的产业类别也各自有不同的界定。

尽管如此，世界各国的文化产业也存在其共同点，即"传媒业都占有很大的比重，也是文化产业中最具活力、最具影响力的产业类型之一"[③]；而在当今媒体、信息技术呈现汇流趋势的时代，几乎每一项信息技术层面的突破都会在媒体上反映出来，因此不断涌现的新媒体对于文化产业而言，最直接的影响是在传媒业内部及其相关领域诞生了诸多新的产业群落。世界各国也都将"新媒体相关产业"列为文化产业中一个重要的新兴部类。

如我国目前的文化产业分类根据国家统计局 2004 年出台的《文化及相关产业分类》，表 1 即根据该分类列出的 24 个中类内容。[④] 从中可以看出，"音像及电子出版物出版发行"、"互联网信息服务"等中类是由新

---

① 英莺敏：《国际文化产业发展趋势浅析》，《群众》，2003 年第 6 期，第 55 页。
② 蔡尚伟、温洪泉等著：《文化产业导论》，复旦大学出版社 2006 年版，第 208 页。
③ 蔡尚伟、温洪泉等著：《文化产业导论》，复旦大学出版社 2006 年版，第 26 页。
④ 转引自郭惠英《中外文化产业行业界定比较研究》，《中国文化产业评论（第三卷）》，上海人民出版社 2005 年版，第 382 页。

媒体催生的新兴产业，同时与新媒体密切相关的还有"广播、电视、电影服务"等类型，包括文化用品设备生产、销售和制造等都与新媒体有关，因此"新媒体相关产业"实际成了文化产业的重要组成部分。

表1 中国"文化及相关产业分类"（中类划分）

类别名称	类别名称
第一部分 文化服务	12. 其他文化艺术服务
1. 新闻服务（新闻业）	13. 互联网信息服务
2. 书、报、刊出版发行	14. 旅游文化服务
3. 音像及电子出版物出版发行	15. 娱乐文化服务
4. 版权服务	16. 文化艺术商务代理服务
5. 广播、电视服务	17. 文化产品出租与拍卖服务
6. 广播、电视传输	18. 广告和会展文化服务
7. 电影服务	第二部分 相关文化服务
8. 文艺创作、表演及演出场所	19. 文化用品生产
9. 文化保护和文化设施服务	20. 文化设备生产
10. 群众文化服务	21. 相关文化产品生产
11. 文化研究与文化社团服务	22. 文化用品销售
	23. 文化设备销售
	24. 相关文化产品销售

其他国家方面：英国的创意产业分类中，"软件（包括休闲）和计算机服务"与其他 10 个中类并列构成了整个创意产业结构；[1] 美国的版权产业分类中包括"网络出版与传播"、"因特网服务"等，还包括"电子游戏设备及其他相关设备生产"等类别；韩国在 1999 年颁布的《文化产业振兴基本法》中明确规定文化产业包括"从事数字化文化内容收集、加工、开发、制作、生产、储存、检索、流通等相关服务的产业"；其他国家如日本、澳大利亚等世界主要国家也都将新媒体相关产业纳入了该国文化产业的范畴。

"从产业发展层面看，文化产业在新技术发展的支撑下，通过在产业

---

[1] 郭惠英：《中外文化产业行业界定比较研究》，《中国文化产业评论（第三卷）》，上海人民出版社，2005，第 383 页。

边界上与其他产业相融合形成新的文化生产行业来扩大整个产业的规模。"① 新媒体技术催生的文化产业中的诸多新兴产业呈现出"族群"式发展的趋势。如果沿着伴随信息技术出现的新媒体发展历程的时间线一路走来，我们会发现每一重要的新媒体形态的产生和大规模应用都会与其他产业在边界上融合，从而催生一个"族群"的新兴产业群落。如电脑的普及应用让电子出版、数字音乐、电脑软件服务、数字电影等新兴文化产业获得了强大的生命力，继之出现的互联网则塑造了网络游戏、网络广告、流媒体点播、音乐视频下载服务、软件服务、博客、播客等新的文化产业门类，如今正在形成热潮的则是以手机为用户终端的彩铃、彩信、WAP、移动博客、手机报纸、手机电影、短信息等产业，此外还有动漫、卡通等等融合了多媒体技术的产业类型。尽管上述这些新媒体相关产业从数据上说有的总量尚小，但是其发展速度和带动其他产业的联动发展势头却不容忽视，特别值得一提的是，随着信息社会层次的不断提高和数字化汇流的逐步深入，有些目前尚没有形成足够力量的新媒体产业类型将会逐渐壮大，同样有些可能会慢慢退出历史舞台或者被其他产业所取代，但是新媒体形成的重要部类在文化产业总体中一定占有越来越显要的地位。

从数据角度看：世界游戏市场在 2003 年超越了半导体市场规模，2005 年游戏市场规模达 4 900 亿美元；② 据韩国文化观光部游戏产业开发院公布的《2003 韩国游戏产业白皮书》的数据，韩国游戏产业 2002 年的产值突破 34 000 亿韩元，约合 270 亿元人民币，占当年韩国 GDP 的 5.6%，已经成为对国民经济有着举足轻重作用的支柱产业，韩国的数字媒体行业已经超过传统的汽车业。③ 2005 年，全球的无线音乐业市场收入将达 50 亿美元，在中国市场收入将超过 20 亿元人民币，这个市场正在急速增长；美国的网络游戏业已经连续 4 年超过好莱坞电影业，成为全美最大的娱乐产业；日本动画片年产值在国民经济中位列第六，动画产品出口额超过钢铁；④ 而在中国以 WAP、彩信、无线游戏以及 IVR 为

① 荣跃明：《文化产业：形态演变、产业基础和时代特征》［J］，《社会科学》，2005 年第 9 期，第 185 页。
② 《2005 年中国文化产业规模达到了 1 万亿元，约占 GDP 的 8%》，《人民邮电》，2006 年 6 月 21 日。
③ 费江桐：《网络游戏产业运行的基本解析》，叶取源主编：《中国文化产业评论（第二卷）》，2004，第 181 页。
④ 徐昱、鲍洪俊：《国家动漫节为何落户杭州？》，人民网（www.people.com.cn），2006 年 3 月。

代表的 2.5G 移动增值业务 2003—2005 年已增长 5.6 倍，市场发展迅猛。[1] 仅 2006 年上半年，中国移动数据业务收入从 2005 年上半年的 225.57 亿元上升到今年的 309.26 亿元，其中彩铃和 WAP 收入分别达到 26.42 亿元和 30.42 亿元，同比增幅都超过了 90%。[2]

国内外大量的已经实现的产业数据向我们展示了文化产业中"新媒体相关产业"具有多么大的市场潜力，由新媒体技术的出现催生的文化产业部类成为当前文化产业中最快的增长点。

（二）新媒体技术是促使文化产业整合、重构与结构升级的催化剂

人类社会发展的事实表明，每一次技术的进步，都带来了生产关系的重大变革。技术进步改变了文化产业的产业形态，促进了文化产业结构的升级换代，延伸了文化产业的产业链，提高了文化产业的盈利水平。随着传播媒介的高速发展和信息时代的来临，以及全球化的迅速逼近，文化生产已日益成为当代经济生活的一部分，成为复杂的现代化大生产的一部分。[3] 在这个背景下，文化产业内部产业之间的整合及文化产业外部与其他产业之间的联动关系变得突出而紧密；新媒体技术具有贯通文化产业产业链的特性，同时成为带动相关产业的纽带，促进了文化产业的整合与重构。

首先，从结构上看，文化产业出现了"行业的分散化"和"新兴文化产业地位提升"的发展趋势。以传统意义上的文化产业如新闻、出版、广电和文化艺术，以往仍构成了中国文化产业"核心层"，然而，当前新媒体技术带来的新兴文化产业类型所形成的"外围层"却出现了位居主流的趋势。以 2004 年为例，传统文化产业的从业人员有 223 万人，实现增加值 884 亿元；而新兴文化产业如网络文化、数字娱乐产业等为主构成的"外围层"有从业人员 422 万人，实现增加值 835 亿元。如此看来，不仅新兴文化产业的从业人员已超出传统产业近 1 倍，创造的价值已接近传统产业，中国新兴文化产业的规模也将超过传统文化产业，其在整个文化产业的带动作用已经日益显现。

---

[1] 唐建英：《2005 年中国移动媒体市场发展回顾》，崔保国主编：《2006 年：中国传媒产业发展报告》，社会科学文献出版社 2006 年版，第 399 页。

[2] 王琦：《2006 年上半年中国电信收入达到 3 138.9 亿元》，《中国电子报》，2006 年 9 月 7 日。

[3] 金元浦：《文化生产力和文化产业》，http://www.culstudies.com/rendanews/displaynews.asp? id = 5992，2009 年 8 月。

另外，还有一个不可忽视的变化趋势是新媒体促使了文化产业的产业结构升级。日本将我国所谓的"文化产业"称为"内容产业"，英国将其称为"创意产业"，美国将其定位为"版权产业"是有其特定理由的。文化产业正是以创意为源头，以内容为根本，以版权为核心的知识经济形态。文化产品是信息产品，西方学者德朗和弗鲁姆金在对信息产品与传统产品进行对比分析后，深刻地指出"信息产品的非传统特性极有可能对新经济的产业结构造成深远的影响"①。正如安蒂·卡斯维奥（Antti Kasvio）在《传媒与文化产业》一文中所说，现代信息社会的发展过程从科技创新开始，其"中心从信息收集与科技的传送，逐渐转向这些科技所传播的内容。在这一阶段，最大的增长期望是从信息技术产业转向传媒与文化产业"②。由此看来，由于当前数字媒体技术的发展已经形成空前强大的文化产品生产、传播、发行能力，消费者多元化的个性选择可以通过定制、点播等交互手段轻松满足，于是在有了顺畅的通信平台、多样的媒体表达方式和充足的自由选择余地的条件下，文化产业中内容的生产已经脱离了媒介技术的制约，其重要性日渐突显。正如当平坦的大道摆在面前，接下来要思考的是上面跑什么车的问题了。

"从一定意义上说，网络等媒介产业的生存能力取决于'内容'的创造和消费，取决于与广大消费者的日常生活、工作和娱乐、休息的联系。"③ 新媒体技术促使文化产业实现产业结构升级和调整，内容的创意与生产逐渐突显出愈加重要的作用。例如，2005 年我国的手机用户达到3.93 亿，同年我国的移动通信业务全年收入累计达到 2 616.4 亿元人民币，而其中移动增值业务获得了长足发展：除了 SMS（短信息）之外，MMS（多媒体短信息）、CRBT（个性化回铃音）、IVR（互动式语音应答）、WAP（手机上网）等业务发展迅速，音乐、游戏等应用业务快速成长；2005 年上半年，中国移动增值业务收入将近 280 亿元，比上年同期增长 56.5%，增值业务收入占总收入的比例达到 18.3%；此外还有许多新兴的增值业务不断出现，如手机钱包、手机电视、手机游戏、手机

---

① 蔡尚伟、温洪泉等著：《文化产业导论》，复旦大学出版社 2006 年版，第 28 页。
② Antti Kasvio: *Media and The Cultural Industry*, http://www.info.uta.fi/winsoc/engl/lect/MEDIA.htm, 2003 年 7 月。
③ 金元浦：《数字化：内容文化产业的崛起》，《中国文化产业评论（第二卷）》，上海人民出版社 2004 年版，第 125 页。

定位等。① 2005 年我国仅彩铃这一项业务的收入就达到 25 亿至 30 亿元，实现营业税 7 500 万元至 9 000 万元，2006 年彩铃业务进入成熟期，届时整个市场规模将达到 50 亿元，可实现营业税 1.5 亿元。② 从这些数据我们可以看出，手机作为一种新媒体为广大用户接受之后，除了基本的通话功能之外，它逐渐成为消费者满足生活、娱乐、商务、资讯需求的终端，这时针对手机的内容生产就成为重要的产业。新媒体促使文化产业将重心向内容的创意与生产转化，转换原有的产业结构。

总体上讲，新媒体成为促使文化产业整合、重构和产业结构升级的催化剂，它为文化产业带来的变化并不是加减乘除的物理变化，而是深刻的化学变化，是整个文化产业生态系统的演进和更新。

三、从价值链视角：新媒体技术变革文化产业价值链条构造方式

（一）文化产业的价值链

产业链是由一个主导产业与其相关产业共同组成的一个产业系统。主导产业与相关产业的地位是动态变化的。产业链中的产业既可以为一家混业经营的大公司所拥有，也可分属于不同的公司；其本质是以核心产品或服务为纽带的创造链。与之相应的是，任何产业链条的目标在于为客户创造价值，本节从价值链的角度去分析新媒体技术给文化产业带来的作用。

价值链是企业进行的设计、生产、营销、交货以及对产品起辅助作用的各种活动。③ 按照 1985 年波特提出的经典产业价值链（如图 1），产业的基础活动可以分为运入物流、生产、运出物流、市场/销售、服务五个环节，同时贯穿整个价值链的辅助活动是企业基础设施、人力资源管理、技术开发、采购等。

---

① 数据引自《2005 年中国移动通信市场综述》，《人民邮电》，2006 年 3 月 3 日。
② 陈金：《2006 年中国彩铃业务进市场规模将达 50 亿元》，《中国文化报》，2006 年 3 月 6 日。
③ 迈克尔·波特：《竞争优势》，华夏出版社 1997 年版。

辅助 活动	企业基础设施					边 际 利 润
	人力资源 管理					
	技术开发					
	采购					
基本 活动	运入物流 （运用效 率性／ 多样性）	生产 （运用效 率性／ 多样性）	运出物流 （运用效 率性／ 多样性）	市场／销 售(品牌 形象／评 价管理)	服务 （客户管 理／维护 信赖度）	边 际 利 润

图1　产业价值链示意图

　　研究者认为，波特提出的这一价值链系统简明地描绘了传统产业——尤其是工业经济时代的制造业——创造价值的过程，但是在文化产业中，新媒体技术对其中的每一个环节都提供了变革的可能，其中很多变革已经变成了现实。例如，在文化产业中，许多文化产品都可以给予新媒体平台进行传递与流通，文化产业的流通空间比物质流通更大、更广，流通时间更快。于是，出现了流通空间的立体化、时间的快速化和手段的现代化。美国的阿伦·斯特说："文化传播技术的制造性和创新，不仅带有一种强烈的空间模式色彩，而且带有一种强大的短时性逻辑。"总之，借助新媒体技术，文化产品和服务的流通已经不再完全依赖于物流，这也是研究者设计文化产业价值链的关键所在（如图2）。

　　需要特别提出的是，我国文化产业还包含如文化设备生产制造等相关层，这部分产业类型是对核心层和外围层进行支撑的基础设施与物理硬件生产等，这些产业运行过程中一定需要考虑物流等因素，研究者在此只选取了可以不用或者可以忽略产品的实体形态，而采用数字化形态呈现产品的文化产业类型，如电子出版、网络服务、信息咨询、广播影视等。

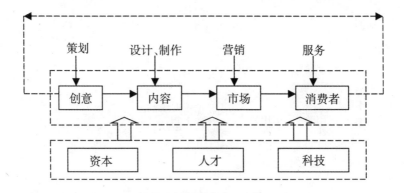

图2　新媒体技术支持的文化产业价值链示意图

（二）新媒体技术对文化产业价值链的重构

从上文分析得到的文化产业的价值链角度来看，文化产业是一个创意开端、内容为主、面向市场、满足消费者的服务性产业，新媒体技术对其各个价值链的各个环节都发挥了巨大的作用，促使其呈现出如今的四因素格局。

从价值链的角度来看，在文化产品和服务的创意阶段，新媒体帮助以更丰富的形态呈现设计思路和产品雏形，比如用电脑配备多样的软件和人机交互设备（如电子画板、麦克风、全息扫描仪等）进行头脑风暴式的创意或者利用虚拟现实、动画设计等方式完成设计思路；在本研究参照帕夫利克归纳的新媒体技术谱系中，不仅包括对文化产品和服务生产的终端技术，还包括文化产业创意阶段必须的过程性技术，即复制、存储、传播、生产、采集、处理等，这些技术在文化产业的创意阶段是"嵌入式"的，供创意者选择、操作。

在生产阶段，新媒体技术由物质产品生产向文化产品生产领域的转移是一个渐进的过程，当文化产品的需求增加时，最新的科技就从物质产品生产领域转移到文化产品生产领域。当科学技术从经济发展的实践中被提炼出来并运用到文化产品生产中时，就成为文化产业发展的重要推动力量。一方面，新媒体技术帮助以尽可能多、尽可能贴近不同消费者需求的媒体形态承载文化产品信息，如产生以光盘、软件包、网页、视频、物理设备等多种形态为载体的文化产品；另一方面，新媒体技术改变了文化产品和服务的生产过程和基本方式，当然这一过程并不是一帆风顺的。帕夫利克描述了新媒体技术应用之初给好莱坞带来的麻烦，"新媒体的应用带来巨大机遇，这使好莱坞为之着迷。但同时大多数人又为互动多媒体产品制作流程的不确定性而担惊受怕，一些人甚至已经宣称互动技术的发展是'新的地狱'。在过去，好莱坞的电影制作有着一套完全可预知的固定流程，包括前期碰头会、剧情会议、演员角色分配以及一部通常为页的脚本。任何与此模式不符的做法都是对整个系统灵活性的巨大考验。如今，互动多媒体作品和游戏制作却没有一个大家认可或可以遵循的流程。"① 尽管有各种阻力，但是这种大势却不会改变，例如，苹果公司旗下的皮克斯工作室（Pixar）从 1986 年开始开发了三套用于制作高质量动画的软件系统：牵线木偶系统（Marionette）、表演指导者系统（Ring master）、制图人系统（Render Man），由这三套软件系统参与制作的多部动画片获得了奥斯卡奖，并且取得全球票房的成功，这充分说明了新媒体技术对文化产业生产方式的根本变革。

在发行阶段，新媒体帮助以更少的成本、更快的速度、更便捷的方式送达消费者，如通过网络利用电子商务等方式进行。这一点是产业链中由内容到市场的一个环节，这种通过新媒体技术平台传输文化产品和文化服务的方式更多地用于无形文化产品和服务，如出版、广播、影视、软件服务、网络信息服务等。举例来说，目前国内外很多软件企业都采用互联网发布自己的软件产品，使用者在网络上购买某个软件后，通过 VISA 卡等信用卡付款后，企业方会将软件包和序列号发给消费者，这样就完成了一次购买过程。

在使用或消费阶段，一方面，新媒体技术直接地为消费者消费文化产品、进行体验式消费提供软件和硬件支持，如电脑、电视（高清电视、流媒体电视等）、手机、PDA 等终端设施和视频软件、网络流媒体软件等；另一方面，"如今的消费者面对众多的商品信息，往往不能即时作出认知和反映，而通常是根据个人需要、兴趣和经验等不同，以及信息传达的广度和深度，有选择性地对某些信息进行感知。"② 新媒体技术创造了为消费者尽可能全面、深入送达文化产品和服务信息的平台，为消费

---

① 约翰·帕夫利克著：《新媒体技术：文化与商业前景》，周勇等译，清华大学出版社 2005 年版，第 182 页。

② Corts Henneth S.：*The strategic effects of vertical market structure Common agency and divisionalization in the US Motion Picture Industry*, Journal of Economics & Management Strategy, Vol. 10, No. 4, winter 2001, p. 509~528.

者进行选择提供充足的信息；更为重要的是，新媒体技术也为消费者消费所有文化产品和文化服务创造接受技术、信息支持与服务的便捷渠道。例如，当前已经开始使用互联网和手机交互的付款方式，用户在网络上点播了一场球赛，他输入自己的手机号后会收到提供球赛直播的网站系统发来的短信，让其确认其点播收看行为，用户通过短信确认后会在其手机费中扣除球赛点播费用并随后收到网站发来的密码，凭借这一密码用户就可以进入球赛直播区进行收看；再如，消费者可以通过互联网来了解某部电影的梗概，通过手机报获取当天的新闻，有投诉的需要也可以在网上进行投诉……总之，新媒体技术是构建信息社会的重要技术门类，每一个生活在当前社会的消费者都可以通过新媒体技术搭建的平台来消费文化产品和接受服务。

由此可以看出，新媒体技术贯通了文化产业的整个价值链条，同时为文化资源的充分开发利用和产业链条的延伸带来了更大的空间。当前世界领先的文化产业企业，如美国在线——时代华纳、贝塔斯曼、维亚康姆、维旺迪等，都将经营的产业从单一媒体向多媒体——尤其是新媒体领域——转变，同时也将业务延展到娱乐、主题乐园、度假胜地、服饰、玩具等多种产业。在带动相关产业联动方面，新媒体更体现了极大的潜力。根据 2005 年 1 月公布的《2004 年度中国游戏产业报告》显示，"2004 年中国网络游戏产业对通信业务收入的直接贡献为 150.7 亿元人民币，对 IT 产业的直接贡献为 63.7 亿元，而同期游戏产业自身的产值仅为 24.7 亿元人民币，也就是说游戏产业带动电信、IT 行业增长的产值几乎是游戏行业自身产值的 9 倍，此外游戏行业对媒体以及传统出版业的直接贡献为 35.8 亿元人民币"[①]。

总的来说，"内容引发社会需求，科技改变产品形态，资本影响市场规模，服务决定事业成败。文化产业这四大核心要素，是导致全球文化产业基本生态发生变化的直接动因"[②]。新媒体技术不仅改变了产品形态，同时还改变了文化产业价值链的各个环节。

---

① 王乐：《2004 年网络游戏带动电信、IT 产值 214.4 亿》，http：//news. chinabyte. com，2005 年 10 月。
② 熊澄宇：《并存互补竞争创新——发展中的国际文化产业》，《求是》，2007 年 10 月，第 61～63 页。

四、从商业模式视角：新媒体技术变革文化产业的运行模式

（一）新媒体技术促进文化产业经济理论创新

上文分别从产业形态、产业结构、价值链的角度探讨了新媒体技术与文化产业之间的关系，研究者认为，新媒体技术还具有变革传统文化产业商业模式的能力。以新媒体技术为基础的文化产业运行模式展现出了不同于以往的特点，从而促进了文化产业经济理论的创新。

例如，在传统产业中，一般认为商业中 80% 的业绩来自 20% 的产品或 20% 的大客户，这在经济学中被称为"帕累托分布"，或通俗地称为"二八理论"。《连线》（Wired）杂志的主编克里斯·安德森（Chris Anderson）在 2004 年 10 月发表的一篇文章中提出了"长尾理论"，文中，他用这一理论令人信服地解释了一本出版于 1988 年的书籍是如何通过互联网的帮助在 10 年后荣登《纽约时报》图书销售榜，并且被改编为电影纪录片的。"长尾理论"的基本前提是：富足经济（the economics of abundance），即市场和企业有能力为长尾中的无限细分市场提供定制的、符合其需求的产品；有能力将渠道成本降为零或趋近于零，即针对无数的细分市场，以极低的渠道成本提供产品和服务。

从"长尾理论"的基本前提我们可以得出结论："长尾理论"恰恰是在新媒体技术支撑下的信息社会中才有可能实现，它对当下的体验经济和数字时代具有非常重要的意义。在体验经济时代，"大众化的标准产品日渐式微，对个性化产品和服务的需求越来越高"[1]。"长尾理论"最为典型的应用在于分众营销，只要用户经常使用互联网，就会在网络服务中留下各种痕迹，广告主可以通过识别参与者的身份（Identity）、电子档案（Portfolio）、交流模式（Communication）以及社会关系网络（Social Network），使分众营销的操作更加方便，包括预测用户的行为、目标市场的确定、产品或服务的定位都将更为准确。

"长尾理论"是在数字时代诞生的新经济理论，我们在文化产业中随处可见它的适用时机和作用空间。除了"长尾理论"之外，还有其他的新经济理论不断出现并在文化产业实践中得到验证和深化。

---

[1] 苗月新：《市场营销学》，清华大学出版社 2004 年版，第 219 页。

例如，在网状经济时代，文化产品在负载自身使用价值的同时，有可能——而且已经成为另一些产品的信息载体，从而使不同产业之间产生合作空间。尤其作为新媒体技术创造的诸如网络视频、电子杂志、网络游戏、动漫等产品而言，它们可以将广告商需要承载的信息纳入其中。现在随便一款网络游戏中都有我们熟悉的可口可乐、耐克、阿迪达斯等知名品牌的广告，而这些广告商的投入也有利于游戏运营商降低消费者的成本。从理论上来看，网络游戏、电子杂志等新媒体属性的文化产品的边际成本趋近于零，一旦被生产出来就可以以零成本无穷复制，成为边际非稀缺资源。这样，文化产品的发行商就可以利用第三方营销理论进行发行活动。这一理论可以归结为：企业在为自己选定目标顾客的时候，尽量使其同时符合某些利益攸关企业的产品定位；在为自己制定产品、促销和渠道策略的时候，尽量使其同时成为某些利益攸关企业或顾客的产品、渠道和促销策略；在为自己的目标顾客创造价值的同时尽量为第三方利益攸关顾客创造价值；在为自己的企业生产产品的同时尽量同时为第三方利益攸关企业生产产品。

我们可以从自己的身边很轻易地找到这种第三方营销的方式，我们最为熟悉的电视就是如此。我们只为有线电视支付很少的收视费用，很多的电视剧、各类节目都可以"免费观看"，而电视台的黄金时段广告动辄就是十几亿元的标的，电视观众收看电视剧的时候也收看了广告就是典型的电视台的第三方营销过程。

由此可以看出，新媒体技术的应用改造了文化产业的运行模式，也不断地催生新的经济理论和商业模式。

（二）新媒体技术改造文化产业企业核心价值体系

2004 年底，SONY 公司投放市场的游戏机价格很低，但是保障其获得商业成功的技术是与游戏机配套的 UMD 光盘，这种光盘不能通过硬件拷贝其内容和数据，因此 SONY 公司依靠光盘内容获利是其商业模式的核心。这一例子充分说明了新媒体技术对文化产业企业核心价值体系的改造。

一方面，在文化产业领域，由于新媒体技术的广泛应用和深入渗透，各个企业的核心价值体系已经向无形转化，技术标准和版权逐渐成为一个文化产业企业最为核心的价值体系所在。如苹果电脑公司凭借播放器和音乐网站开创了音乐产业的广阔天地。如今苹果公司拥有75%的音乐下载市场和25%的音乐播放器市场，但苹果公司正面临与微软公司、RealNetworks公司以及索尼公司之间对音乐下载控制权的争夺战。各个公司的杀手锏都是用于购买和收听下载到电脑和便携装置上的音乐的软件。如果哪一家公司的文件格式能够成为音乐和电影下载供应方式的产业标准，就可能进一步成为蓬勃发展的数字内容及装置市场上的霸主。这种情况在数字电视、数字广播、电子杂志、无线传输、移动增值服务等领域屡见不鲜，对于行业技术标准的争夺成为依靠新媒体技术打天下的企业来说具有至关重要的意义。

另一方面，版权也日益成为文化产业企业的核心价值体系。美国就紧紧抓住这一点，其"版权产业"与我国的"文化产业"最为接近。在新媒体技术环境下，数字化的文化产品可以以非常低廉的成本进行无损的大规模复制，给版权保护带来了极大的难题。以电影产业为例，根据2006年5月美国电影协会（MPAA）以及L. E. K公司的《电影盗版的成本》联合报告，2005年，美国主要的电影公司全球盗版损失达到61亿美元，其中38%的损失（23亿美元）来自互联网盗版，62%的损失来自物理介质的盗版。另据英国一家媒体集团估计，全球的宽带连接用户每天通过互联网非法下载的电影超过14.4万部。如果50%的下载被认为是电影产业损失的销售，按每下载一部电影3.5美元计算，这意味着一年内好莱坞就要损失9 200万美元。① 同时，《电影盗版的成本》报告显示，中国电影市场盗版给MPA成员的电影公司带来的损失是5.65亿美元，而给非MPA成员的电影公司带来的损失是21.24亿美元。这说明盗版给中国电影产业带来的打击是灾难性的。在这样的情况下，文化产业企业都将版权看做企业生存的核心价值，并采用一系列的手段保护版权。

综上，新媒体技术使文化产业企业将自身核心价值体系从有形的产品转向无形的专利、标准、技术、设计层面，推进了文化产业企业向知识企业转化。

---

① 王梓伊：《呼唤网络时代电影著作权保护——试析网络电影盗版现象》，《理论界》，2006年第12期，第87~88页。

案例研究：新媒体技术推动文化产业发展

一、电影产业案例——新媒体技术与传统文化产业结合

在这一部分，研究者选取电影产业作为案例，[①] 分析新媒体技术与文化产业的互动关系。这一选择是具有深远意义的，因为电影产业诞生至今已有百年历史，其艺术与商业的双重属性已经得到了理论与实践的验证。在世界各国的文化产业体系中，电影产业都属于其核心领域；而随着新媒体技术的广泛应用，电影作为人类日常的媒体形态之一，其产品形态、产业链条和产业模式都发生了划时代的革新。研究者选取电影产业进行案例分析能够很好地反映新媒体技术是如何赋予传统文化产业时代气息，并且可以就当前文化产业正在形成的新型商业模式深入探析。

当前世界电影产业的格局是美国好莱坞居于统治地位，其他国家极力打造具有自身文化特色的电影产业。简单来说，世界范围内的电影产业都遵循基本产业链条——"制作、发行、放映"三个环节；展开来说，电影产业的产业链条可以分为上游开发、中游拓展和下游延伸。[②]

上游开发：上游开发指的是电影产业的内容制作环节，其中包括节目创意策划和研发、内容制作（包括节目素材的采集、加工整理及包装，以及特殊类型节目的直播或录播）、内容集成，等等。

中游拓展：电影产业的中游主要是通路和渠道。它反映了整个产业链条运行状态和流转效率。电影的发行渠道主要是电影院线的建设和运营；而放映渠道主要是院线公司和大型影院经营主体。

下游延伸：电影产业的下游延伸主要是衍生产品和关联业务。其中"后电影产品"主要包括音像制品、图书、形象（品牌）授权业务、主题公园等；关联业务则包括与电影相关的广告、电影节等会展活动，等等。

在新媒体技术的影响下，电影产业从产品形态、发行、放映乃至电

---

① 注：电影有艺术与商业的双重属性，本研究考察的电影产业包含将社会效益和经济效益作为共同追求目标的商业电影，而对于纯艺术电影或实验性质的小众影片，其本身具有艺术创作上"个案"式的特殊性，其商业模式也是零散而非系统的。但是，无论怎样，新媒体技术给电影带来的全方位的变化是共同的。

② 国家广播电影电视总局发展改革研究中心：《2006 年：中国广播影视发展报告》，社会科学文献出版社 2006 年版，第 202～207 页。

影观众观影的方式和电影产业的商业模式都发生了根本性的变革。

（一）新媒体技术对电影制作的影响

谈起新媒体技术对电影制作的影响，首先闪现在我们脑海里的或许就是好莱坞大片中的泰坦尼克号、金刚、蜘蛛侠、超人、哈里波特等形象，毫无疑问，这些都是新媒体技术给予电影制作者的"无所不能"的能力。曾经执导过《终结者》系列、《异形》、《深渊》、《泰坦尼克号》等运用了大量数字技术的影片的知名导演 D. J. 卡梅隆在 1995 年为《数字化电影制片》（*Digital Filmmaking*）一书写的前言中写道："视觉娱乐影像制作的艺术和技术正在发生着一场革命。这场革命给我们制作电影和制作其他视觉媒体节目的方式带来了如此深刻的变化，以至于我们只能用出现了一场数字化文艺复兴运动来描述它。……整个数字领域都是电影制作人员和讲故事者学习的课堂，他们会明白：只有想不到，没有做不到。"

总的来说，新媒体技术为电影制作带来了以下变化：

（1）实现了此前不可想象的电影类型。如果我们历数近些年取得了全球巨大票房成功的电影，会发现其中有一长串科幻片、魔幻片、灾难片的名字，如《指环王》、《星球大战》、《哈利波特》、《蝙蝠侠》、《超人》、《后天》、《完美风暴》，等等，这些影片利用最新的新媒体技术，为观众塑造了一个又一个虚拟世界，给予观众的却是最为真实的感官与情感体验。

（2）增强了电影表现力，呈现"奇观化"。"电脑特技与传统特技结合；数字角色与真人、演员表演结合；数字道具、场景与实景、场景、布景结合；利用数字技术处理画面的色彩、光线、气氛……这是当前电影制作的重要特色。"[1] 新媒体技术给予电影的支持表现在观众最直观的观感、听觉上，对于原有技术难以表现的场景、画面、人物造型、时空关系得以逼真实现，呈现出"奇观化"的趋势。有学者对 1958 年和 1997 年上映的以泰坦尼克号海难为背景的影片《冰海沉船》和《泰坦尼克号》进行比较，认为："数字技术的加盟，使电影《泰坦尼克号》在叙事方面呈现出与《冰海沉船》迥然不同的方式，无论是造型手段的运用、叙事时空的选择，还是叙事重点的侧重、叙事策略的谋划，高科技都给

----

[1] Jody Duncan: *The Day After Tomorrow*, Cinefex. No. 7, winter 2004, p. 70.

传统电影题材赋予了更大的创造力和更广阔的自由空间，使之以前所未有的奇观影像震撼了世界影坛。"① 可以说，新媒体技术给予电影人尽情释放想象力和创造力的可能，为他们制造了"表达想要表达"的可能。同时，新媒体技术在体现出改变空间的能力之外，也具备了改变时间的能力，"数字化电影制作方式打破了传统制作方法的顺序性，前期准备、中期拍摄和后期制作都可以是同步进行的，各个部门以一种非线性的方式进行着平行的创作。"②

（二）电影发行及放映渠道的变化

在传统的院线发行和影院观影方式之外，随着新媒体技术的发展，电影已经将其发行与放映渠道进行了极大的拓展。在最近十多年里，录像带、VCD、DVD 和互联网等陆续出现的新媒体形式从原有的影院市场分化出了部分观众；当前，影院、电视、DVD 碟片、互联网等形式已经构成了我国的"大电影产业"观影渠道。以网络为例，按照 CNNIC 对我国互联网络发展状况的调查，在 2005 至 2007 年 1 月发布的五次报告中，③ 有超过半数的网民认为互联网对于日常娱乐有较大帮助或有非常大的帮助，而在"网民经常使用的网络功能"中，"在线影视收看及下载"是位列在收发邮件、搜索引擎、浏览网页、即时通讯等互联网日常功能之后的重要功能，成为网民上网的"常规任务"。

此外，在新媒体技术迅猛发展下，我们可以发现身边有更多的终端可以作为电影播放的"播放器"，近些年迅猛发展的手机电影就是一例。号称"中国第一部手机电影"的《聚焦这一刻》在 2005 年就已经与观众见面了，此后《感动中国》、《青红》、《七剑》、《如果·爱》这些手机电影都相继问世。国外在这一市场比中国还要领先一步，美国的手机电影产业链已经形成，印度、日本、韩国都有成熟的手机电影观众群体，英国全年的手机电影市场已经达到 1.9 亿美金。④ 随着移动通信技术的不断发展，手机电影必将成为娱乐生活中的一分子。除此以外，还有数字电视频道实现电影的付费计次点播、便携 mp4、数字放映厅等等多种渠道

① 张红叶：《从〈冰海沉船〉到〈泰坦尼克号〉——高科技对电影叙事的影响》，《当代电影》，2004 第 5 期，第 79~80 页。
② Maxie D. Collier：*Digital Video Filmmaker's Handbook*，Ifilm Publishing，winter 2001，p. 103.
③ CNNIC，2005、2006、2007 年互联网络统计报告。
④ 周怡：《手机电影现象探讨》，《当代文坛》，2006 年第 3 期，第 122 页。

可以作为消费者观看电影的选择。另外，借助于数字技术，电影内容可以通过卫星、光缆等渠道直接送达影院，提高了影片的发行时效，降低了影片的发行成本。借助于数字接收、内容加密和版权保护技术，放映端点可以方便地接收数字影片内容进行放映，并能使影片提供者的版权与利益得到保护。总体上讲，新媒体技术改变了电影产业的发行与放映模式。

（三）电影观众的变化

首先，新媒体技术给予电影观众选择"我的"电影的可能，这就促使了观众分众化。随着分众传播的深入尤其是网络的普及，媒介市场从卖方市场走向买方市场，受众本位越加为人们重视，这一结论在电影市场同样得到了印证。当前电影市场的消费者选择所呈现出的分众化特征成为电影产业运行的现实基础。

其次，观众观影的审美情趣和心理期待产生了变化。新媒体技术对电影画面、声音系统的改进为观众的电影欣赏创造了"沉浸式"的可能，也改变了他们的审美情绪。*Screen Digest* 于 2003 年对电影观众和影院经理进行过一次对数字电影态度的研究，在《数字电影观众偏爱研究》这份 60 页的报告中对该调查的结果进行了分析。被调查人员中，认为数字电影"远好于"或"好于"传统电影的，达到了惊人的 85%。

在这样的审美情趣的驱动下，观众无论是走进影院、购买碟片还是上网看电影都形成了新的心理期待模式，"从心理学的意义上讲，观众喜欢用虚构的故事来满足自己，喜欢被制造得尽善尽美的影像所欺骗，喜欢被看不出来的特技所蒙蔽。数字化技术的产生正是在更高的层面上满足了观众这种心理欲望。一部没有数字技术制造的视觉奇观的电影将来也许就像一部没有色彩的电影那样，尽管有意义，却令人不悦。"①

（四）产业运作模式的变化

"今天，作为一个电影渠道，传统的电影院显然已经不再像 5 年或 10 年前那么重要了，现在的电影产业更愿意把它看做是其他渠道的'发射平台'。"② 在新媒体技术构建的互联网和移动通信网络等平台上，传统

---

① 贾磊磊：《电影的科技史与数字化生存》，《电视字幕·特技与动画》，2002 年第 7 期，第 15 ~ 16 页。
② 英卓·德·席尔瓦：《电影消费者的选择》，见 [美] 巴里·利特曼著，尹鸿、刘宏宇、肖洁译，《大电影产业》，清华大学出版社 2005 年版，第 158 页。

的电影产业链条和结构将不断得到更新。

首先，基于新媒体的电影发行促使电影发行商改变传统的"扩窗模式"。如电影《疯狂的石头》在上映 10 天后即推出音像制品，并与北京新传集团签订网络版权合作协议，很快推出合法网络下载。通过网络的口碑传播方式让这部电影迅速蹿红，获得巨大成功。

其次，2006 年被称为中国的"视频元年"，一个网络视频新市场正在成型。美国研究公司 Strategy Analytics 近日的报告预测，到 2010 年，全球在线视频市场销售额将飙升至 59 亿美元，占到家庭视频产业销售总额的 8%。① 我国的网络视频市场也正处于发展的热潮，以优酷网、我乐网、哦哟视频网等为代表的视频网站在 2006 年都获得了几百万至上千万美元的风险投资。它们在网络电影播映上采用的盈利方式大多是利用自身独有的网络电影播映权，通过观众付费、免费观看 + 贴片广告、sp、cp 提供等方式获取利润。据优度宽频总裁施忠介绍，根据每个合作公司的特点，进行点播下载收益分成、广告收益分成、内容销售等多种合作形式。他表示："通过竞合模式，打造了一条完整的网络发行产业链。各渠道产生的合力证明了电影的网络发行是有生命力的。"②

最后，中国的大电影产业正在浮出水面。易凯资本 2005 年的《中国电影市场》报告显示，虽然票房收入仍然是中国电影市场最大的收入来源，但它的份额会逐渐从 2004 年的 37% 下降到 2007 年的 28%。数字电影频道和网络电视会成为电影业增长最快的市场。2007 年，它们将会超过传统电视频道。③

总体上讲，在新媒体技术的影响下，传统的电影产业已经"换了模样"，成为具有鲜明的高科技属性的"大电影产业"。

二、网络游戏产业案例——新媒体技术催生新兴文化产业门类

在新媒体技术催生的诸多新兴文化产业门类中，我国的网络游戏经历了由小到大、由分散到集中、由良莠不齐到渐趋规范、由代理国外产品到自主研发的历程。网络游戏作为新媒体技术支持下的新的娱乐方式

---

① 姜明媚：《电影业：互联网兵临城下》，《互联网周刊》，2007 年第 1 期，第 13 ~ 16 页。
② 姜明媚：《电影业：互联网兵临城下》，《互联网周刊》，2007 年第 1 期，第 13 ~ 16 页。
③ 姜明媚：《电影业：互联网兵临城下》，《互联网周刊》，2007 年第 1 期，第 13 ~ 16 页。

和产业类型，代表了文化产业发展和社会文化发展的趋势与潮流。把网络游戏打造成为一个阳光产业、绿色产品有利于我国文化产业总体的健康发展。

（一）网络游戏产业不断壮大

我国的网络游戏产业是伴随着互联网的发展逐渐成长起来的，在2000年后的发展初期经历了年均超过100%的飞速发展时期，虽然至今其发展速度已经放缓，但是在总量不断扩大的基础上，其增加值依然相当可观。

据统计，2000年我国网络游戏的销售额仅为0.38亿元，在国内整个游戏产品销售额中所占比重才9.8%，2001年网络游戏销售额就接近3亿元，在游戏产品销售总额中所占比例升高至50%。① 而到2002年底，网络游戏市场规模达到9.1亿元人民币。这一数字近两年进一步扩大，2006年我国网络游戏市场规模已经达到56.6亿元，较之2005年增长超过50%，网络游戏用户数超过3 100万，表2显示了2004—2006年我国网络游戏用户和市场规模不断增长的现状。

表2　我国2004—2006年网络游戏市场规模与增长统计

	市场规模（亿元）	游戏用户数（万人）
2004年	22.9	1 947
2005年	36.2	2 570
2006年	56.6	3 120

数据来源：《中国风险投资年鉴2007》。

网络游戏产业的突出特点是可以带动周边产业联动。从整个信息产业架构上看，网络游戏涉及制造、运营和服务三个层面，形成一个完整的产业链，有上游、中游、下游和周边产业的区分。上游产业（网络游戏研发商）主要是指游戏硬件的设计制造，游戏软件的设计、开发和测试；中游产业（网络游戏运营商）主要是指游戏产品的渠道分销；下游产业主要是指游戏的接入、支撑、运营和服务；周边产业是指以游戏为核心延伸出来的产业，涉及了IT产业、媒体资讯业、游戏工艺品开发、

---

① 彭金凤：《网络游戏为何一夜崛起》，《中国经济时报》，2002年12月9日。

同题材影视创作、展览业、主题公园等。丰富的产业链相互关联，网络游戏的规模化发展给整个产业链上的各个环节都带来巨大的商业空间。网络游戏厂商每赚到 1 块钱，其周边产业就能赚到 5 块钱。2006 年度网络游戏产业为相关行业带来的直接收入达到 333.2 亿元，是网络游戏市场规模的 5.1 倍。

（二）自主网络游戏发展态势良好，用户渐趋理性

我国的网络游戏企业最早大多从代理国外的游戏产品起家，如上海盛大、北京金山等，时至今日，在国家政策的引领和推动下，我国自主知识产权的网络游戏日益增多。"十一五"期间，我国将从战略的高度对国内民族原创游戏的发展进行整体布局和规划，全国将推出 100 款原创精品网络游戏，创建 5 个国家动漫游戏技术创新中心，这些都将对我国自主网络游戏产业的发展起到巨大的推动作用。

2005 年我国从事游戏自主研发的团队由 2004 年的 73 家增长到 120 多家，增幅达到 37%；开发的大中型网络游戏达到 192 款，较 2004 年增长 76%。游戏研发从业人员数已经增至 12 600 人，同时 2005 年中国民族原创网络游戏的市场占有率已经达到 60% 以上。另据统计，2006 年我国网络游戏自主研发产品数量为 218 款，原创民族网络游戏市场规模达 42.4 亿元，占网络游戏市场总规模的 64.8%，比 2005 年增长了 87.4%。这些自主知识产权的网络游戏大多以我国悠久的传统文化为背景，融合了武侠文化、宗教文化、历史文化和现代社会文化元素，题材愈加多样、丰富而健康。

前几年，我们经常可以从电视、报刊和网络中得到青少年因沉迷网络游戏而辍学、家长痛心疾呼的报道，在国家政策的引导、全社会的关注和"网络游戏防沉迷系统"等高科技手段的干预下，我国游戏产品正从原来的"大型多人在线角色扮演类"为主走向"休闲益智类"为主的健康产品形态，网络游戏用户也在社会呼吁、家庭关注、学校引导下渐趋理性。

（三）网络游戏产业模式成熟

在我国早期的网络游戏产业中，网络游戏运营商从一款网络游戏的研发、推广、运营到最终盈利，需要投入巨大的研发成本或支付代理费用，如《华夏Ⅱ》的研发投入了 3 500 万的巨额资金，《武林外传》投资

超过 2 个亿。它们的商业模式主要有这样几点：（1）玩家付费：即网络游戏玩家通过购买游戏点卡或者包时卡进行充值。点卡其实是用户购买游戏在线时间，充值的方式有通过银行卡在网上充值、通过手机/短信充值、通过宽带运营商网站充值、交费后直接由网吧管理员在线充值、银行代扣和其他方式，等等。（2）与网络运营商或 ISP（互联网服务提供商）分账：网络游戏所具有的沟通和竞技等特点对消费者具有很强的吸引力，可以使消费者长时间地停留在网上，这样由玩网络游戏给网络运营商或 ISP 带来的上网收益需要与游戏运营商进行分账，其分成的方式有 3 种：直接法、捆绑式和授权式。

2005 年 11 月，盛大公司宣布《热血江湖》和《梦幻国度》将永久免费，它的这一举动牵引了国内整个网络游戏的新一轮争夺。随后，部分网络游戏巨头也采取免费的运营模式。2006 年投入运营的各款游戏中，84% 采用了"免费模式"，也就是免费为用户提供游戏服务，主要通过销售虚拟物品或增值服务不断挖掘用户的消费潜力，从而获得更多的收入。预计 2007 年网络游戏运营商的收入结构将发生显著变化，以往点卡计时的付费模式将受到严重挑战，游戏虚拟物品及增值服务的收入将占到 50% 以上，更加灵活和多样的游戏嵌入式广告及异业合作收入将占运营商收入的 20% 左右。[①]

（四）网络游戏应用新媒体技术的发展趋势

网络游戏是完全搭建在新媒体技术平台上的文化产业类型，新媒体技术的发展与应用必然对网络游戏产业产生巨大影响，目前网络游戏应用新媒体技术主要集中在三个方面：

（1）过程性技术：随着网络游戏产业模式的调整，游戏用户的虚拟物品和装备成为具有实际意义的"真金白银"，因此新技术的研发重点在于保障网络用户的安全性上，即保障他们的账号、虚拟物品安全。目前全国已经发生多起盗用网络游戏虚拟物品和装备的法律纠纷，这就呼唤更好地确保安全性的新媒体技术出现。另外，网络游戏技术的另一个发展重点在于确保游戏玩家更顺畅地进行游戏，传统网络游戏将玩家们分配到几个单独的服务器，大大地限制了网络游戏的互动性，随着网格技

---

① 银通投资咨询公司：《小游戏、大产业——我国网络游戏产业保持高速增长》，《中国城市金融》，2007 年第 9 期，第 56～58 页。

术的应用，可以实现服务器间的完美结合，并提供更稳定和高效的游戏环境，各服务器的更新也不会影响到游戏的进程。

（2）防沉迷技术：网络游戏玩家需要玩得高兴，同时也要确保他们——尤其是未成年人——玩得健康。网络游戏技术的另一个重点在于防沉迷技术。自从我国开始实施网络游戏防沉迷系统以来，不断有玩家和技术人员发现其中存在的漏洞和不足，对这一技术的不断更新能够保证网络游戏产业健康发展，可以为更广大的青少年培育良好的网络游戏习惯。

（3）人机交互技术：网络游戏的魅力在于将人与人的交往转移到网络上，但是无论怎样，最终总是表现为人与游戏终端进行互动，除了我们熟悉的虚拟现实、人机界面交互等新媒体技术在网络游戏上得到更广泛地应用之外，网络游戏终端也在不断进行拓展。如创业投资研究机构 ChinaVenture 发布的《ChinaVenture 2007 年中国手机网游行业投资价值研究报告》显示，2006 年中国手机网游运营商总收入规模为 3 200 万元人民币，增长率为 160%，2007 年随着手机网游用户数量和产品大规模增加，手机网游市场运营收入将达 1.10 亿元人民币，2008 年仍将呈现高速增长，达 3.80 亿元人民币。

总的来说，对于网络游戏这种依靠新媒体技术才能生存的产业来说，每一项技术的革新都会在产业领域有所反映。

三、雅昌艺术网——新媒体技术与传统文化结合企业案例

艺术品市场可以说是文化产业中历史最为悠久，最具有中华传统文化气息的产业门类。在这一领域，雅昌企业（集团）有限公司从一个单纯进行精品印刷的企业出发，如今已经成长为将传统与现代结合的和谐生动的创新型企业。雅昌也于 2006 年 5 月 29 日被命名为"国家文化产业示范基地"，其摸索出的"传统印刷＋IT＋文化艺术"模式被称为"雅昌模式"。这一模式采用数字网络先进技术，依托艺术品印刷，构建了一个以中国艺术品数据库为平台的系统，涵盖设计艺术印刷、雅昌艺术网、艺术家个人数字资产管理系统、艺术品摄影、艺术图书策划出版、艺术图书装帧设计、艺术品生产开发经营、艺术影像产品和艺术展览策划 9 大项目。在这一模式中，研究者认为最具有突出特点的是以"雅昌艺术

网"（www. artron. net）为代表的"IT＋文化艺术"模式，这是新媒体技术与传统文化相结合的鲜活案例。

（一）雅昌艺术网——拓展企业生存空间

雅昌是以印刷起家的企业，多年来一直在艺术品印刷产业打拼。雅昌艺术网成立于 2000 年 10 月，其目标在于提供艺术品综合服务，经过 7 年的发展，已成为全球最知名的中国艺术品门户。随着艺术市场的不断发展，雅昌艺术网在艺术界起到越来越重要的作用，成为名副其实的中国艺术品门户网。

雅昌艺术网为发展中的雅昌企业提供了一个新的盈利增长点，基于其大量的艺术品数据建立的"中国艺术品数据库"是国内最大的艺术品数据库，保留着近百万件中国珍贵艺术品的图片及拍卖信息，以及 1993 年我国首场拍卖会至今几乎所有的拍卖会的交易资料。截至 2006 年末，雅昌艺术网注册会员 40 万人，管理着近 4 万名艺术家最详尽的图片数据，2006 年广告收入超过 1 000 万元人民币。

新经济模式下的文化艺术，必然透过各种传播方式影响现在与未来。雅昌艺术网在企业提升过程中，插上网络这一新媒体技术的翅膀，为企业开创了新的生存空间。

（二）整合行业资源，提高行业管理

雅昌打造的"中国艺术品数据库"，旨在建成中国最大的艺术品资源数字平台，实现中国艺术品数据资源的收集、加工和整理，并在此基础上实现中国艺术品数据的数字化和资源共享，充分挖掘艺术品资料数据的发展潜力，实现资源的再利用和增值。以此为基础，2007 年 11 月 13 日，雅昌艺术图书网、雅昌拍卖信息网、雅昌艺术家网及"A－Zone 艺客空间"等四大子网经过形象及内容整合后正式上线。这四大子网为我国艺术品行业资源整合和管理提供了更大的支持。

例如，雅昌艺术家网（http：//artist. artron. net/），为艺术家提供数字资产管理、个人数据库、官方网站、艺术品认证、图片版权代理等服务。这些服务给予对于专业进行艺术创作的艺术家以极大的帮助，为他们解决了很多实际的困难和障碍。

可以说，雅昌作为"全国文化产业示范基地"，开辟了利用高新科技，尤其是新媒体技术服务于传统文化的现代化转化、服务于从事创意活动的工作者、服务于行业的成功路径。

对策研究：高新科技背景下文化产业发展思路

一、从区域经济的视角：高新科技推动区域文化产业发展

（一）我国各地区文化产业发展与科技基础现状分析

第一部分是从理论的角度谈新媒体技术与文化产业发展的互动关系，在这一部分，本研究将关注我国具体的文化产业实践，并通过示意性的数据分析和比较研究对我国文化产业未来发展路径进行思考。

在我国现行的经济体制下，产业政策、法规等是由国家统一制定并由各省市自治区依据自身具体实际进行具体解读。文化产业也是如此，近年来我国各个省市、自治区纷纷制定出文化产业的发展规划和适应性政策，因此我国的文化产业在各省之间相比具有突出的地域特色和省际差别。同样，与新媒体技术密切相关的是我国各省市、自治区的信息产业发展状况，是各省实施文化产业高科技转化的技术基础。研究者在此采用各省市区的数据，示意性地说明科技发展背景下我国各省选择自身文化产业发展路径需要考虑的因素。

在各省市、自治区的文化产业数据上，研究者选取《中国文化文物统计年鉴 2005》中的"中国 2004 年各地区文化产业增加值分项情况统计"为代表，因为这是国家统计局 2004 年 3 月颁布《文化及其相关分类》统计指标后的统计数字，同时这一数据是来自权威的年鉴，可以采信；另外，我国自从 2005 年后就没有再发布各地区的文化产业宏观数据，这也是唯一可以使用的一批数据。

在描述各省市、自治区的新媒体技术基础的数据选取上，研究者最终选择了《中国信息产业年鉴 2006（电子卷）》中的"中国 2005 年省、自治区、直辖市电子信息产业制造业主要经济指标完成情况统计"中的"工业增加值"数据。原因如下：一方面，信息产业是与新媒体技术最为接近的领域，甚至可以说在信息、传播、媒体汇流的时代这二者并没有本质区别；另一方面，各地区的信息产业发展情况可以反映各地区的信息技术应用与创新基础，这就构成了文化产业发展的基础；再有，选择

"工业增加值"这一增量数据是为了与文化产业的增加值对应，具有可对照性；最后，文化产业数据是2004年的，信息产业的数据则是2005年的，研究者在这里只是示意性地说明全国范围的产业发展态势，而从产业发展的延续性上看2004、2005年是不会发生大的变化的，所以这些数据是可以使用的。

表3显示了我国各地区文化产业和信息产业发展态势。其中省份是按照文化产业增加值总量由低到高的顺序排列的（括号中是排名）。为了直观，研究者还在图3、图4中显示了各省文化产业发展状况和信息产业发展态势，从中可以清晰地看出各省文化产业在全国所处的位势及其新媒体技术基础在全国的位置。

从中我们可以将这30个省市、自治区分为五种类型：

第一种类型：文化产业强、科技基础好。这类省市以广东、浙江、上海、山东为代表，它们在文化产业增加值居于全国前列，在信息产业——也即文化产业发展的科技基础上也位于全国前列。

第二种类型：文化产业强、科技基础差。这类省市以湖南、山西、云南、广西为代表，表现在其文化产业增加值在全国位列中上，但是其科技基础只能列在中下甚至处于落后状态。

第三种类型：文化产业弱、科技基础好。这类省市以北京、天津最为典型，表现在其信息产业位列全国前列，但是文化产业处于相对较低的水平。

第四种类型：文化产业弱、科技基础差。这类省市以青海、海南、贵州、宁夏、甘肃为典型，表现在文化产业和科技基础都比较薄弱。

第五种类型：二者都差强人意。这类省市如辽宁、安徽、河北，文化产业和科技基础都处于中游。

表3　我国各地区文化产业和信息产业发展态势

省份/直辖市/自治区	中国2004年各地区文化产业增加值分项情况统计（千元）	中国2005年省、自治区、直辖市电子信息产业制造业工业增加值（万元）
青海	92 498（30）	89（30）
海南	210 883（29）	15 672（28）
贵州	337 369（28）	145 125（19）
宁夏	384 537（27）	3 385（29）

续 表

省份/直辖市/自治区	中国 2004 年各地区文化产业增加值分项情况统计（千元）	中国 2005 年省、自治区、直辖市电子信息产业制造业工业增加值（万元）
内蒙古	427 567 （26）	203 271 （17）
甘肃	430 270 （25）	25 785 （25）
吉林	474 815 （24）	61 559 （23）
新疆	508 102 （23）	23 035 （27）
重庆	591 921 （22）	93 423 （21）
黑龙江	696 912 （21）	75 094 （22）
江西	736 646 （20）	197 500 （18）
河北	740 012 （19）	393 298 （14）
安徽	759 163 （18）	353 098 （15）
北京	785 798 （17）	3 615 814 （6）
天津	791 178 （16）	3 432 161 （7）
辽宁	797 579 （15）	884 294 （10）
广西	836 062 （14）	95 757 （20）
福建	896 621 （13）	3 905 181 （5）
云南	923 997 （12）	23 682 （26）
山西	960 403 （11）	36 395 （24）
陕西	991 175 （10）	483 151 （13）
河南	994 586 （9）	486 069 （12）
湖北	1 123 719 （8）	544 551 （11）
湖南	1 170 689 （7）	231 591 （16）
山东	1 261 371 （6）	4 484 049 （4）
江苏	2 136 219 （5）	15 013 389 （2）
上海	2 229 231 （4）	7 846 001 （3）
四川	2 876 421 （3）	1 028 398 （9）
浙江	3 063 420 （2）	3 042 772 （8）
广东	3 174 338 （1）	20 261 740 （1）

资料来源：作者整理。

注：1. 括号内该指标在全国的排名；

2. 缺少西藏和台湾的数据，故未列入。

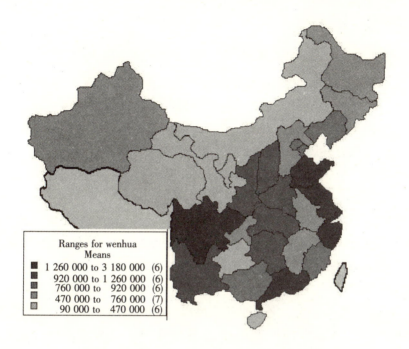

图 3 我国各地区 2004 年文化产业发展态势

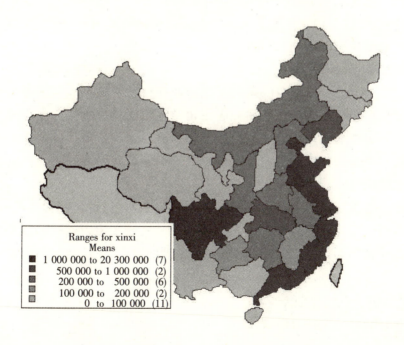

图 4 我国各地区 2005 年信息产业发展态势

（二）我国各地区基于科技基础的文化产业发展路径选择

按照上文的分析，我国各个地区的文化产业发展具有各自独特的科技基础，因此，在未来的文化产业发展路径上也应该加以考虑：

第一种类型以广东省为例，在 2003 年广东省提出建设"文化大省"以来，广东着力发展以信息化为特色的新兴文化产业，并抓住自身优势，将媒体产业、出版发行等作为优先发展的文化产业类型，取得了显著的成效。

目前，广东省的文化产业规模居全国之首。据广东省统计局测算，2004 年广东省文化及相关产业增加值达到 1 205.43 亿元，从业人员 177.29 万人；综合国家统计局和省统计局 2003、2004 年有关数据，广东文化及相关产业增加值和从业人数占全国的比重分别超过 20%[①] 和 10%[②]，这说明广东省文化产业在总量规模上优势明显。另外，文化及相关产业已经在广东省国民经济中占重要地位，成为重要的产业门类，2004 年广东文化产业增加值占 GDP 的比重为 6.6%。文化产业增加值对 GDP 增长的贡献率为 7.7%，拉动 GDP 增长 1.1 个百分点，2005 年广东省文化产业增加值 1 433.2 亿元，占全省 GDP 的比重为 6.4%，对 GDP 增长的贡献率为 6.6%，拉动 GDP 增长 0.9 个百分点。2004—2005 年文化产业增加值年均增长 15.0%，高于广东全省 GDP 同期年均增长率。

这些数据进一步说明广东的文化产业在全国都处于先锋的地位，而广东在信息产业领域的位势研究者不再赘述，综合来看，广东应该充分利用自身的技术优势，着力打造数字文化产业，将广电、网络服务、动漫、游戏等作为首选产业门类。同样，这一论断在浙江、上海、山东等省市也适用。

第二种类型以云南为例，云南是地处西南边陲的经济相对落后省份，结合自身民族文化丰富的特点，提出建设"民族文化大省"的战略。在这一战略指导下，云南开始了文化产业发展的进程。

---

① 2003 年，中国文化产业增加值 3 576.72 亿元，广东 1 008.72 亿元，考虑到中国对有关行业进行了折算，广东也按 50% 折算后的增加值为 861.72 亿元，占全国的 24.1%。2004 年暂无全国数据，但根据广东文化产业增长速度计算，文化产业占全国比重仍将超过 20%。

② 2003 年，中国文化产业从业人员 1 273.72 万人，广东 185.48 万人，占全国的 14.6%。2004 年因为暂无全国数据，但根据广东文化产业从业人员增长速度计算，文化产业占全国比重仍将超过 10%。

在经历了"战略决策、统一思想、体制改革、机制创新"的基础性工作后，云南通过人才引进、多渠道的投融资和对云南文化产业品牌的精心打造，在短短几年内就形成了文化产业发展的"云南模式"，带动了百姓致富，探索出一条中西部地区通过文化产业发展富民强省，带动经济社会全面发展的新路。当前，文化产业在云南全省的经济总量中比重不断加大，正在迅速成长为云南的又一个新兴支柱产业。据云南省统计局测算，2004 年云南全省文化产业主营业务收入 196.24 亿元，增加值 134.11 个亿，占全省 GDP 的 4.35%。这说明，云南的文化产业在五年间实现了翻一番，年均增幅达到 17% 左右，发展速度约为此间全省 GDP 增幅的一倍。另外，云南文化产业打造出为世人熟知的一系列品牌，如丽江、云南映象、普洱茶、茶马古道、"丽水金沙"、纳西古乐、西双版纳……这些不胜枚举的文化产业品牌也成为云南文化产业发展的标志性符号，带动了曾经经济落后的地区取得了飞速的经济发展，也促进了社会的整体提升。

文化产业发展的"云南模式"是一条依靠文化产业促进经济欠发达地区经济、社会整体前进的特色之路，相比之下，云南文化产业的发展缺乏自身有利的科技支撑，信息产业在全国也处于落后水平，其自身资源也缺乏科技创新要素，所以研究者认为云南以及与云南类似的广西、山西等省应该立足本省的文化资源，不盲目上科技含量很高的文化产业项目，但同时也要注重文化产业发展的科技内涵，可以通过区域联动的方式实现这一目标。

第三种类型以北京为例，北京市作为中国的首都，拥有悠久的历史文化传统，聚集了优势的智力资源。目前，北京市文化产业发展具备了一定的规模，初步确立了支柱产业地位，如 2005 年，文化创意产业创造增加值 603.5 亿元，占全市 GDP 的 8.76%。另外，北京市已经形成了一些文化创意产业聚集区，如北京数字娱乐产业示范基地、中关村创意产业先导基地、长安街沿线文艺演出聚集区、潘家园古玩艺术品交易区，等等。

在 2006 年 12 月 7 日，北京市发改委发布了《北京市"十一五"时期产业发展与空间布局调整规划》，提出北京市"十一五"期间产业发展要强调高端、高效、高辐射力，以金融和文化创意产业为支柱产业，按照目前北京市文化产业年均 15.1% 的增幅计算，到 2010 年，北京文化创意产业实现增加值将超过 1 000 亿元，占全市生产总值的比重超过 10%，从而成为首都经济的重要支柱产业。按照北京市产业发展规划，在文化创意产业领域要将北京建设成为全国文艺演出中心、出版发行和版权贸易中心、影视节目制作和交易中心、动漫和网络游戏研发制作中心、广告会展中心、古玩艺术品交易中心、设计创意中心、文化旅游中心，使北京成为具有重要国际影响的文化名城与创意之都。

总体看来，北京市对文化产业的选择考虑到了自身的科技基础，在上文中提到，北京市信息产业发展在全国名列前茅，因此它可以利用自身良好的科技基础和人才优势，将文化产业的发展重点放在与新媒体技术有关的动漫、网络游戏、影视、网络服务等门类，这样有助于优势产业迅速得到提升。

对于第四种类型的省市来说，文化产业和科技基础都比较薄弱，研究者认为应该将科技发展放在第一位。目前文化产业的发展已经不可能离开信息技术，这些省市只有科技先行，才有可能为文化产业的发展提供支持和保障。

第五种类型的省市尽管在上文的分析中文化产业和信息产业在全国都处于中游，数量上看互相之间差别不大，实际上它们彼此还有很大差别。例如，河北省 2005 年文化产业增加值超过 172.1 亿元，比上年增加 53.3 亿元，增长 44.9%（当年价），占全省 GDP 的 1.70%，比上年提高 0.30 个百分点；从业人员 52.5 万人，比上年增加 14.5 万人，增长 38.2%，占全省所有从业人员的比重为 1.47%，比上年提高 0.37 个百分点；另外，河北省的文化产业主要集中在文化用品设备生产、出版发行、文化休闲娱乐服务、文化用品设备销售这四个行业上，从 2005 年文化产业分行业统计情况看，文化用品设备生产占总量的比重位居第一位（29.8%），出版发行增加值占总量的比重位居第二位（21.9%），文化休闲娱乐服务占总量的比重居第三位（15.7%），文化用品设备销售业位居第四位（15.4%），新闻服务、网络文化服务、动漫游戏业等新兴文化产业增加值还微不足道。

相比之下，2004 年至 2006 年三年间，安徽省文化产业增加值平均增幅 22%，高于全省 GDP 增幅 9.8 个百分点。2007 年上半年，全省文化产业增加值达 88.1 亿元，比去年同期增长 24%。一路加速上扬的增长曲线表明，安徽省文化产业已经快速起跳，大步进入跨越式发展的新阶段。

此外，2006年，辽宁省国有和民营文化产业共创造增加值50.3亿元，比上年增长18%；上缴财政收入6.86亿元，比上年增长16.9%，辽宁大剧院、大连大青集团和大连动漫产业基地分别被文化部命名为国家文化产业示范基地和国家动漫产业振兴基地，使辽宁省国家文化产业基地达到7个，位居全国第二位。

由以上数据可以看出，这批位于中游的省市各自具有属于自身的发展特色，而在科技基础相似的情况下，研究者认为它们应该首先分析自身的文化产业基础和文化资源基础，在充分考察的基础上确立发展路径，避免误打误撞。

二、从产业集群的视角：从科技产业园到文化产业园

产业集群（Industrial Clusters）是指数量众多的大中小企业在地区集聚，通过协同效用产生巨大规模经济与范围经济效应的新型企业空间组织形态，是科技人文创新与最新应用的发源地。在文化产业领域，我国的产业集群主要有两个类型：一类是自发形成的。有的是依托大学和研究院发展设计类企业，如北京的中关村；有的是通过改造旧厂房、旧仓库开设艺术类企业，如北京的798艺术区。这类自发形成的集聚区往往具有较好的互动性，在制度与文化上趋于同质化，它们往往在发展壮大后会得到政府的认可，采用挂牌等形式成为文化产业基地。另一类是政府支持下开辟新区或改造旧区形成的文化产业园区。这类园区或者依托传统布局，在原有基础上建设新园区，如北京的雍和园，或者另起炉灶，如北京大兴的文化创意产业园区，它们大多通过土地、财税、金融等优惠政策吸引企业入住，形成集聚效应，这类园区内的企业短时间内难以形成文化趋同性，因此需要较长时间的磨合。

在本研究中，研究者聚焦于考察高新科技与文化产业之间的关系，而对于我国各个省市正在风风火火地开展的文化产业园区建设的热潮，我们认为应该借鉴我国高科技产业园区成熟的发展经验，将其转化到文化产业园区的建设中来。

（一）我国高科技产业园区建设经验

我国现行科技园区运营模式基本上保持了以行政干预为主导的管理模式。在科技园区成立初期，中央就对科技园区的职能定位及管理原则

做了明确的规定：科技园区实行封闭式管理；基础设施和环境的建设是努力方向，企业主体的运行不介入。因此，科技园区运营模式行政化虽然没有在法律上得到确认，但在实际运行中，却通过赋予科技园区超高级的审批职权、干部配置，特别是高度集中的权利安排以及对体制创新的默许等方式保证了科技园区得以高效的运作。具体表现在：

（1）"三位一体"保证权力高度集中。科技园区党委、管理委员会和开发总公司实行"三块牌子、一套人马"，主要领导实行交叉兼任。

（2）高级别的行政安排。如北京市中关村管委会主任由北京市副市长兼任，苏州工业园开发公司董事长由苏州市市委书记兼任等。

（3）高层次财税制度安排。如高比例的税收留成、高级别的审批权限（包括对投资额的审批、大额土地出让审批权限等）。

（4）对科技园区体制改革与创新营造相对宽松的环境，并给予较大力度的支持。

随着市场经济体制的逐步建立和完善，这种政府行政管理为主的科技园区运行模式带有明显的过渡性质。从科技园区管理及运营机制的演变方向看，我国科技园区的运营模式总体上是在朝着政府干预逐渐弱化，市场机制逐渐起主要作用的方向发展。

科技园区运营模式逐步进行了改革，从单纯的政府权力支配过渡到政府与资本相制衡。具体表现在科技园区运营模式上，从最初的管委会到在管委会下建立开发公司，再到管委会与开发公司并行。但其管理权限的赋予、考核和监控的主导力量和方式没有发生根本变化，依然是在政府行政框架内，以行政权力为主体对科技园区实施管理。这一方面是因为政府对科技园区的认识仍然停留在由于其承担着众多宏观目标职能，而倾向将其视作政府派出机构加以监管。政府习惯通过行政手段来评估、调控其政策实施效果与科技园区经济效益之间的冲突。另一方面，科技园区作为独立的产权主体参与市场交易的身份转化缺乏法律、市场、资本以及规则的支撑。

到目前为止，我国科技园区运营模式可以大致概括为三种：完全行政管理，有限市场化运作，在产权、责权框架内实行有限监督的公司化运作。

（1）以行政手段管理运营科技园区。在这一模式下，无论是通过地方职能部门在科技园区设立垂直管理机构，还是在科技园区管委会下另行成立一套相关的行政体系，科技园区从土地划拨、项目审批、人力配置到协调基本都是在政府体系内运行。

（2）行政管理与公司化运作并存。在这一运营模式下，作为行政管理主体的管委会和市场化运营的开发公司同时并存。开发公司在人事、审批（备案）、年度考核等方面接受管委会的监督管理，并在管委会制定的发展框架内进行市场化运作。包括：参与建立开发公司的主体开始多元化；在科技园区经营过程中引入项目公司、中介服务、项目外包等多种经营形式。开发公司与管委会在职责分工上开始有了更多市场经济意义上的变化，但是开发公司在众多市场化运作上并没有独立的决策权，更多的是处于一种半事业、半企业的尴尬境地，管委会与开发公司之间仍然保持着一种事实上的监控与被监控的关系。

（3）公司制。20世纪90年代末，科技园区作为类似于工业房地产一级开发商的主体地位逐渐被认同。同时，市场经济产权制度、现代企业管理制度更为广泛地应用于我国整体经济运行中。在这一背景下，地方政府开始尝试放手由企业独立管理运营科技园区，不再设立管委会机构，转而通过国有资产投资公司在开发公司的控股地位来约束公司的决策不突破地方或城市的发展规划。开发公司在产权清晰、权责明确的基础上，公开聘用管理层，管理层对公司的控股股东或董事会负责。因此，科技园区运营得以在一个相对完整的企业制度下开展。

根据国内科技园区的运营模式分析，可以发现科技园区已经从早期的政策提供者向市场经营者、中介服务者进行演变，少数园区开始通过产业研发和议程设置扮演产业引导者的角色。图5即显示了科技园区功能发挥的情况。

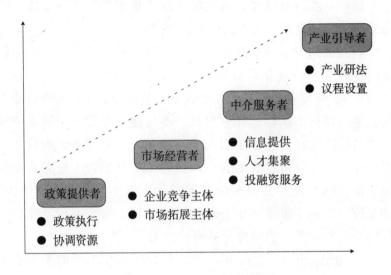

图5　科技园区运行的功能发挥

（二）对文化产业园区建设带来的启示

　　从高科技产业园区的运行规律出发，研究者提出我国文化产业园区建设可供借鉴的建议。简单来说，文化产业园区有"政府、企业、行业协会和中介组织、研究机构"四类实体，故要明确这四类实体扮演的角色和彼此的关系。

　　政府应当"有所为，有所不为"。政府的主要职能在于创造良好的制度环境、物理环境、社会环境和人文环境；政策制定应该从土地、税收等优惠措施转向对文化产业和技术创新的支持。政府要明确当地文化产业的主导产业，注重入园企业与主导产业的相关性，要规范企业竞争行为，建立公平、有序的竞争环境；致力于为区内企业提供良好的公共基础设施，对交通、通讯、网络等设施进行持续投资，为产业集群的形成创造良好的外部环境；培育园区的创新文化氛围，推动园区企业交流与合作，打造良性竞争与合作的集群文化，提倡开拓创新精神。

　　园区内的企业要充分运用园区给予的优惠政策和措施，同时积极进行文化创新和技术创新活动，将企业的核心价值体系与园区的发展目标结合起来，同时加强与园区其他企业的交流与学习，追求企业文化的相容。并且，要尽可能考虑到文化产业的产业链，形成上下游贯通的产业链条，进一步提升企业的集聚程度。

中介组织可以为市场主体提供信息咨询、培训、经纪、法律等各种服务，并且在各类市场主体，包括企业之间、政府与企业、个人与单位、国内与国外企业之间从事协调、评价、评估、检验、仲裁等活动的机构或组织。许多发达国家科技园区的发展经验表明，协会中介组织是园区行政管理与市场调节相结合中不可缺少的环节，具有政府和市场不可替代的作用，是产业聚集的重要推手之一。我国的文化产业园区首要的是先破除对中介机构发展的障碍，完善制度环境，其次是要培养大量专业的文化产业中介服务人才，提高中介的职业化服务水平。

文化产业园区要重视官产学研的密切合作关系，尤其对于研究机构来说，应给予它们一个进行研究、实验和检验的平台，要建立园区内企业与大学、科研机构的定向联系，促进研究机构和企业之间的学习和创新。

我国的高科技产业园区已经有将近20年的历程，而文化产业园区则刚刚起步。在高科技产业与文化产业关系越来越密切的今天，文化产业园区的建设应该更多地从高科技园区那里获取经验。

三、展望未来——高新科技与文化产业协调发展

上文分别从理论和实践层面探讨了新媒体技术为代表的高新科技与文化产业的关系。需要注意的是，本研究重点论述了高新科技给文化产业带来的良性作用，与此同时，也为我国的文化产业发展带来了新的课题与挑战，如高新科技带来了我国文化安全的新问题，网络犯罪行为成为社会中的常见现象，网络文化会造成青少年对我国传统文化的认同感下降，互联网空间的极度扩张会带来公民的民族国家意识淡薄等等。这些问题与挑战并不是新媒体技术本身的问题，因噎废食和视而不见都是错误的态度，如何利用适时、合理的政策引导，利用健康、积极的社会文化影响，利用适度、完善的技术规范才是我们应有的态度。

另一方面，文化产业的发展也会为高新科技的提高提供智力支持、人才保障和社会环境。高新科技需要具有创新精神的人才，需要凝聚中华民族的创造力，需要有良好的社会文化风尚和向上的人民精神风貌。文化产业的发展恰好可以为全社会提供具有中国特色的、符合社会主义

核心价值体系的文化产品和服务，是激发全民族创造活力的重要源泉，从而可以推动高新科技的创新和发展。

总之，高新科技可以提高文化产业的能级和竞争力，文化产业又可以反过来为高科技发展提供创造力的源泉。"以人为最小的核心单元，以人群为中心的行为模式和以社会为中心的文化形态，构成了我们讨论的文化产业的全部内容。"[①] 文化产业是落脚在"人和社会协调发展"的产业，新媒体技术对文化产业的影响是全方位的，还会影响到社会信息的传播方式、传播渠道，人们的社会认知、社会判断和行为，文化消费方式、消费心理和决策等方方面面，同时这二者也在交互中不停地发展着。在未来，只有科技与文化交融、反映人类共同追求的人性与共性的文化产品和服务才具有最为长久的生命力。当前，文化产业不仅是社会主义经济建设的重要组成部分，同时还担负着提高中华民族凝聚力、激发创造力、丰富人民文化生活、塑造良好社会精神风貌、建设社会主义核心价值体系的更高目标，明确高新科技与文化产业的互动关系，促使二者的结合、相互提升和协调发展才能推动社会主义先进文化建设，实现中华民族伟大复兴之路上的文化大发展大繁荣。

课题组成员名单

课题负责人：

熊澄宇　清华大学国家文化产业研究中心主任、教授、博士

课题组成员：

张　铮　清华大学国家文化产业研究中心博士后、助理研究员、
　　　　博士

靳　一　清华大学国家文化产业研究中心博士后、助理研究员、
　　　　博士

吕宇翔　清华大学国家文化产业研究中心博士研究生

---

① 熊澄宇：《并存互补竞争创新——发展中的国际文化产业》，《求是》，2007年10月，第61～63页。

文化产业政策与制度创新研究

上海交通大学国家文化产业创新与发展研究基地

◆ 84 　引　言

◆ 84 　**时代课题：文化产业政策与制度创新的产生**

◆ 89 　**创新实践：文化产业政策与制度创新的内容**

◆ 90 　　一、创新文化产业政策

◆ 97 　　二、创新文化产业制度

◆ 99 　**坚持创新：文化产业大发展的必然选择**

◆ 102 　课题组成员名单

引　言

　　党的十五届五中全会特别是党的十六大以来，我国文化产业快速发展。文化产业的快速发展与文化产业政策与制度的不断创新是密不可分的。我国文化产业政策与制度创新是在我国由计划经济体制向社会主义市场经济体制转轨过程中，通过对原有文化产业政策和制度模式的大胆突破，代之以一系列新的政策和制度规范，从而为文化产业的发展创造了一个崭新的空间。可以这样认为，文化产业政策与制度创新既是我国文化产业快速发展的主要手段，也是文化产业又好又快、可持续发展的根本保障。因此，结合学习党的十七大会议精神，认真总结近年来我国文化产业政策与制度创新的丰富实践，对于贯彻落实十七大提出关于推动社会主义文化大发展大繁荣的目标有重要的意义。

时代课题：文化产业政策与制度创新的产生

　　为什么我国会出现文化产业政策与制度的创新？为什么文化产业政策与制度的创新产生于 21 世纪初？为什么我国文化产业的快速发展与文化产业政策与制度创新紧密相连？一句话，我国文化产业政策与制度创新源于时代的要求，是时代提出的一项全新的课题。我国文化产业政策与制度创新是在特殊的历史时期产生的，它既是社会主义市场经济发展到一定阶段对文化发展提出的客观要求，是文化发展的自身规律在一定历史时期的必然反映，也是我国主动应对国际文化产业发展的重要举措。

　　文化产业政策与制度创新是社会主义市场经济体制建立过程中的客观要求。中国的文化产业是经济发展到一定阶段的产物。我国实施改革开放政策以来，经济一直持续发展，到 2000 年，国内经济生产总值已经突破 10 000 亿美元，人均 GDP 将近 1 000 美元。与此同时，我国的经济结构也在悄然发生变化。从 1992 年起，国家加快发展第三产业，并取得长足的发展。"八五"和"九五"期间，第三产业的增长率年均超过9%。到 2000 年第三产业增加值占国内生产总值的比重达到了 33.2%，分别比第一、第二产业高出 5% 和 10%，对 GDP 的贡献率更为明显，达到了 28%，第一次出现了第三产业和第二产业共同拉动经济的局面。

文化产业属于"新兴第三产业"。文化产业的发展呈现出一种矛盾现象。一方面，文化产业在某些行业、某些地区出现发展的势头。比如，根据国家统计局的数字，"九五"期间，我国信息技术产业的产值平均年增幅达到 25% ~30%，到 2000 年，我国电信业和邮政业的业务总量达到 4 725 亿元，加上新兴的电子信息产业，业务总量达到 14 725 亿元，比"八五"末翻了两番。在一些地区，文化产业已经成为经济发展的增长点。以北京、上海、长沙为例，1998 年文化产业增加值占全市 GDP 的比重分别达到 4.4%、4.3% 和 5.94%。据北京市统计局对 25 类文化行业中的 13 类主要文化行业的统计显示，1998 年增加值 87.9 亿元，如果加上旅游业所创造增加值，总值达到 281.2 亿元。文化产业在这些地区已明显成为支柱产业。① 另一方面，从全国范围看，文化产业发展在第三产业中则呈下降的趋势。从国家统计局的统计来看，第三产业中"教育、文化艺术以及广播电视业"1998 年以前有过 5 年的时间以两位数的速度增长，而 1999 年以后，随着第三产业增速的下降，其增速也明显下降。1999 年降至 7.2%，2000 年再降到 5.3%。

这一矛盾现象是中国经济社会转型期一种特有的反映。一方面，反映了随着经济的增长，文化产业在中国发生、发展的客观要求，特别是党的十四大确立了建设社会主义市场经济体制的目标，为文化产业的发展提供了初步的政策与制度的空间，以及文化产业发展的内在动力不断增强的客观事实。另一方面，反映了由于政策和制度层面的原因，文化产业发展还受体制性等因素的束缚，难以突破体制性的障碍而进入快速发展的轨道。社会主义市场经济体制目标的确立对改革提出了新课题，要求改革不断推进，改革影响文化产业发展的一系列阻碍因素，在文化产业政策和制度层面大胆创新，推动文化产业的发展，推进社会主义市场经济的前行。

文化产业政策与制度创新是文化产业发展自身规律在转型时期的必然反映。从文化商品到文化市场再到文化产业，反映了在由计划经济体制向市场经济体制转型的过程中文化产业发展的内在规律性。同中国经

---

① 张晓明、胡惠林、章建刚：《迎接中国文化产业发展的新时代》，《2001 ~2002 年文化产业蓝皮书》，社会科学文献出版社 2002 年版，第 7 页。

济体制的转型发轫于中国农村最基本的经济单位——村民小组（计划经济的生产队）一样，文化体制的转型发轫于文化组织中最基本的元素——文化基层单位（文化市场主体的雏形）。文化体制的转型是从文化基层单位的经营机制的创新开始的，正是这一步揭开了中国文化产业的序幕。1979 年广州东方宾馆开设了国内第一家音乐茶座，1983 年国内第一家歌舞厅广州白云宾馆歌舞厅悄然出现，一些文化单位开始"吃螃蟹"，开展以文补文、多业助文为内容的改革尝试，一批文化艺术表演团体试行演出承包责任制。于是，文化体制转型的序幕徐徐拉开。实践证明，文化体制的诸多问题已经严重妨碍了文化事业（特别是文化产业）的发展。文化产业像一只孵化成熟的小鸡一样，挣破文化体制的外壳破壳而出了。

文化市场的出现和发展推动着文化体制的创新。随着经济体制改革的深入，随着文化功能日趋多样化和丰富，文化的产业属性逐步显现出来，以营业性舞会和音乐茶座为发端的文化市场日益活跃。文化市场成了检验文化体制转型的试金石。面对文化市场的出现和发展，文化产业的政策与制度创新呼之欲出。1987 年文化部、公安部、国家工商行政管理局发布了《关于改进舞会管理的通知》，正式认可营业性舞会等文化娱乐经营性活动，第一次明确了举办营业性舞厅的合法性质，文化经营活动正式成为我国社会主义文化事业的合法组成部分。[1] 1988 年文化部、国家工商行政管理局发布《关于加强文化市场管理工作的通知》，正式提出文化市场的概念，同时明确了文化市场的管理范围、任务、原则和方针，这标志着我国文化市场的地位正式得到承认。1989 年国务院批准在文化部设置文化市场管理局，文化行政的职能在创新中取得历史性拓展，全国文化市场管理体系开始建立。[2]

20 世纪 90 年代以后，经济体制的转型为文化产业的发展注入新的动力。1992 年邓小平视察南方的重要谈话和党的十四大的召开，标志着中国的改革开放和现代化建设进入了一个新的历史时期。建立社会主义市场经济体制目标的确立，为文化产业发展增添了活力。2000 年十五届五中全会通过的《中共中央关于制定国民经济和社会发展第十个五年计划

---

[1] 张晓明、胡惠林、章建刚：《迎接中国文化产业的新时代》，《2001～2002 年文化产业蓝皮书》，社会科学文献出版社 2002 年版，第 4 页。
[2] 凌金铸：《论文化行政转型》，《中国文化产业评论》第 6 期，第 44～46 页。

的建议》中首次明确提出文化产业的概念。文化产业概念的提出，标志着我国对于文化产业的承认和对其地位的认可，具有重要的意义，特别是对于文化体制转型具有决定性的作用。以前对于文化的意义、地位和作用的认识是单一的，文化只是和"事业"、"工作"联系在一起，文化属于意识形态，是喉舌，是阵地，是教育手段，是娱乐形式。而文化产业概念的提出，则反映了在市场经济条件下，文化除了以上属性外，还有产业属性的一面。从 80 年代文化市场概念的提出和承认，到文化产业概念的提出和承认，反映了对于文化产业自身发展规律认识的深化和政策制度不断创新的过程。[①] 这是建立社会主义市场经济对文化发展的必然要求，是文化产业发展自身规律在转型时期的必然反映。

文化产业政策与制度创新是我国对国际文化产业发展形势的积极应对。与中国的改革开放几乎同步，国际文化政策正在经历一个重大调整时期。在 1982 年联合国教科文组织召开的世界文化政策大会上，明确提出把文化发展纳入全球经济、政治和社会的一体化进程，并把推动文化发展当做各国政府面临新世纪所应当做出的承诺。1997 年该组织又出台了《联合国世界文化发展 10 年（1988—1997）》，进一步提出促进经济、政治和文化的融合。在次年的斯德哥尔摩会议行动方案中又提出敦促世界各国"设计和出台文化政策或更新已有的文化政策，将它们当做可持续发展的一项重要内容"。以上文化政策的一个核心内容是关注文化与经济以及政治的融合问题。

作为国家"软实力"的综合体现，文化产业的发展态势和产业布局，实际上表现了相关国家对文化生产力的认识程度和对国家发展的战略思考。目前全球文化产业的基本格局是，美国处于强势地位，英、日、韩、法、德和澳大利亚等国拥有各自的产业优势和竞争实力，其他国家的文化产业多数处在探索和发展阶段。[②] 仅以英、美、韩、日为例。早在 1990 年，英国就开始制定"国家文化艺术发展战略"。1993 年正式公布的《创造性的未来》，是英国有史以来首次以官方文件的方式颁布的国家文化政策，其核心是"创造性"（creativity，又翻译为"创意性"），由此推动英国文化产业的发展。英国文化产业的平均发展速度是经济增长的两

① 韩永进：《我国文化体制改革历程的回顾与启示》，《2005 年文化产业蓝皮书》，社会科学文献出版社 2005 年版，第 22 页。
② 熊澄宇：《并存互补竞争创新——发展中的国际文化产业》，《求是》，2007 年第 10 期。

倍，所创造的年均产值接近 600 亿美元，约占 GDP 的 11%，超过传统制造业中任何行业所创造的产值。软件、电子游戏和电子出版业务所占的份额最大，创造的年产值接近 170 亿美元，占 GDP 的 2.5% 左右。音乐产业是英国文化产业的支柱之一，在世界上的地位仅次于美国，近年来平均每年对国民经济的贡献达 30 多亿美元，出口利润甚至大于钢铁的出口。文化创意产业成为英国产值第二大产业，就业人口达 195 万，位居全国第一。

美国是世界文化产业强国。20 世纪 90 年代以后，文化生产成为美国最富有活力并带来巨大经济收益的产业。虽然美国至今没有一个正式的官方文化政策文件，但人们公认美国是第一个进行文化立法的国家。[①] 美国文化产业被称为"版权产业"，它以知识产权为核心，向公众提供精神产品的生产和服务。完善的立法和有力的执法，直接给版权产业带来了实质性的发展空间。从 1990 年起，美国陆续发表知识产权保护报告，以此作为对国内国际文化产业执法的依据。特别是 1993 年美国将知识产权保护与国际贸易挂钩的做法得以实现，使其文化产业的国际空间更为广阔。[②] 在 400 家最富有的美国公司，有 72 家属文化企业。美国拥有的全球"文化巨无霸企业"超过 50%，控制的电视节目生产和制作占到全球的 75%。美国影片只占全球电影产量的 6.7%，占据的全球总放映时间却超过一半。就美国国内市场而言，消费者用于文化娱乐、音乐电影等方面的总开支，1997 年为 350 亿美元，2000 年为 410 亿美元，2004 年达到 500 亿美元。

通过文化政策和制度的创新发展文化产业成了国际性趋势。早在 1994 年，韩国就在文化部设立了文化产业局。2000 年后，韩国政府多次把文化产业解释为知识经济新产业、知识经济核心产业或国家核心战略产业。游戏、人物形象、漫画、公演等文化产业新领域已发展成为韩国文化产业的新亮点，吸引了大量的风险投资。韩国最大的游戏公司天堂游戏公司年生产收入约 9 000 万美元，利润率高达 35%，高于韩国最大企业三星电子。韩国网络游戏约占据中国两岸四地游戏市场 56% 以上的份额，包括影视、唱片在内的其他韩国文化产品，在中国文化商品市场中

① 李河：《发达国家当代文化政策一瞥》，《2004 年文化产业蓝皮书》，社会科学出版社 2004 年版，第 260 页。
② 凌金铸：《美国在知识产权保护国际化进程中的作用》，《江海学刊》，2007 年第 2 期。

至少要占 10% 的份额。目前，韩国游戏市场规模位居世界第八，出口率也以年均 25% 的速度递增，2003 年，其出口收益达到 1.8 亿美元。把发展文化产业放到国家战略层面的还有日本。1996 年 7 月，日本文化厅正式提出《21 世纪文化立国方案》，标志着日本"文化立国"战略的正式确立。2003 年 3 月，政府设立知识财产战略本部，由首相担任本部长，议会通过立法促进"内容产业"（文化产业）的发展。为振兴动画、游戏、电视等文化产业，政府设立公共支援制度，通过日本政策投资银行的融资和债务担保，向相关制作公司提供资金保证。文化产业年产值达 12 兆日元，约为汽车产业年产值（21 兆日元）的一半，钢铁产业年产值（5 兆日元）的两倍多。400 家最富有的日本公司，有 81 家是文化企业；全球播放的动画片有 60% 原产自日本，在欧洲这个比例更是高达 80% 以上。

面对这样一种国际文化产业发展的强势，中国文化产业的发展已经置身于经济全球化的环境之下，也就是说，刚刚起步的我国文化产业必须与发达国家强势文化产业同台竞技。加入 WTO 就意味着发达国家高度产业化的文化商品和文化资本与中国文化产业进行"不对称竞争"的开始。中国文化产业发展没有其他路径选择，唯一的路径是，积极主动地顺应国际文化产业发展的趋势，从发达国家发展文化产业做法中汲取有益的经验，大胆对我国文化产业政策与制度进行创新，做大做强文化产业，增强文化产业国际竞争力，参与国际文化产业竞争。因此，文化产业政策与制度创新是我国对国际文化产业发展形势的积极应对。

创新实践：文化产业政策与制度创新的内容

党的十五届五中全会特别是党的十六大以来，我国进入了文化产业政策与制度全面创新的年代。这是一个文化产业政策和制度不断推陈出新的年代，是中国文化产业迅速发展的年代。如何创新？我国文化产业的创新必须借助于国家政策的力量，通过制定有效的文化产业政策，支持文化产业的发展。从何处创新？创新必须从影响和束缚文化产业发展的一系列矛盾和问题入手。阻碍文化产业发展的主要矛盾和问题表现在：宏观管理政出多门，没有形成全面系统的指导文化产业发展的产业政策体系；文化资源没有得到充分的利用，投资主体单一、行业限制过多，市场对文化资源配置没有起到基础作用，造成文化资源的大量闲置和浪费；产业结构不合理，传统文化产业的比重较大，现代新兴文化产业发展不够；文化产业组织还处于小规模分散化状态，文化产业单位普遍缺乏活力。因此，文化产业要发展，就必须进行大胆改革，进行政策与制度创新。

一、创新文化产业政策

（一）确立文化产业地位政策

国家"十五"计划首次提出文化产业的概念，这是一个历史性创新。从"七五"计划到"十五"计划的不同提法，反映了这个创新的历程。"七五"计划提出"进一步发展新闻出版、广播电视、文学艺术等各项文化事业"，"八五"计划提出"新闻出版、广播电视、文学艺术等各项文化事业在社会主义现代化建设中具有重要作用"、"进一步繁荣文化事业"，"九五"计划提出"大力发展各项文化教育和社会福利事业，加强公共文化和福利建设"、"加强新闻、出版、广播电视等方面的工作"，"十五"计划明确提出了完善文化产业政策，加强文化市场建设和管理，推动有关文化产业发展的任务和要求。这一创新是建立社会主义市场经济体制对文化发展的必然要求，是有中国特色社会主义文化发展的必然选择，是文化产业自身实践和理论研究的必然结果。[①] 十六大报告第一次在党的报告里使用"文化产业"的概念，详尽论述了发展文化产业的意义、作用、发展要求和目的，报告明确了文化产业和文化事业的区分，并把文化产业与深化文化体制改革紧密结合在一起。报告把积极发展文化产业，放到了增强我国文化产业整体实力和竞争力的战略层面。十六届四中全会把提高建设社会主义先进文化的能力作为加强党的执政能力建设的一项主要任务。2005 年中共中央、国务院制定《关于深化文化体制改革的若干意见》，从战略高度明确了"加快文化事业和文化产业发展，是加快社会主义现代化建设的内在要求，是提升我国综合国力的迫切需要，是实现经济、政治、文化和社会协调发展，构建社会主义和谐社会的重要内容。" 2006 年中央办公厅、国务院办公厅印发了《国家"十一五"时期文化发展规划纲要》，认为当今世界，文化与经济、政治

---

① 韩永进：《新的文化发展观》，文化艺术出版社 2006 年版，第 111 页。

相互交融，与科技的结合日益紧密，在综合国力竞争中的地位和作用日益突出，越来越成为衡量一个国家综合实力强弱的重要尺度之一。在复杂的国际环境中，要赢得国际竞争，不仅需要强大的经济实力、科技实力和国防实力，同样需要强大的文化实力。该纲要明确要求，加快发展文化产业，激发民族生命力，增强民族凝聚力，提高民族创造力，在国际竞争中占据制高点，掌握主动权。从十五届五中全会到《国家"十一五"时期文化发展规划纲要》出台，体现了我国发展文化产业战略地位的确立过程。

（二）组建大型文化企业政策

　　文化产业政策创新突破口在何处？文化产业发展的制约因素首先是来自文化企业自身。我国文化企业目前存在的主要问题是规模小、分散化、没有竞争力。因此，必须通过企业组织结构的创新，解决文化产业规模经营和专业化协作的问题。早在1999年，国务院办公厅转发了信息产业部和国家广电总局《关于加强广播电视有线网络建设管理意见的通知》，要求"在省、自治区、直辖市组建包括广播电台和电视台在内的广播电视集团"，随后"三台合一"的模式开始形成。2001年，中共中央办公厅发布了《中央宣传部、国家广电总局、新闻出版总署〈关于深化新闻出版广播影视业改革的若干意见〉的通知》，强调以结构调整为主线，以集团化建设为重点和突破口，着重在宏观管理体制、微观运行机制、政策法规体系、市场环境、开放格局五个方面进行创新，以进一步壮大企业实力、增强活力，提高竞争力。同年，文化部下发《文化产业发展第十个五年计划纲要》，提出"对规模经济效益显著的行业，形成以若干大型企业（集团）为主体的市场结构"，明确要求："打破地区、部门分割，通过兼并、联合、重组等形式，形成一批跨地区、跨部门、跨所有制乃至跨国经营的大型文化企业集团。国家集中培育几个具有导向性、规模化、拥有自主知识产权、主业突出、核心能力强的文化企业集团，如演出集团、音像集团、影视集团、文化旅游集团、艺术品经营集团等。"在政府的推动下，文化产业集团如雨后春笋。到2003年初，我国已经批准成立了69个传媒集团，其中包括38个报业集团、13个广电集团、1家期刊集团、9个出版集团、5个发行集团和3个电影集团。2001年，内地报业广告营业额超过1亿元的报社（集团）已经达到50家以上，占内地报业广告营业额的 80%。① 2004 年，国务院对文化部关于组建对外文化集团公司等有关问题作出批复。十六届三中全会通过的《中共中央关于完善社会主义市场经济体制的若干问题的决定》提出要形成一批大型文化企业。在《关于深化文化体制改革的若干意见》中，明确提出大力提高文化产业规模化、集约化、专业化水平，"支持和鼓励大型国有文化企业和企业集团实行跨地区、跨行业兼并重组。有条件的可组建多媒体文化企业集团"。文化产业集团化获得了国家政策的强有力支持。2004 年和 2006 年，文化部先后两批命名了 78 家国家文化产业示范基地。另外，内蒙古、辽宁、江苏、浙江、安徽、福建、河南、广东、深圳、广西、四川、陕西、甘肃、青海、宁夏 15 个省、自治区、市分别命名了各自的文化产业示范基地。②

（三）培育和规范文化市场政策

（1）文化市场的正常运行与健康发展对文化产业具有决定意义。我国文化市场零散分割，流通渠道不畅，难以形成统一的市场网络，影响文化产业的发展，此外，我国文化市场处于发展的初期，存在多方面问题，需政府政策的扶持和调控。因此，文化市场建设的主要任务：一是培育，二是规范。

（2）文化产业的弱小带来文化市场的不成熟，文化市场需要培育。在 2001 年文化部《文化产业发展第十个五年计划纲要》中，明确要求清除阻碍建立和形成统一的文化市场的各种壁垒，营造公平竞争的市场环境。在中共中央《关于深化文化体制改革的若干意见》中，则明确提出了培育现代文化市场体系的目标，并在加强文化产品和要素市场建设、完善现代流通体制、建立健全市场中介机构和行业组织等方面，提出了具体的政策措施，如重点培育书报刊、电子音像制品、演出娱乐、影视剧等文化产品市场；加强资本、产权、人才、信息、技术等文化生产要素市场建设；培育和规范以网络为载体的新兴文化市场；建立书报刊、影视产品、音像制品、电子出版物、艺术品、演出剧目的现代市场营销系统等。而《国家"十一五"时期文化发展规划纲要》提出健全各类文

---

① 新华社新闻研究所中外媒体发展战略研究中心：《中国传媒结构与市场份额分析》，《2004 年文化产业蓝皮书》，第 123～124 页。

② 丁伟：《厚积薄发：文化产业五年快速发展》，《中国文化报（文化传播网）》，2007 年 9 月 28 日。

化市场，更加明确了在发展文化产品市场、完善文化要素市场、培育农村文化市场、健全文化行业组织、鼓励和引导文化消费、培育全国和区域性的大型现代流通组织、建设辐射全国的区域文化产品物流中心、发展现代文化产品连锁经营、积极发展文化电子商务等方面的具体政策。

1994 年国务院颁布的《音像制品管理条例》，是我国第一个文化行政法规。此后，一系列规范文化市场的文化行政法规相继出台，1996 年颁布《电影管理条例》，1997 年相继颁布《营业性演出管理条例》、《出版管理条例》、《印刷业管理条例》和《广播电视管理条例》，1999 年颁布《娱乐场所管理条例》。与此同时，国家文化行政部门依照国务院条例相继出台部门规章。2001 年，国务院办公厅发布《关于进一步整顿和规范文化市场秩序的通知》，对互联网上网服务营业场所、电子游戏经营场所、歌舞娱乐服务场所、音像制品经营场所、出版物和计算机软件市场、印刷业及文物市场提出了具体整顿和规范办法。

（3）文化市场准入制度也取得历史性的突破。为了使国内法规与 WTO 承诺相一致，2001 年起国务院和有关部门开始修改有关文化行政法规。修改后的《音像制品管理条例》、《电影管理条例》和《出版管理条例》分别规定，国家允许设立从事音像制品的分销业务的中外合作经营企业；允许企业、事业单位和其他社会组织以及个人投资建设、改造电影院，允许中外合资和合作方式建设或改造电影院；允许设立从事图书、报纸、期刊分销业务的中外合资经营企业、中外合作经营企业和外资企业。2002 年文化部修改后的《音像制品批发、零售、出租管理办法》、《〈营业性演出管理条例〉实施细则》和 2003 年出台的《关于支持和促进文化产业发展的若干规定》，明确提出了降低门槛，向民营资本开放的具体政策。有关文化行政部门也作出了相关产业的政策创新。

（四）鼓励高科技文化产业发展政策

发展高科技文化产业是世界文化产业发展的趋势。鼓励高科技文化产业发展既是我国文化产业的一项重要政策，也是我国发展文化产业的一个重要战略。《国家"十一五"时期文化发展规划纲要》提出发展重点文化产业，要求确定重点发展的文化产业门类，推动国家数字电影制作基地建设、国产动漫振兴工程、"中华字库"工程等一批具有战略性、引导性和带动性的重大文化产业项目，在重点领域取得跨越式发展。动漫产业政策和游戏产业政策是其中两项重要政策，《中华人民共和国国民经济和社会发展第十一个五年规划纲要》将推动动漫产业的发展列入其中。2006 年国务院办公厅转发财政部等部门《关于推动我国动漫产业发展的若干意见》，提出了推动我国动漫产业发展的一系列政策措施，建立了由文化部牵头，相关九个部门参加的扶持动漫产业发展的部际联席会议制度。这份文件第一次系统、全面地提出了我国动漫产业的发展政策，第一次在政府主导下主张通过财政等政策推动我国文化产业某一门类的发展。① 在《国家"十一五"时期文化发展规划纲要》中明确提出了加快发展民族动漫产业，大幅度提高国产动漫产品的数量和质量。广电总局还下发了《关于进一步规范电视动画片播出管理的通知》，保障国产动画片的播出，鼓励动画原创。2005 年，文化部和信息产业部联合下发《关于网络游戏发展和管理的若干意见》，首次公布了我国政府的网络游戏政策。并且，《国家"十一五"时期文化发展规划纲要》明确要求："开拓动漫游戏、移动电视等新兴市场"，"积极发展网络文化产业，鼓励扶持民族原创的、健康向上的网络文化产品的创作和研发"。另外，有关文件明确了网络文化产业享有软件产业的优惠和知识产权保护的政策。

（五）促进文化产品出口政策

发展外向型文化产业，鼓励文化产品出口，是我国入世后文化产业发展的重要战略。文化部《文化产业发展第十个五年计划纲要》提出，要鼓励文化产业单位面向国际市场，充分利用两个市场、两种资源发展外向型文化产业，出口优秀的、具有民族特色的文化艺术产品。2003 年，在《文化部关于支持和促进文化产业发展的若干意见》中，明确提出了实施"走出去"的发展战略。2005 年，文化部制定了《国家文化产品出口示范基地认定管理办法（暂行）》，并全面开展了国家文化产品出口示范基地认定工作。同年，中宣部、文化部、国家广电总局、新闻出版总署、商务部和海关总署联合下发了《关于加强文化产品进口管理的办法》，中央办公厅和国务院办公厅印发了《关于进一步加强和改进文化产品和服务出口工作的意见》。2006 年，国务院办公厅转发了文化部等八部门的《关于鼓励和支持文化产品和服务出口若干政策》。而且，《国家"十一五"时期文化发展规划纲要》具体规定了培育外向型骨干文化企

---

① 宋奇惠：《2006 年中国动漫游戏产业现状与对策》，《2007 年文化产业蓝皮书》，第 214 页。

业和实施"走出去"重大工程项目的具体政策，关于做大做强对外文化贸易品牌，重点是扶持具有中国民族特色的文化艺术、演出展览、电影、电视剧、动画片、出版物、民族音乐、舞蹈和杂技等产品和服务的出口，支持动漫游戏、电子出版物等新兴文化产品进入国际市场；发挥国有文化企业在对外文化贸易方面的主导作用，鼓励投资主体多元化，形成一批具有竞争优势的品牌文化企业和企业集团。同时，要求整合资源，突出重点，实施"走出去"重大工程项目，加快"走出去"步伐，扩大我国文化的覆盖面和国际影响力。2007 年，文化部、商务部等六部门又联合出台了《文化产品和服务出口指导目录》，并下发文件要求各地上报重点文化出口企业和重点文化出口项目。

（六）支持文化产业发展的金融政策

我国传统的文化投融资体制是在计划经济体制框架下形成的，这种资源的配置方式的低效率导致我国文化投资主体和投融资渠道单一，国有文化单位体制僵化、机制不灵，从而使文化产品和文化服务供给严重不足，文化产业发展受到极大的限制。文化部《文化产业发展第十个五年计划纲要》提出要调整投融资政策，广开发展文化产业的筹资渠道，鼓励和放宽各种社会资金投入国家鼓励发展的文化行业和产品，取消一些对非国有经济成分投入的限制。2001 年，国务院办公厅转发了原国家计委《关于"十五"期间加快发展服务业若干政策措施的意见》，将旅游、文化、体育等新兴服务业作为"十五"期间发展的重点，进一步对社会资本开放准入门槛。2003 年，国务院办公厅下发《关于印发文化体制改革试点中支持文化产业发展和经营性文化事业单位转制为企业的两个规定的通知》，对通过股份制改造实现投资主体多元化的文化企业，符合条件的可申请上市等投融资问题作出了四项具体政策。2004 年，国务院下发《关于推进资本市场改革开放和稳定发展的若干意见》和《关于投融资体制改革的决定》，进一步放宽了社会资本的准入范围。2005 年，国务院专门下发《关于非公有资本进入文化产业的若干决定》，在十项具体规定中，明确社会资本可进入和不可进入的文化产业领域。同年，国务院下发了《关于鼓励、支持和引导个体私营等非公有制经济发展的若干意见》，在加大信贷支持力度、拓宽直接融资渠道、鼓励金融服务创新和建立健全信用担保系统方面加大支持非公有制经济作出了具体的政策规定。在《国家"十一五"时期文化发展规划纲要》中，重申认真落实《国务院关于非公有资本进入文化产业的若干决定》，创造良好的政策环境和平等竞争机会，加强和改进服务，鼓励支持非公有资本进入政策许可的文化产业领域，支持非公有制文化企业的发展。

（七）扶持文化产业的财政税收政策

总的来说，我国文化产业组织比较弱小，需要国家在经济政策上予以扶持，尤其是在财政税收政策上。同时，我国文化产业组织大多数是由事业单位转变为企业单位而来，因而转变过程中更离不开财政的支援。财政税收是最有效的调节手段，通过进一步完善财政政策，实施优惠的税收政策，可以促进文化产业的发展。2003 年，国务院办公厅下发《关于印发文化体制改革试点中支持文化产业发展和经营性文化事业单位转制为企业的两个规定的通知》，明确了试点地区可安排文化产业发展专项资金，并制定了相应使用和管理办法，采取贴息、补助等方式，支持文化产业发展和在企业所得税、营业税、增值税、进口关税和进口环节增值税、城镇土地使用税、房产税实行减免的优惠政策。2005 年，国务院下发了《关于鼓励、支持和引导个体私营等非公有制经济发展的若干意见》，明确加大对非公有制经济的财税支持力度，要求扩大国家促进中小企业发展的专项资金，省和有条件的市、县要设立财政专项资金。同年，财政部、海关总署、国家税务总局下发《关于文化体制改革中经营性文化事业单位转制为企业的若干税收政策问题的通知》和《关于在文化体制改革试点中支持文化产业发展若干税收政策问题的通知》，出台了具体的税收减免的优惠政策。

（八）加强文化产业人才培养和学科建设的政策

文化部在《关于支持和促进文化产业发展的若干意见》中，明确要求抓好文化产业人才的培养工作：完善人才激励机制，拓宽人才选拔途径，创造优秀人才脱颖而出的环境；大力培养和引进经营管理人才、文化经纪人才和科技创新人才等各类文化产业急需人才，吸引和聘用海外高级人才，实施引得进、留得住、用得活的人才战略；鼓励支持文化产业创新与发展研究基地以及有条件的综合性大学，参与文化产业人才培养、培训工作，为文化产业可持续发展积累人力资本。在《国家"十一五"时期文化发展规划纲要》中，明确将加强高等学校人才培养和学科建设，充分发挥高等学校在建设先进文化、培养文化人才中的重要作用作为规划的具体内容，鼓励有条件的高等学校整合相关学科资源，集中开展文化产业重大理论和现实问题研究，为先进文化建设服务；鼓励文化单位与高等学校合作举办高级研修班、培训班，培养高素质的专业技术人才、经营管理人才；鼓励和支持文化人才参加学术研究和交流，承担重大课题和项目。1999 年和 2002 年，文化部分别在上海交通大学和北京大学设立了国家文化产业创新与发展研究基地，为促进我国文化产业的起步和发展发挥了积极作用。今年为引导我国文化产业理论研究向纵深发展，根据文化产业形势的需要，文化部又命名了 6 个国家文化产业研究中心，并向各文化产业创新与发展研究基地和文化产业研究中心下达了 2007 年度文化产业研究课题任务，要求就文化产业发展中的若干重大课题展开研究，为政府和企业决策提供参考。[1]

二、创新文化产业制度

(一) 创新文化产业产权制度

产权制度创新的核心是产权变革，而产权变革就是要实现所有制结构创新，形成有效的激励、约束机制，建立起实质意义上的法人治理结构和现代企业制度，以此推动文化产业可持续发展。首先，进行所有制结构的制度创新。2005 年，国务院下发《关于鼓励、支持和引导个体私营等非公有制经济发展的若干意见》，明确了公有制为主体、多种经济共同发展是我国社会主义初级阶段的基本经济制度，提出了放宽非公有制经济市场准入的范围，随后又下发《关于非公有资本进入文化产业的若干规定》，提出进一步引导和规范非公有资本进入文化产业，逐步形成以公有制为主体、多种所有制经济共同发展的文化产业格局。同年，文化部、财政部、人事部和国家税务总局联合下发了《关于鼓励发展民营文艺表演团体的意见》。此前，在我国加入世界贸易组织的谈判中，已经承诺对外资开放文化产业领域。这样，文化产业国有单一所有制的格局被打破，文化产业的多种所有制结构得以建立。其次，积极推进产权变革。在《关于深化文化体制改革的若干意见》中，明确提出了按照现代企业

---

① 丁伟：《厚积薄发：文化产业五年快速发展》，《中国文化报（文化传播网）》，2007 年 9 月 28 日。

制度的要求，加快推进国有文化企业的公司制改造，完善法人治理结构；加快产权制度改革，推动股份制改造，实行投资主体多元化；符合上市条件的，经批准可申请上市的具体政策规定。《国家"十一五"时期文化发展规划纲要》对经营性文化事业单位转制提出了具体的政策要求：一般艺术院团和除少数承担政治性、公益性出版任务外的出版单位及文化、艺术、生活、科普类等报刊社，新华书店、电影制片厂、影剧院、电视剧制作单位和文化经营中介机构，党政部门、人民团体、行业组织所属事业编制的影视制作和销售单位，新闻媒体中的广告、印刷、复制、发行、传输网络部分及影视剧等节目制作与销售部门，分期分批完成转制为企业的任务；同时，提出了加快国有文化企业公司制改革的政策目标：以创新体制、转换机制、面向市场、壮大实力为重点，按照现代企业制度的要求，加快国有文化企业的公司制改革，完善法人治理结构，推进产权制度改革，实行投资主体多元化，使国有和国有控股的文化企业真正成为自主经营、自我约束、自我发展的市场主体。

（二）创新文化行政管理体制

十六大以来，根据文化产业发展的要求，不断推进文化行政管理体制和机制的创新，取得了一系列进展。2003 年，文化部下发的《关于支持文化产业发展的若干意见》明确提出，进一步转变政府职能，加强宏观调控能力，要求强化政策调节、市场监管、公共服务和社会管理等行政职能，实现从计划经济管理向市场经济管理、从办文化向管文化、从管政府文化单位向管整个文化行业的转变，并提出了政企分开、理顺政企关系，建立符合现代行政制度和现代市场经济要求的新型政企关系的目标。这个时期重点开展了文化行政审批制度的改革。《行政许可法》的实施推动了行政审批制度改革，促进了文化行政管理方式的改革和行政管理水平的提高。仅新闻出版署就取消了"设立出版物批发市场的审批"等 28 个行政审批项目，向省市下放了 5 个审批项目。此外，对文化行政机构的设置也进行了尝试性调整。2004 年，中央有关部门明确了将综合试点地区的省辖市、县级市和县级现有的文化局、广电局和新闻出版局合并，设立文化广电新闻局，履行原三个部门的行政管理职能。在《关于深化文化体制改革的若干意见》中，明确提出了加强和改进文化领域宏观管理，建立党委领导、政府管理、行业自律、企事业单位依法运营的文化管理体制和建立职责明确、反应灵敏、运转有序、统一高效的宏观调控体系，完善预报、引导、奖惩、调节、责任、监督、保障、应对等机制；同时，提出了加快转变政府职能的更加明确的要求：明确文化行政管理部门职责，理顺文化行政管理部门与所属文化企事业单位的关系，推进政企分开、政资分开、政事分开、政府与市场中介组织分开，强化政策调节、市场监管、社会管理和公共服务职能，实现由办文化为主向管文化为主转变；推进依法行政，改进管理方式，创新管理手段，实现主要以行政手段为主向综合运用法律、经济、行政等手段管理转变。①

坚持创新：文化产业大发展的必然选择

十六大以来的文化产业政策与制度创新的主要特点表现为：创新范围由以往的个别的文化产业政策与制度创新走向全面、系统的文化产业政策与制度创新；创新主体由个别文化行政主体创新走向党和政府主导下的众多文化行政主体创新；创新内容由具体文化产业发展对策创新走向对影响文化产业发展的外部环境和内在动力的体制和制度层面创新；创新形式由制定具体政策为主转向以制定法律和法规、规章为主。

党的十七大对文化产业发展提出了更高的要求。创新是贯穿在报告中关于文化发展的主线。报告指出："在时代的高起点上推动文化内容形式、体制机制、传播手段创新，解放和发展文化生产力，是繁荣文化的必由之路。"报告还指出："深化文化体制改革，完善扶持公益性文化事业、发展文化产业、鼓励文化创新的政策，营造有利于出精品、出人才、出效益的环境。"关于文化产业，报告指出："大力发展文化产业，实施重大文化产业项目带动战略，加快文化产业基地和区域性特色文化产业群建设，培育文化产业骨干企业和战略投资者，繁荣文化市场，增强国际竞争力。运用高新技术创新文化生产方式，培育新的文化业态，加快构建传输快捷、覆盖广泛的文化传播体系。"

文化大发展大繁荣需要文化产业的大发展，文化产业的大发展需要文化产业政策与制度的不断创新。因此，坚持创新是我国文化产业大发展的必然选择。近年来，特别是十六大以来，我国文化产业政策与制度

---

① 以上参见文化部文化产业司编：《文化产业政策汇编（增订本）》，2006 年内部版。

创新的丰富实践，为今后的创新探索积累了宝贵的经验。对于在实践中行之有效的政策和制度，一以贯之地坚持下去；对于实践中对文化产业发展效果不明显的政策和制度，以创新的方法进行新尝试；对文化产业发展过程中出现的新情况、新问题，以创新的精神进行新探索。当前文化产业发展过程中的主要问题表现在：文化消费总量过低，有效供给不足，多种因素制约文化消费需求的释放；市场开放不足使得文化体制改革成果难以检验，产业发展步伐不快；区域发展不平衡，产业结构雷同；新型文化产业发展迅猛，但政策供给不足，监管手段滞后，发展环境不顺；文化产业发展高潮的兴起与理论研究的落后形成落差，高等院校和研究机构学科建设、人才培养机制落后于现实需求。①

应该说，我国文化产业政策与制度创新这篇大文章才刚刚开头，影响文化产业大发展的一些深层次问题还必须通过政策和制度的不断创新才能解决。这些层次的问题表现在：

第一，国有经营性文化事业单位缺乏改革动力。发展文化产业核心环节是培育、造就具有活力和竞争力的市场微观主体。这样，一是对国有经营性文化事业单位进行转企改制，二是发展非公有制文化企业。但前者的转企改制步伐举步维艰，究其原因在于国有经营性文化事业单位目前的"事业体制、企业化运营"体制。由于这种体制既保留事业单位的待遇，又享有企业单位的好处，形成的"刚性"利益格局使得绝大多数单位改革缺乏动力，而政府主管部门的"管办分离"、"政企分开"的改革迟缓，也使得转企改制缺乏必要的外部环境。

第二，文化市场还不健全。我国文化市场正处在从行政配置资源向市场配置资源的转型过程中，文化市场准入初步放开，而出版、广电等领域的国有垄断性依然如故。文化市场条块分割严重，尚未形成全国统一的大市场。文化行政管理部门从宏观调控、市场监管、产业政策、项目审批到文化企业、事业的微观运行，无所不管，行业分割，壁垒森严；文化资源和生产要素流动的区域壁垒也很多，不利于资源和要素的合理流动与优化配置，制约着市场微观主体跨地区、跨行业经营，严重影响文化产业的健康发展。

----

① 张晓明、胡惠林、章建刚：《走进"十一五"：发展文化产业的新综合与新视野》，《2007 年文化产业蓝皮书》，第 12～17 页。

第三，文化宏观管理体制尚未理顺。文化产业发展过程中遇到的宏观管理体制上的主要问题是党政不分、政企不分和管办不分等问题。在《关于深化文化体制改革的若干意见》中，将党政关系确定为"党委领导、政府管理"的目标，即既要坚持党对文化工作的领导地位，党委部门要依法发挥领导作用，但又不能以党代政。在实际工作中，这个目标的实现还有一定难度。此外，文化行政部门职能交叉、多头管理、越位和缺位的情况比较严重。政府文化主管部门在推进"管办分离"方面已有所进展，但如何实现与所属企业的"政企分开"，加快产权制度改革，还存在很多问题。

第四，传媒公共性和产业化的性质尚需厘定。现代传媒作为国家的战略性资源，具有很强的公共性，但同时可以通过市场化、产业化的运营，产生巨大的经济效益，也具有产业化的特性。绝大多数媒体作为准公共文化产品，其公共性和产业性就像一个硬币的两面不可分割。单纯强调传媒的公共性，强调其意识形态的功能和社会效益，而忽视其产业特性是片面的；把传媒作为商品，强调其产业特征和经济效益，而忽视其公共性和社会责任也是不可取的。因此，在国家对传媒所有权实行垄断的前提下，如何根据传媒的性质和特点来科学、合理地安排其经营权的委托代理模式，使之既充分发挥社会公器的重要作用，又通过市场化、产业化运作得到迅速发展，是文化产业政策与制度创新面临的新课题。

第五，国有文化资产管理体制尚未建立。国有文化资产管理责任人的"虚拟化"问题没有得到有效解决，致使一些国有文化单位经营不善，国有资产流失严重。由于各种主客观条件的限制，绝大多数包括文化产业集团在内的国有文化企业仍然缺乏运营主体和国有资产人格化代表，国有文化资产管理和运营的诸多弊端依然存在，还不能从根本上解决管理体制的问题。①

---

① 齐勇锋：《文化体制改革难点探析》，《2007年文化产业蓝皮书》，第47~53页。

课题组成员名单

课题负责人：

凌金铸　上海交通大学国家文化产业创新与发展研究基地文化行政
　　　　与立法中心主任，副教授，博士

课题组成员：

朱宁嘉　副教授，博士

张培奇　硕士研究生

刘　玮　硕士研究生

刘　鑫　教授，硕士

郝先中　教授，博士

胡　君　讲师，博士研究生

汤仁红　讲师，硕士

中国文化产业公共资讯平台建设研究

北京大学国家文化产业创新与发展研究基地

104 一、前言与基本含义

105 二、平台建设特征

107 三、需求分析与功能定位

113 四、信息类型

115 五、平台模式

117 六、安全体系建设

122 七、评价指标体系

125 参考文献

126 课题组成员名单

一、前言与基本含义

2002 年 4 月，由文化部、财政部启动了全国文化信息资源共享工程的文化创新工程。它利用现代信息技术，将中华民族几千年来积淀的各种类型的文化信息资源精华以及贴近大众生活的现代社会文化信息资源，进行数字化加工处理与整合；建成互联网上的中华文化信息中心和网络中心，并通过覆盖全国所有省、自治区、直辖市和大部分地（市）、县（市）以及部分乡镇、街道（社区）的文化信息资源网络传输系统，实现优秀文化信息在全国范围内的共建共享。它彻底消除不同地区在获取文化信息资源上的不平等，使文化信息能够经济、快速地传送到各地，使老、少、边、穷地区的群众也能享受到优秀文化精品，实现文化信息资源在全国范围的共建共享。它在一定程度上改变了我国文化建设特别是基层文化建设薄弱的现状，满足了基层群众的文化需求。它是落实科学发展观、促进和谐社会的重要举措，是公共文化服务体系的基础工程，是改善城乡基层群众文化服务、实现他们的基本文化权益的重要途径。

2005 年至 2006 年期间，中办、国办先后下发、转发了《文化部、财政部关于进一步加强全国文化信息资源共享工程建设的意见》、《关于进一步加强农村文化建设的意见》、《中共中央国务院关于推进社会主义新农村建设的若干意见》、《2006—2020 年国家信息化发展战略》等重要文件推动共享工程建设。2006 年初，文化共享工程作为公共文化建设重点工程，已列入全国人大十届四次会议通过的《中华人民共和国国民经济和社会发展第十一个五年规划纲要》。2006 年 9 月，文化部文化产业司主办的权威文化产业门户网站——中国文化产业网（www.cnci.gov.cn）开始运行；2006 年 12 月，由文化部文化产业司主导和推动的全国文化产业项目服务工程暨新版中国文化产业网在深圳启动。

温家宝总理在十届全国人大五次会议上作的政府工作报告中两次提到"全国文化信息资源共享工程"，充分肯定了过去几年文化共享工程取得的成绩，强调要"要加快发展文化事业和文化产业，突出抓好社区和乡镇综合文化站建设工程、全国文化信息资源共享工程"。2007 年 2 月 27 日，国务院办公厅印发了《少数民族事业"十一五"规划》，将全国文化信息资源共享工程列为重点工程。

2007 年 6 月 16 日，中共中央政治局召开会议，专门研究加强公共文化服务体系建设。在我国文化事业发展的历史中，这是一个前所未有的举措，是党中央审时度势、准确把握我国经济社会发展全局、全面落实科学发展治国方略的重要步骤。会议在总结近年来公共文化服务理论研究和实践经验的基础上，第一次明确提出了覆盖全社会的公共文化服务体系的基本框架：结构合理、发展平衡、网络健全、运行有效、惠及全民，是公共文化服务体系建设必须坚持的原则；以政府为主导，以公益性文化单位为骨干，鼓励全社会参与，是公共文化服务体系建设的实现方式；公共文化服务体系的要素，主要包括公共文化产品生产供给、设施网络、资金人才技术保障、组织支撑和运行评估。构建覆盖全社会的公共文化服务体系的根本目的，在于实现和保障公众的基本文化权利，满足公众的基本文化需求。

公共文化服务体系的核心在于它的公共性和体系化。2007 年 6 月 16 日，中共中央政治局会议强调当前要大力加强包括全国文化信息资源共享工程在内的重大公益性文化工程的建设，这是保证公共文化服务政府主导、形成体系、惠及全民的重要措施。按照规划，到 2010 年，全国文化信息资源共享工程将实现县县建有支中心、乡乡建有基层服务中心、村村建有基层服务点、数字资源总量不少于 100TB 的目标，为此，各级政府给予了文化共享工程前所未有的资金支持力度和政策保障。文化共享工程承担着把党和政府有关公共文化服务体系建设蓝图变为现实的历史重任，一个覆盖城乡的内容丰富、传播便捷的文化共享工程网络，将成为我国跨越式地构建公共文化服务体系的标志和创举。

文化产业公共资讯平台是公共文化服务体系的重要内容之一。因为，文化服务和产品离不开文化产业的发展，公共文化服务也离不开公众资讯，加强文化产业公共资讯平台的建设，有助于公共文化服务体系的完善和促进文化信息资源共享。不过，目前我国尚未形成完整的文化产业公众资讯体系，也没有统一的文化产业公共资讯平台。因此，对文化产业公共资讯平台建设进行探讨研究具有非常重要的理论和现实意义。

二、平台建设特征

文化产业公共资讯平台是一个以公共服务为宗旨，以市场导向、政府推动、资源共享、互惠互利为建设原则，运用共建共享机制，利用现代信息技术手段构建的布局合理、功能齐全、开放高效、体系完备的文化产业资讯平台共用服务系统，是区域文化产业公众服务和创新体系的一个重要组成部分。该平台应当具有以下特点：

（1）综合性与公益性。文化产业公共资讯平台与文化信息平台具有一定差异，文化产业公共资讯平台以整合集成多行业、多学科、多部门的与文化产业服务和创新活动相关的各类信息资源为形式，集中提供各类具有基础性的文献、数据、声像等数字化信息，囊括涉及各个行业的文化产品和服务信息资源，同时涵盖文化科技资源共享、产品研发辅助、产业成果转化等文化产业活动的各个方面。

文化产业公共资讯平台以公共服务为宗旨，由政府推动建设，以全社会文化产业消费、生产和创新对象为服务范围，在很大程度上带有公益性色彩。政府作为主要的服务供应单位，在平台建设的很多环节要保障公益性的实现：①平台的建设要考虑区域消费、生产和创新主体的集体需求，整个系统要以满足企业和公众的信息需求为主旨；②在公众需求的基础上，决定提供服务内容、服务数量和质量标准；③以财政公平原则决定公共支出，并监督平台服务提供者的行为；④以资源共享原则实现平台信息使用成本的最低化；⑤以信息应用效率最大化原则做好平台的推广宣传工作，并完善信息使用的后期评估。

（2）针对性与导航性。文化产业公共资讯平台的综合性并不意味着其建设的大而全、无的放矢，其建设也要以广泛、大量的需求调研为基础，利用多种方式对服务对象进行调查，了解它们在消费、生产和创新活动中对信息资源搜索、分类、使用的相关情况，然后针对性地设计、构建服务平台结构和内容，发挥信息资源对消费、生产和创新活动的最大促进效应。

增强文化产业公共资讯平台的导航功能是集成和交流信息的重要手段。要充分利用其他专业文化网站的信息优势，通过对核心产业资源进行规范收集、系统分析、加工提炼、价值判断、整理归类，形成完整、便捷、准确的产业信息导航系统，提高搜索质量，加强创新主体对专业产业信息资源的了解，降低其搜索相关信息的时间成本。

（3）科学性与创新性。文化产业公共资讯平台的科学性，体现在平台集聚的产业信息资源必须准确、真实、有效，内容要以最新、最全、最权威的产业数据库、检索系统和文献资料为基础，提高信息的质量，减少信息需求对象依据产业信息进行生产消费和创新活动的风险；准确性同时还体现在信息平台根据不同需求提供配套服务的能力，能保证将最合适的信息资源以最恰当的方式提供给公众。

文化产业公共资讯平台的创新性，体现在平台的设计和建设上，要充分利用有关信息构建、信息加工、信息传播、人机工程等最新理论的指导，结合服务对象的特点和区域产业发展现状进行调整，形成富有特色的建设原则和方法；对平台提供的内容要进行创新组合和整理分类，提高使用的效率；信息服务的手段和方法应开拓创新，提高整个信息平台的服务能力和知名度。

（4）兼容性与全程性。文化产业公共资讯平台的建设，既要体现地方特色和行业特色，也要顺应各地文化资源共享信息中心建设不断推进和扩展的现状，采用国家或者行业统一的标准来实施。平台的建设需要加强与其他文化资源信息平台的交流合作，提高与其他数据的兼容性，便于扩展和取长补短，减少重复建设的情况。

文化产业公共资讯平台以全社会文化产业生产消费和创新对象为服务范围，以中小文化企业等创新创业主体为服务重点，其体系设计和平台建设必须满足对生产消费和创新活动全程的产业信息需求。整个平台的建设，要与产品信息搜集、研发创新、产品和成果流转、成果转化与产业化等生产消费和创新活动的一系列过程相适应，覆盖各个阶段的需求，体现各个阶段对产业信息需求的特点。

三、需求分析与功能定位

进行文化产业公共资讯平台需求分析是要明确平台的服务功能与性能要求，也是建设完善且可操作性强的平台的基础与先决条件。文化产业活动参与者对信息平台建设有不同的需求，应从不同角度分析、识别各类用户的真实需求情况，识别用户对文化产业公共资讯平台的基础需求，明确用户显在与潜在的需求，从而明确文化产业公共资讯平台的功能定位。

文化产业公共资讯平台的特征应体现平台所在地区、城市的现代文化产业的特点，可以总结出具有如下基本特征：①跨组织协作性；②层次性；③开放性；④动态性；⑤网络化等。这些基本特征决定了要建立的文化产业公共资讯平台的基本功能，进行需求分析时，需要全面反映需求的多目标性、复杂性和用户群体思想。

从行业需求的角度出发，对文化产业相关各单位部门的业务系统进行分析，识别系统各用户主体的关系和信息需求，考虑其期望的服务和需要平台提供的服务，综合各相关单位对信息平台建设的各方面要求，由此来最终确定信息平台所应具有的基本信息与功能。

（一）业务系统分析

由于参与文化产业活动的单位较多，主要考虑企业和政府两大方面。

（1）企业。从事有关文化产业活动的企业，根据其业务种类的不同，业务可能涉及文化产品市场调查、生产计划、采购、定购、运输、仓储、销售、反馈等环节，其中每一个环节都涉及市场信息、产品信息、资金信息和单证凭据的流动。

（2）政府。政府是文化产业的管理者，主要发布文化产业的规范，对相关文化产业信息系统的数据库进行分析，监督文化市场情况，并制定政策、规划区域发展战略。各管理部门需完成的诸如接受或检查企业的申请，对文化企业的管理和监督等活动从系统的角度分析，文化服务企业系统与文化产品生产企业系统、政府主管部门的信息系统既有独立性又有统一性。这种统一性主要体现在宏观政策与微观文化产业的运作关联性、互动性以及相关信息的共享性。

1. 信息需求分析

从文化生产企业、文化服务企业、政府部门三方面调研分析信息需求情况：

（1）文化服务企业对公共信息服务的要求，包括公共文化基础设施资源信息、文化服务人员信息、文化服务市场需求信息资源、文化服务业务运作信息资源和其他文化服务咨询等信息资源。

（2）文化生产企业对公共文化信息服务的要求，包括供应商的资料、业务交易管理和文化产品跟踪及其他增值服务等。

（3）政府部门对公共文化信息服务的要求，包括区域文化产业运行基本数据处理、文化企业信息、区域文化资源整合支持功能和区域文化产业分析及规划支持等。

2. 信息需求特点

文化产业信息的需求情况和需求特点决定了文化产业公共资讯平台的功能体系。综合各方面对文化产业公共资讯平台的信息需求，有以下特点：

（1）系统内外信息的依赖性。文化企业对公共文化基础设施、市场网络等外部信息具有很大的依赖性，要求公共文化信息平台的存在，以提高文化产业信息获得性和减少信息成本。

（2）信息需求的差异性。文化企业、使用文化产品和服务的客户和政府主管部门对信息的需求是不同的，其差别主要体现在：时间差异性、内容差异性和程度差异性。

（3）信息交换的复杂性。集成文化服务涉及客户在内的多个经营主体，各主体经济关系、技术应用、企业文化及信息系统模块的差异性，导致了文化信息交流的复杂性。数据交换是在不同企业、不同隶属关系管理体制下，采用不同运行模式在不同的系统间运行的，各系统的数据结构、存储形式和接口协议不一样，会给数据共享、文化产业资源整合带来困难。

（4）数据共享的有限性。部分文化企业对其特定用户是按封闭系统运行的，内部信息与外部共享范畴非常有限。

3. 系统总体定位

文化公共信息平台代表了现代文化产业电子商务的发展方向，具有很大的发展潜力，但是在市场定位、管理模式、收费模式、经营策略和发展方向上，需要深刻分析和全面规划。

（1）平台用户主体定位。文化产业公共资讯平台必须依靠提高市场主体档次来提升市场层次品位和实力规模，成为企业产品交易和运行平台，其平台用户主体应该定位于大中型文化企业、大中型文化产品生产制造和文化产品批发企业，以提高平台进入门槛。大中型文化产品生产制造和文化产品批发企业对文化产业公共资讯平台服务的要求是民间资讯平台和小型资讯平台所不能满足的，所以不能较轻易地找到合适的文化产品合作伙伴，因此，客观上也需要文化产业公共资讯平台作为市场中介。而大型文化企业实力雄厚，技术先进，对客户的文化需求规模和收益回报要求高于其他文化产业从业者，同样需要利用文化产业公共资讯平台的覆盖率和概念内涵扩展优势来寻找商机。

（2）平台市场类型定位。文化产业公共资讯平台是运用了信息技术的虚拟市场，需要借鉴传统文化市场的成功经验，实现市场功能的跨越，因此发展文化产业公共资讯平台上的特色专业市场是重要思路。从行业类型角度，可以发展电影、电视、动漫、出版、艺术品等专门文化市场；从市场功能类型角度，可以发展联合出售、多行业协作、配送、仓储等功能型市场信息服务等。这样，进行市场细分以后可以大大提高文化产业交易的效率、降低交易成本。同时，也能把信息流与产品有效的结合起来，在推广、签约、结算等诸多环节利用信息网络优势，缩短交易时间和降低交易费用、风险。

（3）平台服务区域定位。文化产业只有紧密依靠区域产业经济，才能创新优势、巩固阵地；文化产业公共资讯平台只有抓住区域文化产业价值链中的关键环节，才能吸引客户，实现自身应用价值。不同的经济区域需要不同特色的文化产品和服务，如大城市需要网络和电视节目、艺术品，而农村和中小城市则需要民间演出、电视、电影等，特色文化经济区需要动漫制作、服装设计、软件制作，等等。缩小文化产业公共资讯平台服务区域，使定位更加明确，服务更有针对性，能够争取到地方文化产品供需客户，有效地为地方经济服务。

（4）平台服务功能定位。在文化产业公共资讯平台的服务功能定位中，整体考虑服务功能的相互支撑作用，形成一个紧密联系的有机平台系统；同时，必须要有相应的辅助手段、配套体系，使平台逐步良好运行起来。可积极利用电子政务、电子商务、电子银行等多科信息化成果，将市场监督管理、法律、银行、公证等多种交易服务引入文化产业公共资讯平台，从而增强文化市场功能、完善市场机制、建立诚信体系，从而确立市场优势。

4. 功能体系定位

确定文化产业公共资讯平台的功能体系，不仅要考虑成熟的市场支持功能定位，还应该考虑新业务培育的功能定位和未来业务支持功能定位。

（1）平台功能体系总体定位。文化产业公共资讯平台功能体系总体定位：以数据获取、整合和共享为核心，以信息安全为基础，面向决策支持、面向公众服务。文化产业公共资讯平台通过信息采集、信息融合、信息存储、信息共享及信息发布，为文化企业提供公共信息，满足和适应文化企业信息系统多种功能的实现；促进文化企业群体间协同经营机制和战略合作关系的建立；为支撑政府部门间行业管理、市场规范管理等交互协同工作机制的建立及科学决策提供依据；提供多样化的文化产品信息增值服务。

（2）文化产业公共资讯平台的基本功能定位。在战略目标的指导下，对功能总体定位进行扩展，应实现如下基本功能：

①文化产业公共资讯的整合与共享。文化企业与客户要对各种信息作全面了解和动态跟踪，通过平台将文化产业园区和文化信息中心的各类信息资源进行整合，在一定范围内对各信息资源进行共享。

②社会文化资源的整合。对社会文化资源进行重组，提高文化资源配置的合理化和社会文化资源利用率；降低企业产品运营成本和销售周期，以提高产品市场竞争力。

③政府管理部门间、政府与企业间的信息沟通。规范和加强政府的宏观决策和市场管理，提高政府行业管理部门工作的协同性，文化产业行业管理、发展与规划的科学性，以及现代文化企业整体运作效率、服务质量、信息化建设水平；为文化企业参与国内外市场竞争提供平等发展的舞台与空间。

④现代文化产业系统运行的优化。通过平台减少文化产业信息的传递层次和流程、提高现代文化信息利用程度和利用率，以最短的流程、最快的速度、最小的费用完善文化产业系统的正常运行，实现全社会文化产品系统运行的优化，有效地降低产业成本。

⑤优化供应链。对现代文化市场环境快速响应，形成供应链管理环境下固定电子物流和移动电子物流两种模式共同支撑的平台体系结构；解决行业间信息互通、企业间信息沟通、企业与客户间信息交流，使现代文化企业信息增值服务成为可能，从根本上提升现代文化企业的整体服务水平。

（3）文化产业公共资讯平台系统功能设计。文化产业公共资讯平台的核心功能部分是公共信息服务系统和数据交换处理系统，以及销售配送管理系统和诚信管理系统。在此，我们初步介绍前两种。需要注意的是，这些基本功能是互相支持、紧密联系的，形成一个有机的平台系统整体。

①公共信息服务系统。公共信息服务系统汇接区域内文化产业的各

相关行业、各种文化运作设施以及文化企业的信息系统。它既是区域文化产业信息资源的汇接中心，也是国内外了解区域文化信息资源的窗口。公共信息服务系统应主要包括：门户网站功能、公共信息发布与查询功能、交易服务功能、相关部门服务功能和用户信息服务功能。

②数据交换处理系统。数据交换处理系统担负文化产业公共资讯平台中公用信息的采集、加工、中转、发送，以及不同用户之间信息交换的数据规范、格式转换等功能。数据交换处理系统主要包括如下功能：

第一，数据格式转换功能。通过数据规范化定义，支持各类不同格式和系统之间数据的转换与传输，实现各常见数据库、Web 数据、文本、图像等多种格式之间的自定义相互转换。

第二，实现文化产业电子商务中交易双方的无缝刈接功能。在交易双方进行询报价、网上磋商、订单签订等活动中，传输和转换数据，并确保交换数据的可读性、可靠性和安全性。

第三，作为 ASP 服务管理平台，为文化企业提供信息系统支持服务的功能。采取完全托管或部分托管的方式，实现 ASP 服务的应用与文化信息平台的平滑衔接。

第四，与其他城市文化公共信息平台的连接和数据交换的功能。通过数据交换平台的网络互联和数据转换功能，建立与其他城市和地区文化公共信息平台的系统互联与信息共享。

（二）文化产业公共资讯平台的功能定位

1. 文化信息资源导航功能

文化产业公共资讯平台自有数据库的容量是有限的，如果涉及不同专业，则无法保证所提供信息的专业性、时效性和完整性。因此，根据信息的分类需求，提供对其他信息平台资源的科学导航，是文化产业公共资讯平台的重要构建方式。导航功能可以大大拓展文化产业公共资讯平台的信息服务范畴，更好地实现信息的兼容性和完整性。

2. 文化产业专业数据库服务功能

一个完善的文化产业公共资讯平台，自身需要集成一定数量和质量的信息资源数据库，合理分类，作为权威的信息源，供不同需求的公众查阅。数据库既要成为一种标准化的信息源，又要根据文化产业发展实际需要形成重点支持的领域。数据库应根据实际需求保持动态更新，保持信息传播的速度和效率。

3. 文化产业信息检索功能

即使文化产业信息分类相当科学和完善，也不能保证所有信息需求得到快速、准确的满足。人们越来越迫切地需要能高速、准确地从海量信息中获取查询结果的方法，各类检索方式包括以自然语言方式询问获取信息的检索手段得到越来越广泛的应用。文化产业公共资讯平台设置简洁高效的检索功能，是提高文化产业信息传播使用效率的重要手段。

4. 文化产业信息发布与互动功能

信息的传播是多方向的，有公众需要从文化产业公共资讯平台得到信息，也存在利用该信息平台发布信息的需求。文化产业公共资讯平台的信息发布和互动功能，可以帮助公众发布分类的专业信息，并作为中介搭建信息供求双方的桥梁。文化产业公共资讯平台的互动功能是传播最新信息、满足实际信息供求的必要功能设置。

5. 专家在线咨询服务功能

专家在线咨询服务功能是根据平台服务对象的实际需求，集聚某几个领域的专家，提供针对性的专业信息服务。专家咨询功能可以弥补数据库和导航信息过于庞杂、公众对其专业知识了解有限的不足，为服务对象提供专业性的信息咨询服务，能大大提高文化产业公共资讯平台的专业化服务水平。

6. 个性化文化产品信息服务功能

个性化文化产品信息服务功能主要针对公众对特定主题的文化产品信息的需求，开展特定的专题信息服务。服务平台可以利用整合的文化信息资源和专家资源，进行特定信息委托检索、专题信息分析、主题研究报告、专业信息交流等个性化文化信息服务。个性化文化信息服务是文化产业公共资讯平台重要的增值服务内容。

四、信息类型

（一）文化产业文献支持类信息

文化产业文献支持类信息主要提供各类与文化产业有关的文献数据库资源，包括综合类科学数据库、专利数据库、技术标准数据库、专业统计资料数据库、电子期刊数据库、学术论文数据库、科技数字图书馆等数据库资源。数据库资源是文化产业公共资讯平台的重要资源，也是公众获取文化产业专业信息的主要渠道。

（二）文化产业管理类信息

文化产业管理类信息主要包括政府职能部门信息、文化产业政策法规信息、文化产业管理机构信息等。文化产业公共资讯平台提供文化创新管理信息能为公众提供了解文化产业政策导向和相关政策的渠道，并帮助公众了解管理部门的职能和服务流程，方便其更好地与管理部门沟通和利用相关的创新扶持政策，促进文化创新活动的开展。文化产业管理部门也能通过平台收到公众对文化产业政策的反馈意见，改善公共文化服务水平。

（三）文化产业创新研发类信息

文化产业创新研发类信息主要包括文化企业研发中心、技术中心，以及高校、科研院所和重点实验室等文化创新研发资源的信息。这类信息通过分类梳理区域文化产业研发力量，有助于服务对象了解区域文化创新机构、创新人员、创新设备的功能和分布，帮助其解决寻找研发渠道的需求，促进相关研发资源的高效使用。

（四）文化产品产业化类信息

文化产品产业化类信息主要包括高新技术开发区、科技园区、特色工业园区中的文化产业类专业区域等文化产业创新区块的信息。文化产业公共资讯平台为服务对象提供创新产业化资源信息，能帮助拥有创新成果的文化企业、机构和个人了解相关园区的区位、定位、服务和政策等，促进文化创新成果的转化和产业化。

（五）文化服务类信息

文化服务类信息主要提供创新创业服务资源信息，包括文化企业孵化器、风险投资机构和各类文化产业服务中介机构的信息。文化产业从业人员或中小文化企业能通过对相关创新创业服务机构信息的了解，寻求技术、资金、法律、财会等各方面的文化产业创新创业支持，相关机构也能通过文化产业公共资讯平台寻找良好的合作项目。

（六）文化交易服务类信息

文化交易服务类信息主要提供综合性或者专业性的行业技术成果/产

品信息。通过网上技术市场、成果展示和交易网站，沟通文化科技成果供求双方的信息，利用网络资源降低文化产业科技成果转让、许可、授权等各类经济活动的成本，提高交易的速度和成功率。

（七）文化活动类信息

文化活动类信息主要传递各类大型文化产业活动的相关信息。帮助企业和产品开发人员了解各类会议或活动的时间、地点、联系方式等，及时参加各类重要的文化产业交流活动；或通过文化产业公共资讯平台发布的大会信息，获得最新的产业动态，了解行业最前沿的发展技术和发展方向。

五、平台模式

（一）信息资源的范围

根据信息资源的范围，文化产业公共资讯平台可以分为：

（1）综合文化信息平台模式：面向大众，提供一般性的文化信息，包括文化管理、文化活动、文化服务、信息发布等大众化信息服务。国家及省市的文化信息中心构建的平台属于这一类。

（2）专业文化信息平台模式：面向科研人员或特定行业，提供相关文献、成果转化、专家咨询等专业性的文化信息服务。例如，数字内容产业信息平台、影视产业信息平台、出版信息平台、旅游信息平台等，都属于专业文化产业信息平台的范畴。

（二）信息来源路径

按照信息来源的路径，文化产业公共资讯平台可以分为：

（1）信息数据库模式：自建或引进专业数据库，提供文化领域专业信息的查询服务，包括国外主流数据库 Lexis/. exis、Dialogue 等，以及国内的万方数据库等，信息数据相对标准化。

（2）信息导航模式：通过科学分类和导航，提供文化产业信息检索服务。通过建立与大学、科研院所、在线图书馆、搜索引擎、专业媒体等的链接，提高网上信息的有序性和可利用性。

（3）信息互动模式：通过平台促进信息交流，帮助服务对象发布、获取信息，实现文化资源的自我繁衍。

（4）综合模式：根据实际需求，综合数据库、信息导航和信息互动等功能。

（三）平台建设的投入主体

根据平台建设的投入主体，文化产业公共资讯平台可以分为：

（1）政府主导模式，即由政府投入为主建设的为大众和产业服务的公益性平台。这类平台在当前发展和建设文化创新过程中，是国家和地方文化产业公共资讯平台建设的重点之一。

由文化部文化产业司主导和主办的全国文化产业项目服务工程暨中国文化产业网就是一个国家级的为大众和产业服务的公益性平台，该网站委托深圳报业集团及其控股的深圳国际文化产业博览交易会有限公司建设运营。

全国文化产业项目服务工程主要采取建立国家文化产业项目资源库和文化产业项目投融资服务平台、制定文化产业投资指导目录、设立国家文化产业发展专项引导资金等措施，利用政府行政手段，整合全国文化产业资源，打造文化产业信息交流、项目合作、产品交易的综合平台，为各类资本依法进入我国文化产业领域提供全面、简捷、有效的服务。服务工程采取网下服务和网上运行相结合的方式。网下服务主要是履行政府行政部门为社会提供政策调节、信息服务的职能；网上运行主要依托中国文化产业网站，建立集工作平台、检索服务为一体的文化产业信息服务体系。

借助中国文化产业网这一平台，文化部将服务工程的主要内容——国家文化产业项目资源库搬上网站，面向社会和境外搞好服务。目前的中国文化产业网包括文化产业资讯、项目投融资，以及文化产品服务交易三大内容板块；产业政策、今日要闻、娱乐演艺、独家策划等十大资讯频道；非公有资本投融资项目、外资投融资项目、国内文化产业和服务项目等五大专业数据库；书画艺术、工艺美术、文化旅游等九个买卖实体平台和一个网上商务平台。网站以"专业、独家、权威"为总体要求，提供简体中文、繁体中文、英文三种版本，核心内容涵盖项目、产品、资讯三大类别。据不完全统计，新版启动至今，累计访问量 1 300 多万人次，独立 IP 覆盖亚洲、大洋洲、非洲、欧洲等洲的 115 个国家和地区。全国文化产业项目服务工程和中国文化产业网已经成为我国文化产业发展最重要的推动平台和对外窗口之一，为我国的文化产业资源整合和行业信息共享起到了示范和带动作用。

（2）行业平台模式，即由特定行业成员企业或行业协会建设的相关文化产业公共资讯平台，也可由中介机构来建设专业平台供行业共享。例如，中国动漫网就具有行业信息平台的性质。

（3）企业自建模式，即由业内主要文化企业根据自身需求建设并开展对外服务的平台。这类平台一般为企业自身服务，很少对外，但行业骨干企业的技术能力和创新资源往往保证了这类平台的创新水平。

（4）科研院所模式，即由研究机构根据文化信息生产情况建设的对外服务平台。科研院所为了扩大自身影响、提升在行业中的地位而建立，除了介绍本单位的成果、动态外，也把整个行业的相关信息及企业所需要的信息综合在平台中。

六、安全体系建设

文化产业公共资讯平台比较复杂，系统本身涉及重要的文化服务基本信息库。系统中存在大量的涉密信息，因此必须详细分析其安全风险，以便采取具有针对性的安全措施。目前可能存在以下安全风险：

（1）非法访问：未经授权使用网络资源，包括非法用户进入网络进行违法操作及合法用户未授权的方式进行操作，以及对关键数据信息的窃取、篡改甚至破坏。

（2）来自内部用户非法操作：出于对业务信息的探察、篡改、散布和针对网络系统和关键设备的恶意攻击的目的，系统内部具有一定合法使用权限的人员也存在恶意威胁信息资源和网络系统的风险，包括信息的复制、假冒、篡改、抵赖、未经授权的散布和恶意代码破坏，以及针对网络系统设备的黑客攻击等。

（3）网络传输过程中的数据窃取：数据在网络传输过程中有可能被非法侦听窃取，尤其是通过公众网进入系统的连接容易遭到数据窃取。

（4）大量用户通过互联网访问系统：这容易造成数据泄密，引入病毒和恶意代码。

（5）病毒、恶意代码：病毒和恶意代码越来越多，越来越狡猾，这种风险非常高。

（一）安全需求分析

进行安全需求分析的目的是为了确定信息系统的安全要求，有针对性地采取安全措施，从而更好的实现整个系统的顺利、稳定运行。根据文化产业公共资讯平台的情况，主要的安全需求包括：

（1）用户管理：建立适合文化产业公共资讯平台的用户管理系统，实现对全网络用户的身份认证。用户对文化产业公共资讯平台系统中各个应用系统进行访问时需进行用户身份认证。

（2）访问控制：建立统一的符合国家规定的访问控制机制，实现信息受控访问。

（3）防病毒：全网建立高强度的网络防病毒体系，实时监控和查杀病毒。

（4）灾难备份和恢复：在数据意外损失的情况下能够最快地恢复系统运行。

（5）本地安全：对含重要内部信息的文档资料进行的加密保护。

（6）操作系统安全：保证关键计算机使用操作系统的安全性。

（7）网站安全需求：确保网站主页不被非法篡改，能够抵挡网络攻击行为。

（8）外联监控：监控受控计算机是否非法连接互联网。

（9）设备维护：必须保证所有设备正常运行，尽量减少安全漏洞。

（10）安全制度：必须建立适当的安全制度才能保障系统安全性。

（11）安全管理：保障系统信息的安全保密不仅要靠技术实现，安全管理也是非常重要的一个环节。

（12）安全培训：必须掌握一定的安全基础知识，才能保证设备维护和安全管理正确到位。

（13）安全服务：在需要相当专业化知识的情况下，需要由专业公司提供安全服务。

（二）安全系统集成原则

文化产业公共资讯平台系统的安全建设应遵循以下原则：

（1）安全为应用服务的原则。考虑安全性，一定要以应用为龙头，要保障应用的可用性和易用性，要遵循安全为应用服务的原则。

（2）一体化原则。要实现文化产业公共资讯平台系统的互联互通，实现信息资源共享和信息资源交换无障碍，安全建设必须坚持统一安全标准、统一安全规划、统一安全管理的原则。

（3）需求、风险、成本相结合原则。没有绝对的安全，除了技术措施外，管理措施对安全也很重要。因此，安全建设必须坚持满足安全需求、风险与成本相适应的原则。

（4）可扩充性原则。安全风险越来越大，安全技术越来越先进，没有不变的安全措施。因此，安全建设要考虑可升级性和可伸缩性。

（5）先进性和成熟性相结合的原则。先进性和成熟性是一对矛盾，既不能放弃成熟性一味追求最先进的技术，也不能只顾成熟性而选择老旧的技术，必须选择当前的主流技术。

（6）严格过程控制原则。在安全系统集成过程中，对每一个过程都要有详细的实施计划。

（7）保证质量原则。这里提到的质量包含两个意思，其一是保证工程质量，其二是保证安全质量。在整个集成过程中要做好质量控制和编好质量文件，做到质量工作的闭环控制。在集成过程的每一个阶段都要进行相应的评审，软件本身的质量也要得到有效的控制。

（8）实施监理制度的原则。第三方的安全监理可以保证工程质量评价的客观性。

（9）符合法律法规的原则。

安全保密设备选型、安全技术方案要符合国家和地方出台的各种法律法规。

（10）技术与管理相结合原则。安全不能只靠技术，再好的技术都要依赖人的良好管理才能发挥作用，优秀的安全管理可以弥补技术的不足，优秀的安全技术可以减少对人为因素的依赖。

（三）集成内容

建立完整的文化产业公共资讯平台系统的安全机制，包括：

（1）身份认证机制。为了保证信息的合法访问，建立统一的认证网关和授权管理系统。在数据交换平台中，主要有两类操作涉及身份认证和授权访问控制。一种是对接入的业务系统（即接入用户）的身份认证和授权访问控制，当一个业务系统通过应用适配器或者调用应用集成服务器系统的 JAVA API，向数据交换平台发送数据或者从数据交换平台读取数据时，必须要提供身份信息（用户名/口令、CA 证书），数据交换平台进行身份认证和权限检查，被授权的合法用户才能将操作完成；另一类是对系统管理人员的身份认证和访问控制，用户登录到管理平台，进行系统管理，必须经过系统的身份认证和授权访问控制。

（2）访问控制机制。访问控制又称权限管理，特指在信息系统中，用来确保只有被授权用户才能访问敏感信息的机制。

访问控制模型是研究者抽象出来用以描述访问控制机制的一套概念和规则。20 世纪 60 年代的任意访问控制（Discretionary Access Control，DAC）模型和 70 年代的强制访问控制（Mandatory Access Control，MAC）模型的迅速发展，带动了访问控制模型的研究。90 年代之后，基于角色的访问控制模型（Role Based Access Control，RBAC）逐渐成为访问控制模型的主流。美国国家标准机构（NIST）在 2003 年初发布了 RBAC 的参考模型，标志着 RBAC 已经取得统治地位。RBAC 在资源和用户之间增加角色层，使用户不直接和权限关联，可大大减少因用户频繁更改而导致的维护工作。为了保障企业在获取和处理信息时的信息安全性需要建立一套信息访问控制机制。

（3）完整性检测机制。网络安全是一个系统的概念，有效的安全策略或方案的制订，是网络信息安全的首要目标。网络安全技术主要有认证授权、数据加密、访问控制、安全审计等。入侵检测技术是安全审计中的核心技术之一，是网络安全防护的重要组成部分。入侵检测作为一种积极主动的安全防护技术，提供了对内部攻击、外部攻击和误操作的实时保护，在不影响网络性能的情况下能对网络进行监测，提高了信息安全基础结构的完整性。

（4）计算机病毒机制。计算机病毒（computer virus）是指编制或在计算机程序中插入破坏计算机功能或毁坏数据，影响计算机使用并能自我复制的一种指令或程序代码。它具有可隐藏性、可激发性、可潜伏性、可传播性和巨大的危害性等特征。特别是在网络环境下，计算机病毒更加易于传播，极可能对主干网络造成堵塞和中断，严重破坏信息基础设施的正常运行，威胁国家安全和社会稳定，它已成为现代社会的新型"公害"。如何以法律手段对计算机病毒的危害加以防范，一直是各国关注的焦点。因此，要充分发挥监管机构的主动性行政行为优势，广泛应用经济、管理、技术等手段，包括限制、禁止、取消、有限例外、许可授权、报告、检查、公告、评价等，达到最优的监管效率。

（四）P2DR 模型整体安全策略

安全策略应当以系统的核心价值为出发点，结合系统涉密状况及具体安全需求，以相关政策法规为基石，综合考虑技术实现及管理措施，符合系统自身特点，有针对性地制定，以保证其切实有效。

传统的防御策略是，采用诸如防火墙、加密、身份认证以及访问控制、操作系统加固等静态安全防御策略。这种防御措施在一定程度上起到了很好的作用。然而，随着入侵技术的不断发展、攻击手段与方法的日趋复杂化和多样化，这种被动的、静态的安全防御体系已经无法满足当前安全状况的需要。因此，引入入侵检测和响应技术，构建动态的安全模型具有重要的实际意义，因而提出了著名的"可适应网络安全模型"和"动态安全模型"，即 P2DR 安全模型。

P2DR 模型是在整体的安全策略（Policy）的控制和指导下，在综合运用防护工具（Protection，如防火墙、身份认证系统、加密设备）的同时，利用检测工具（Detection，如漏洞评估、入侵检测系统）了解和判断系统的安全状态，通过适当的响应（Response）措施将系统调整到最安全和风险最低的状态。防护、检测和响应组成了一个完整的、动态的安全循环。而入侵检测系统正是 P2DR 模型中重要的组成部分，它以主动的方式，通过检查网络和系统内部的数据的异常情况来发现可能存在的入侵行为，并进行报警或主动切断入侵通道。这不仅可以防止来自于外部的攻击，还可以发现内部人员的非法行为，弥补了其他静态防御系统的不足。

从文化产业公共资讯平台系统的具体情况分析，整体安全策略应包括下列几点：

（1）网络建设与安全建设应同步进行，以应用促进发展，以安全保障应用。

（2）对网络、应用及安全保密建设都应统一规划，逐步实施。

（3）完善网络安全保密技术防护措施，实现多层面的纵深安全防御体系。

（4）建立健全安全管理体制，有效辅助、保障系统安全保密建设。

（5）为系统的后继安全保密强化提供切实有效的服务保障体系。

（五）安全体系结构

完备的安全体系是文化产业公共资讯平台系统安全建设的基础，综合考虑各种可能影响系统安全的风险因素，整体规划，统一实施，将各种安全技术与安全管理体系相结合，才能真正有效地保障网络系统的安全。

一个完整实用的安全体系，应当包括整体安全策略、安全技术、安全管理及后续安全服务保障四个组成部分。整体安全策略作为系统安全的基础，为安全保密建设提供指导；安全技术是网络安全保密的具体实现措施；通过行政手段实现的安全管理是对系统安全保密建设的辅助手段；而后继安全服务保障是系统安全保密不断发展强化有效的支持保障（见下图）。

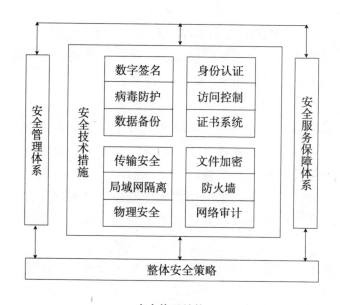

安全体系结构

七、评价指标体系

（一）评价原则

文化产业公共资讯平台建设是一项跨地域、跨部门、跨行业的建设工程，目的是要整合现有文化产业相关信息资源、改善整个文化产业系统运作环境，提高文化产业系统运作效率。因此，牵涉众多文化产业相关信息资源的资产重组和数据接口开放等问题。这些特征共同决定了竞争力评价指标体系构建与评价过程中必须遵循一些原则。

1. 指标的全面性和实用性相结合

随着信息技术、计算机处理技术、网络技术、数据通信技术的升级和客户服务水平的提高，文化产业公共资讯平台的功能不断地发生动态变化。所以，文化产业公共资讯平台的功能评价应该是一个系统的追踪过程，评价的指标体系应具有一定的拓展和适应能力。同时，出于不同的评价目的，设定不同的评价范围，且基于特定的数据基础，评估采用的指标数量应该有所不同。因此，评估指标体系应具全面性和实用性的特征。

2. 指标的系统性原则

文化产业公共资讯平台的功能强弱由自身性能情况、管理水平、创新及知识管理能力等决定，同时也受到外部环境的影响，是所有要素的组合效应的反映。因此，文化产业公共资讯平台的功能评估就必须采取系统设计、系统评估的原则，才能全面、客观地作出合理的评价。

3. 指标的可行性原则

文化产业公共资讯平台指标体系的设置应将尽量与现行的计算机行业指标、统计指标、业务核算指标统一，使评价指标所需要的数据易于采集；指标体系要简繁适中，计算、评估方法简便、明确、易于操作；各项评价指标及其相应的计算方法、各项数据，都要标准化、规范化。因此，要求设计的各指标必须与各类文化企业经营活动的实际情况吻合，系统科学地反映文化产业公共资讯平台的功能全貌。

4. 指标的科学性

评价指标体系是理论和实际结合的产物，它必须是对客观实际的抽象描述。文化产业公共资讯平台涉及的因素很多，如何对其进行高度的抽象、概括，如何在抽象、概括中抓住最重要、最本质、最有代表性的东西，是设计指标体系的关键和难点。

（二）平台功能评价指标体系

对文化产业公共资讯平台功能的评价，如果从技术特征的角度来构建指标体系，则具有更大的定性性，增大了研究的不确定性。因此，选择从文化产业公共资讯平台的信息处理特征的角度来构建评价指标体系。结合文化产业公共资讯平台对信息的高度共享、集成及各行业子系统的协作的特点，其功能的评价主要从业务指标、管理层面两个方面来进行。

1. 业务指标层面

文化产业公共资讯平台业务指标层面的功能主要集中在产业信息的采集、处理、组织、存储、发布和共享等方面，主要评价平台自身的性能。具体评价指标体现如下：

（1）信息准确性。文化信息从采集、处理到发布给用户，文化产业公共资讯平台应提供具有所需精度的正确或相符的结果。

（2）适用性。文化产业公共资讯平台必须明确服务对象，提供的功能、操作要有强烈的针对性，用户需求目标与平台任务应高度一致。

（3）互操作性。互操作问题并不是文化产业公共资讯平台所独有的问题，其他系统如交通管理系统也存在这样的问题。在平台体系结构中，可互操作性（Inter-operability）是指在一个系统中不同的用户组件是否可以协调工作。互操作性在本质上是伴随着不同系统和结构的计算机间相互通信而出现的问题。可互操作性的含义不仅仅是技术层面的，更多的是服务层面的。对各个信息平台的客户通过一定的技术手段屏蔽各异构数据库（源）或分布的成员间的差别，需要为用户提供统一的检索界面，由系统自动执行跨平台的检索，对于系统不同的信息格式进行转换，并向用户提供最优显示，从而实现系统具有可互操作性。用户需求的满足往往需要查询多个子系统才能完成。如何对屏蔽分布的各子系统间的差别，提供统一的检索界面和检索技术，由系统自动执行跨平台的检索，在系统间不同的检索方式等方面进行转换，就是互操作所要解决的问题。

（4）系统的安全保密性。文化产业公共资讯平台应具有保护信息和数据的能力，以使未授权的人员或系统不能读取或修改平台内的数据。另外，数据传递也应该按照用户权限发送，适当的权限只能看到适当的信息。

（5）信息全面性。文化产业公共资讯平台是文化产业信息库和文化产业知识库。文化产业信息的发布包括产业资讯信息发布，产业市场信息发布和产业人才信息发布。通过这些信息及时准确发布能够让用户把握最新的文化行业发展动态和文化创新动态；能够及时地将文化产品交易市场通过虚拟的互联网联系起来；能够将全国各地的文化产业人才通过信息平台汇聚起来；文化产业知识库能够向用户提供全面的文化产业知识，包括外贸、海关、保险、质检、税务、外管、投资、法规等方面最基本的知识。信息平台应具有这些信息集合性，并考察其信息容量。

2. 管理层面

（1）专业性。文化产业公共资讯平台服务主要表现为网上交易功能及产品跟踪与查询。网上交易能提供买卖双方进行网上文化产品商业活动的交易平台，例如区域性电子购书系统，网上音乐交易系统和网上影视观看系统。产品跟踪与查询主要实现对交易业务的跟踪和查询，例如购买单证跟踪与查询系统、产品动态查询系统、在库商品数据查询系统、货运跟踪与查询系统、邮政物流跟踪与查询系统等。

（2）智能性。它具有配送功能，如线路的选择、配送的发送顺序；计算机辅助存储决策等。

（3）标准性。它有利于推进文化产业信息标准化。我国信息化基础薄弱，至今仍未很好地解决信息标准化问题。文化产业公共资讯平台为文化产业信息标准化提供了一个好的"试验田"，可以通过这个平台来充分调动企业的积极性，逐步推动文化产业信息标准化建设。

参考文献

［1］中华人民共和国国民经济和社会发展第十一个五年规划纲要.

［2］国家"十一五"时期文化发展规划纲要.

［3］2006—2020 年国家信息化发展战略.

［4］中共中央、国务院关于推进社会主义新农村建设的若干意见.

［5］文化部、财政部关于进一步加强全国文化信息资源共享工程建设的意见.

［6］中共中央办公厅、国务院办公厅关于进一步加强农村文化建设的意见.

［7］少数民族事业"十一五"规划.

［8］温家宝. 全国人大十届五次会议政府工作报告.

［9］奚旭初. 公共文化资源回归的足音. http：//www. ccmedu. com/bbs47_ 46364. html. 2007 - 06 - 17.

［10］王孝坤. 物流公共信息平台需求分析及其系统定位研究. 交通

与计算机，2007（2）.

　　[11] 张洁. 武汉市便民服务信息平台的安全体系建设. 湖北经济学院学报，2007（6）.

　　[12] 卢云帆. 公共物流信息平台功能评价指标体系构建. 价值工程，2006（10）.

　　[13] 吴其川. 公共科技资源信息平台建设的基础理论研究. 杭州科技，2007（1）.

　　[14] 王文丽. 城市电视台如何建立以媒资管理系统为核心的数字化综合信息平台. 中国有线电视，2007（2）.

课题组成员名单

课题负责人：

叶　朗　全国政协常委，北京大学文化产业研究院院长、教授

课题组成员：

陈少峰　北京大学文化产业研究院副院长、教授

王筱芸　北京大学文化产业研究院特约研究员，中国社会科学院文
　　　　学所研究员

周城雄　北京大学文化产业研究院学术研究部主任、博士

钮沐联　北京大学文化产业研究院信息中心副主任、助理研究员

中国城市文化竞争力及其评价指标

南京航空航天大学国家文化产业研究中心

◆ 128　前　言

◆ 128　一、城市文化及其竞争力体现

◆ 130　二、城市文化竞争力的几个案例——历史与现实的反思

◆ 137　三、城市文化竞争力的界定

◆ 140　四、城市文化竞争力的指标体系

◆ 146　五、城市文化类型——城市文化功能的不同定位

◆ 149　六、进一步的研究

◆ 149　课题组成员名单

前　言

　　城市从其起源之初就是创造、传播和传承文化的重要载体。社会愈加发展，人们对城市愈加依赖，城市文化传承、创新和文化生产与服务的功能也就日益重要。随着人类的精神需求日益快速增长，人类对城市提供的功能需要也日益多样化、高级化。城市已经不仅仅是满足人类物质生产和生活需要的工具载体，更加成为人们精神的家园。

　　中国正在进入城市化进程的快速发展阶段，据国家统计局 2007 年 9 月 26 日发布的《从十六大到十七大经济社会发展回顾系列报告之七：城市社会经济全面协调发展》提供的数据，2006 年全国城市总数达 661 个，城镇人口 5.77 亿，占全国总人口的 43.9%。然而在城市化进程中存在着一些误区，导致在大规模城市化的同时，存在城市文化传统和个性的丧失，陷入千城一面的怪圈。

　　全球化和城市化进程进一步加剧了城市文化的角逐。城市文化竞争力是一个城市的魅力所在，城市的个性、形象和品牌是一个城市区别于其他城市并能够脱颖而出的重要因素。但是，对于城市文化的研究严重滞后于城市发展的需要。大量关于城市竞争力的研究过于关注经济方面的投入产出指标，低估、忽视了文化的本质特征，以及不同类型城市在文化传承和创造方面的差异性。

　　纵观世界各国名城，可谓千姿百态，既有如纽约等经济和文化混合型中心城市，也有如威尼斯这样没有什么工业元素的文化古城。如果仅仅衡量经济指标，丽江可能无法与迅速崛起的东部小城镇相提并论，排名也恐怕要名落孙山，但是若论文化魅力，情况就完全不一样了。GDP不是城市唯一的主题，文化却是城市不可或缺的永恒旋律。城市文化竞争力不是文化要素的主观抽象，更不是统计数据的简单替代。因此，对城市文化竞争力的内涵、决定因素及其作用机理的研究已经迫在眉睫。

一、城市文化及其竞争力体现

　　文化从广义上讲，是人类在社会实践中所创造的一切物质与精神财富的总和。"人类学之父"泰勒（E. B. Tylor）将文化定义为："就其广泛的民族学意义来讲，是一复合整体，包括知识、信仰、艺术、道德、法律、习俗以及作为一个社会成员的人所习得的其他一切能力和习惯。"在中观意义上，文化是指社会的意识形态以及与之相适应的制度和组织机构；从微观层次讲，文化是指文学艺术、广播电视以及各种社会性、群众性的娱乐性活动的总和，也就是通常文化部门管理的基本范畴。本文研究的对象"城市文化"，于人口、地理和内容上都是一个中观的概念，是指特定的城市区域内的社会的意识形态以及与之相适应的制度和组织机构。

文化的竞争力何以体现？概括地说，文化竞争力是一种软实力，是各种文化因素在推进社会发展中所产生的凝聚力、导向力、鼓舞力和推动力。文化竞争力主要体现在文化传承和文化创新的统一。文化的自我传承和延续是一个国家、民族或者城市文化生存的根本。文化传承同时包含了继承和传播，继承是代际之间的文化延续，传播是空间范围的文化扩散和文化生态意义上的繁殖；两者都是文化传承力的表现。文化创新是文化自身发展的内在要求，是文化传承和文明进步的统一。任何自成体系的文化都是一定时代的人的创造物，是时代性与传统的有机统一体。

文化传承和创新并不是空泛的概念，文化往往通过建筑、教育、文学艺术、各种传说习俗等不同形式刻画人类文化活动的内容，以丰富多样的形式保留、继承文化并加以传播和创新。文化竞争力通常表现在不同文化形式被传播、知晓的范围，以及被接受、认同的程度。因此，在不同的时代，文化竞争力表现为一定生产力和技术条件下文化生产的方式和规模，也即文化生产满足人们精神文化需求的能力。

艺术经济史的研究表明，早期的文化活动主要是通过国家赞助的形式推动的，仅为少数贵族阶层服务。随着社会分工细化和生产力提高，文化市场逐步形成和发展，文化从皇家赞助的单一模式，逐步转变为皇家赞助、私人赞助和市场等多种方式并存。工业革命以后，技术进步和社会分工促使文化工业的出现，文化生产方式发生了根本的转变，人类精神需求不断增长，人类精神经济时代到来。在精神经济时代，文化对经济作用体现为两大特征：一是文化的产业化，即文化产业的迅猛发展；二是产业的文化化，即文化要素对经济的渗透，产品的竞争以知识、品牌、名声和创意等精神要素为核心资源。此外，文化与科技的结合，催生了一批新兴文化产业，为文化竞争提供了新的载体和平台。因此，文化生产力不但表现在国家对文化事业的投入，而且综合体现在文化的产业化、产业的文化化以及文化与科技结合等诸多方面。

二、城市文化竞争力的几个案例——历史与现实的反思

自起源之初，城市就是一种文化的象征，城市的发展过程就是城市文化进化的过程。早期的"城"和"市"是分离的，城，是指统治阶层居住的城堡、城郭，其功能主要是军事防御；市，是指集市和交易。在中国，直到春秋时期，城与市才结合在一起。《考工记》载："匠人营国，方九里，旁三门，城中九经九纬，经途九轨，左祖右社，前朝后市，市朝一夫。"意思是宫殿位于王城中央最重要的位置，将太庙和社稷置于左右，说明西周时君权已凌驾于族权、神权之上，中国宫殿的总体格局已大体初定。这对中国历代帝王都城建设产生了重要的影响，奠定了中国古代城市是政治性城市的特质。[①] 让我们回顾城市文化发展历史的一些案例，或许会给我们对城市文化竞争力形成原因和具体体现在何处有更深入的理解。

（一）北宋开封

北宋定都开封，掀开了开封在中国古代都城发展史中最灿烂的一页，作为当时中国、也是世界上最大、最繁荣的城市，在中国古代都城发展史上起着承前启后的作用。

1. 政府公共文化设施投入对城市文化的推动

北宋官方对公共文化大力投入，在古代生产力水平不高和社会分工没有十分深入的条件下，皇家的投入对城市文化形成和发展是十分必要的，其功效表现在以下几个方面：

（1）完善的公共基础设施。开封原为战国时期的魏国，五代时期后梁、后晋等国的都城。至后周世宗对开封进行了大规模的扩建改造，并整顿市容，植树建井，美化环境。以至于水陆交通，特别是水运，四通八达，对开封能够成为国都和全国第一大城市起了极大的作用。北宋政

---

① 李向民：《中国艺术经济史》，江苏教育出版社 1995 年版，第 47 页。

府继承和发扬了这种好的做法，将开封建设成了一座世界第一流的繁华都市。当时开封有三重城垣围护，皇城居中；外为内城，坐落在外城的中央，为商业与居民区；再外为外城也是商业区和居民区，周长 50 余里，为文化市场的发达创造了条件。

（2）园林景致和历史名胜。当时开封城中人工雕琢的名胜古迹为数不少。它们大致可以分做三类：第一类是皇室的宫殿，除大内的诸宫殿外，有寿圣宫、龙德宫、延福宫、景灵宫等别宫；第二类是皇室贵族的园圃，总共不下百余处，著名的有玉津园、芳林园、下松园、药朵园、奉灵园等；第三类为寺、观、庵、庙、祠堂等，共有寺五十余处，观二十余处，祠堂和庵庙院等六十余处。①

（3）专业娱乐场所"瓦舍勾栏"应运而生。据孟元老《东京梦华录》记载，崇宁、大观（1102—1120）以后，瓦舍勾栏遍布汴京全城，其中著名的有：朱雀门外新门瓦子，城东南桑家瓦子及与之毗邻之中瓦、里瓦，旧曹门外朱家桥瓦子，梁门西边州西瓦子，相国寺南保康瓦子，旧封丘门外州北瓦，宋门外瓦子等。这些瓦子均有相当规模，比如桑家瓦子、中瓦、里瓦等拥有"大小勾栏五十余座"，不少勾栏棚"可容数千人"。②

（4）官办机构。各类官办文化机构包括：①画院。宋朝继续设立画院并加以扩大，成立了翰林图画院。②国子监是官方图书出版与管理机构，促进了图书印刷发行行业的发展。③教育机构。当时开封为世界经济、文化交流的中心，聚集了大批知识分子，世界上最大的大学——太学设置于此。太学与书院形成了北宋教育机构的特点。

2. 城市文化的开放和创新

首先，城市的开放性体现在城市布局和管理方面。宋代以前的城市，实行坊市分离制度，城市被划分为若干个坊、市的封闭单元。坊门和市门有专人管理，有严格的区域活动划分，实行宵禁。北宋在格局上打破了传统的坊、市界限，时间上也突破了前代的限制。后至太平兴国五年（980 年），东京的主要街道景阳门大街出现了"侵街"现象，以及早市、夜市。坊市制度的崩溃，彻底改变了城市的封闭格局。

---

① 杨俊博：《北宋东京旅游业初探》，《河南机电高等专科学校学报》，2006 年第 1 期，第 63～64 页。
② 张大新：《瓦舍勾栏的创设与宋杂剧的蜕变》，《河南大学学报》，2005 年 11 月第 4 卷第 6 期，第 10～14 页。

其次，统治阶层对文化的兼容并包态度，促进了城市文化的多元发展，增强了文化的融合力和包容性。城市文化除了"阳春白雪"般呈现出空前的繁荣外，民间百伎、曲艺等大众娱乐文化也非常活跃。在价值观上，冲破了"农本工商末"价值观念的束缚。"京城资产百万者至多，十万而上，比比皆是。"官僚、贵族也争相开店，古代官场以商为耻的思想，已被冲得干干净净。

再次，商业的发达和社会分工深化，使得市民结构发生了改变，社会关系发生变化，城市中大量的文人士子以及三教九流构成了广大的市民阶层，以行会、社团为组织形式的市民阶层更加主动地参与到城市文化活动和文化建构过程。

最后，开封四通八达，城市人口流动性大，对外文化交流活跃。瓦舍勾栏的开放性和商业化，使得雅俗文化相互交融。

3. 文化产业与城市经济泛精神化

北宋开封文化市场非常繁荣，绘画、歌舞百戏、曲艺、艺术品交易等文化市场空前活跃。成熟的商业化运作的瓦舍勾栏，汇集了百戏伎艺，形成一个有序竞争的文化市场。城市文化的巨大吸引力，促进了城市文化旅游业的发展，诸如宗教寺庙旅游，以发达的瓦舍勾栏和演艺为基础的节庆旅游，以及商贸往来的商务旅游等十分发达，出现了专职的导游——"闲人"。

随着商品生产的发展，城市社会生活和经济活动日益泛精神化，文化对各行各业渗透加强，饮食文化、时尚服饰文化繁荣，市民的夜间生活相当丰富。"第宅园圃，服食器用，往往务天下之珍怪，极一时之鲜明"；甚至直接模仿王公和宫廷，"异服奇器，朝新于宫廷，暮仿于市井"。[①] 据《东京梦华录》记载，东京城被称为"正店"的大酒楼就有"七十二户"，大酒楼为了招徕顾客，不惜工本装修店面，店名上也体现了高雅和文学性，地方风味的食店也发展起来；宴游盛行，尤其是在元宵观灯、清明踏青、重阳登高等传统节日里，豪贵之家常常大摆筵席，以会亲友，诗人才子吟诗咏曲。

4. 文化传播：贸易、文化交流

宋代开封城市文化对外交流和传播十分深远广泛。一是开封优越的

---

① 戴庞海：《北宋东京的行会与商人的经营理念》，《协商论坛》，2007年第8期，第46页。

地理位置和发达的商业，促进了与各地区和各国的商贸往来，文化透过商品贸易和商人客旅得以远播；二是各国使者前来进贡和觐见，以及文化交流活动频繁；三是印刻技术和图书发行业及教育事业的发展，促进了文化思想的传播和交流。

（二）江南都市和近代的上海

与北方唐代长安、洛阳，北宋汴梁等中心城市文化与政治中心功能的统一不同，江南城市呈现出独有的文化魅力。南宋临安是江南都市文化走向成熟的第一个表现形态，明清南京是江南都市文化繁盛形态。1595 年，利玛窦到达南京，他的第一感觉就是南京的秀丽和雄伟超过了所有其他的城市。富裕的江南地区不仅在经济上支持着整个国家机器的现实运转，同时它在意识形态、精神文化、审美趣味、生活时尚等方面也开始拥有"文化的领导权"。到晚清同、光之后的上海，则表现出城市文化的延续性、前卫性、典范性。

"东南五口"在开埠前夕，在全国的地位还不很重要，开放以后，并没有造成五个新的商业中心，而是形成了上海一枝独秀的局面，成为东方巴黎。上海都市文化在近现代迅速崛起的原因除了发达的航运和优越的地理位置外，还有更深层次的原因：

第一是与北方都市文化主要依托于政治利益的需要不同，江南都市文化文化生产和审美趣味以文化生产与消费为中心，如扬州八怪与盐商的关系等。上海继承了江南都市的传统，同时，由于天然的地理位置使之成为中西文化交流、对话的平台，城市具有高度开放、包容性和很强的吸收能力，是晚清以来兴起的留学新潮的出发点与归宿地，吸引了大批新型人才。

第二是依托和吸收了江南地区雄厚资本与丰富人文资源，形成了以海派文化为基本象征的中国都市文化的一个基本象征。

第三是优越的地理优势、良好的文化环境和人才优势，商业和工业的发展吸引了大量的移民，形成巨大的文化消费市场，为现代城市文化的形成提供了强大的支撑。各种成文不成文、正式非正式的"制度"、"惯例"、"习俗"、"行事作派"在市场诱导中悄然变迁。多元文化价值观进一步使得自由竞争意识、冒险意识、效率意识、时尚等成为海派的核心要素。

第四是城市文化产业和文化事业的发展，教育、报业、出版发行、娱乐业等迅猛发展，兼之城市文化具有更较强的国际亲和力，促使上海成为全国乃至亚洲文化的中心。

（三）西方城市米兰、维也纳和威尼斯

西方城市发展在历史上经历了四次高潮。第一次是公元前 5 世纪的古希腊城邦社会；第二次是公元 11、12 世纪欧洲封建社会初期与中期之交，由意大利的城市复兴首先开始，巴黎、莫斯科等大城市都是在这次高潮中形成的；第三次就是近代工业革命以后，18、19 世纪的城市发展高潮；第四次是 20 世纪以来的，随着世界全球化的进程，出现了很多世界性城市。这四次城市发展高潮有不同的形式、规模和特点。众所周知的巴黎、伦敦自不必言说，我们可以从一些不同特色的城市一窥城市文化对城市综合竞争力的贡献。

1. 米兰

米兰始建于公元前 4 世纪，第二次世界大战期间，毁损严重，战后重建。米兰虽然为意大利的第二大城市和经济之都，但是使米兰闻名于世的却主要是由于米兰是"时装之都"，以及这座城市在创新能力、国际化程度、人力资本、基础设施、文化艺术等方面表现出来的城市文化综合实力。

（1）历史文化资源的保护和传承。米兰和其他意大利文艺复兴时期的城市一样，其城市文化的形成，首先得益于意大利政府对城市历史文化资源的积极而灵活的保护政策。虽然大部分历史景点经营是亏损的，但是，各级政府深刻地认识到传统文化在树立意大利形象，参与国际竞争，抵制"文化霸权"，以及促进现代社会全面发展方面的作用，形成了公共部门负责保护文化遗产、私人和企业经营管理这些资源的模式。米兰延续了其悠久的文化传统，平均每年有 1 500 场古典音乐会，400 场芭蕾舞剧和其他 1 000 场各类演出。历史文化资源与休闲旅游、会展旅游、各类演艺活动等有机结合，展现了城市传统文化的魅力。

（2）时尚之都——文化的传播者。米兰是著名的"时装之都"，吸收并延续了巴黎高级时装的精华，并且融合了自己特有的文化气质，创造出了高雅、精致的风貌，充分反映民族性的艺术风格及简洁利落的实用功能，成为流行界深受瞩目的焦点。发达的展览业和商业中心成为世界时装的销售中心，这里汇聚了国际时装品牌，形成了最新时装展示发布和商业销售的有机结合，塑造了时尚文化的传播中心，让米兰得以透过其时装业，不断向世人传播和发散现代文化与时尚的潮流。

（3）城市转型。米兰是工业革命时期发展起来的工业化城市，进入后工业时代，在城市迎接转型机遇同时，也面临着如何将文化传统、工业转型和城市文化创新有机结合的问题。通过对传统单功能重工业区的成功改造，在保持城市建筑特色协调的基础上，将工业区改造为集办公、商务、居住和娱乐为一体的综合区，形成新的区域文化主题，成功地实现了城市转型。如今，米兰既是一个历史悠久的文化之都，也是时尚之都和经济中心。

（4）创新、人力资本与国际化。米兰是国际城市，拥有发达的商业、对外贸易、金融、时装和会展等，国际跨国企业数量占全国的1/3，产业全球化程度高。目前，米兰的科技创新力、国际化程度在欧洲排名都位于前列，而高素质的劳动力资源为米兰发达的服务业提供了人力资源的支撑。

2. 维也纳

历史文化之都维也纳处于欧洲的心脏地带，占据了极其重要的地理位置，是连接东西欧的交通枢纽和来往于波罗的海和亚得里亚海之间的重要通道。和一些传统城市不同，维也纳没有因为其地理优势而成为经济和工业重镇，城市的工业区被规划到东北郊和南郊，城市主城区保留了完好的历史风貌。历史遗迹和博物馆、市政厅、国会、大学和国家歌剧院等重要建筑构成了城市的天际线，公园和广场上矗立着音乐大师的雕像及以音乐大师命名的街道、礼堂、会议大厅等，形成了欧洲最美的城市通道，使整个城市焕发着浓郁的文化气息。这个城市凭借其优美的自然景色和优越的文化艺术禀赋，成为欧洲最古老和最重要的文化、艺术和旅游城市之一，是举世闻名的音乐之都和国际旅游胜地。

3. 威尼斯

无独有偶，在"水上都市"威尼斯，这座小城绽放着充满诗意的梦幻。与世界上其他负有盛名的水城如曼谷、阿姆斯特丹、斯德哥尔摩相比，威尼斯不仅以泽国风情浓郁著称，更以对历史文化建筑及艺术杰作和文化名城的整体性保护而驰名，不仅保持了自身的地域特色和整体风貌，而且将它统一于城市的肌理中。例如：威尼斯游人如织，却无车马喧闹，交通工具是环保而又有情调的船。

独特的城市个性和明确的定位，不但吸引了大批世界各地的观光者，而且促进了商业的发展，赫赫有名的威尼斯狂欢节、精细卓绝的手工制品成为商业发展的驱动力。威尼斯以其独特魅力不断吸引影视产业资源进入，成为国际电影产业中心，1932 年举办的威尼斯电影节是世界上第一个电影节。

（四）小结

综上所述，首先，城市是时间和空间上都高度集中的社会关系的综合。城市竞争力在于文化和经济功能的统一，提供精神和物质协调的空间。城市在保存、留传文化的同时，也在创造文化。历史上北宋开封，乃至江南都市和近代上海的发展，说明了城市文化对城市社会分化、交往关系和经济发展模式具有深远的影响，城市文化在继承的同时也被城市活动主体不断重建。"一个城市的规模和复杂程度与它所集中和流传的文化之规模与复杂程度有直接关系"，"人类社会的文化成就、文化积累越是广博、丰厚，就越显示出城市组合、发挥这些文化成果中的重要作用"。①

其次，独特的城市文化形成的原因可以不同，中西方城市发展的功能、结构和定位也有差异，但是其共同的特点在于城市文化多元性和丰富性。城市可以因为经济和地理的因素而有规模大小的差别，但这并不一定就决定了城市文化竞争力的大小和等级。城市文化与城市本身特有的政治、经济、环境、历史等条件结合，是城市文化自觉和形成文化个性的基础。城市文化竞争力取决于文化的定位和个性，米兰、维也纳、威尼斯为我们提供了文化个性对城市发展和城市转型的决定性作用。如：伦敦提出了"世界卓越的创意和文化中心"的城市战略；纽约的目标是"促进和保持纽约文化的可持续发展，提高对经济活力的贡献度"；新加坡则力争"成为一个充满动感与魅力的世界级艺术城市"；香港提出立足"一本多元，创新求变，在中国文化基础上，开拓国际视野，吸取外国优秀文化，将香港发展成开放多元的国际文化都会"。

最后，城市文化不是凭空概念，它最终要落实在城市规划、基础设

---

① 刘易斯·芒福德：《城市发展史——起源、演变和前景》，宋俊峻等译，中国建筑出版社 1989 年版，第 413～417 页。

施、文化事业、文化产业、经济结构、人口结构等方面。城市文化的内涵具有丰富的内容和层次，归纳起来可以分为以下几个方面：

（1）城市文化资源系统：包括城市的有形或者无形的文化资源存量状态，这是一个城市在文化继承方面的能力。

（2）城市的自然旅游资源：维也纳、威尼斯的例子说明优美的自然景观和人文的结合是城市文化特色的重要方面，旅游吸引力是城市知名度的重要表现。

（3）城市文化产业。城市文化的繁荣必然体现在城市文化市场和文化消费方面，从历史上的开封、临安，到近代上海的发展，以及米兰的时装、展览及其相关产业的发展可以看出，文化的产业化城市文化价值转化为经济价值，是形成完善城市功能体系的重要方面。

（4）城市公共的文化服务体系。不论是古代城市还是现代城市，政府的重视和投入对城市文化形成和发展都是不可或缺的。公共文化服务体系是政府在历史文化保护、公共文化基础设施和群众参与文化的推动方面的职能体现。

（5）城市文化传播，即文化传播辐射的范围和被接受认同的程度。

（6）城市文化创新。城市文化竞争力体现在城市继承传统的同时，更重要的是文化创新，开放和多元的文化深刻地影响到城市的管理模式和城市对资源的积聚和吸引力。

三、城市文化竞争力的界定

（一）城市文化竞争力的定义和属性

城市文化竞争力是一种精神生产力，这种竞争力并非以经济产出的GDP等相关统计数据为唯一衡量依据。城市文化竞争力本质上是以城市为竞争的行为主体，与其他处于相同层次上的行为主体竞争获取资源，并推动该地区可持续发展，提升城市形象和知名度的独特能力，这种能力同时体现在它对经济、政治和社会生活等各方面产生的影响力和辐射力。城市文化竞争力具有如下特征：

一是城市文化竞争力的地域性和辐射性的统一。城市是一个地理概念，城市文化的形成与城市的自然地理、政治结构有着内在联系，有其地缘性但是又不局限于地缘。城市文化在城市的物理空间中构建、形成和发展，但是城市文化的吸纳和辐射力并不一定依赖于这些条件，而是可以借助商品贸易、信息媒介传播、人口流动、文化交流等在更广泛空间和长久时间中形成文化积聚力和影响力。例如，从地理上讲，好莱坞位于洛杉矶市的西北部，是世界著名的电影城镇。但是，从文化角度看，好莱坞已经远远超越了其地理的界限。在心理上，好莱坞是世界电影工业的代名词，不论何处，只要有好莱坞电影，我们就可以感受、体验好莱坞的文化。

二是城市文化竞争力与城市人文历史传统有着深刻的继承关系。有形或者无形的历史文化遗存是城市记忆，将文化基因深深印刻在人的观念、语言和行为中，构成了城市文化竞争力的深层因素。

三是城市文化竞争力的综合性。城市文化竞争力可以体现在一个城市的历史文化、文化产业、公共文化服务、城市建筑等多方面。每个城市的文化应该有其自己的独特的风貌和展现方式，因此，城市文化竞争力有不同的形成原因、竞争定位和发展模式。文化综合性决定了城市文化的多样性，故城市文化竞争力的综合性还表现在其作用的多样性和复杂性。城市文化竞争力对城市综合实力的贡献，既有直接的一面，如文化产业和公共文化设施对城市社会和经济的直接贡献；也有间接的作用，更为持久和关键，包括文化的社会效益，以及文化对经济系统、政治系统、社会结构的潜移默化，即通过改造生产方式和制度变革而提升城市竞争力。

四是城市文化竞争力的动态性。一方面城市文化需要继承传统，另一方面城市文化不囿于文化传统和历史。城市不是孤立存在的，而是处于一个城市群体中，存在城市间的联系和等级体系中，并处于动态发展过程中。例如：海派文化起源于江南的吴越文化，但又是中西文化交流结合的产物。

最后，城市文化竞争力既有城市文化系统的内生的因素，同时又受到外部动态因素的影响，包括城市移民、政治事件和重大的文化活动等。如巴塞罗那因成功举办奥运会，而一举超越原先第一大城市首都马德里，成为西班牙的文化中心。

(二) 城市文化竞争力的基本内涵

城市文化竞争力体现在一个城市的物质活动和精神活动两方面。有形和无形要素的相互作用和有机融合，形成了城市文化竞争力的基本内涵。总结起来可以分为以下六个方面：

1. 文化资源力

文化资源力是指一个城市文化资源的存量规模、结构和质量水平。文化资源力反映的是一个城市在长期历史进程中积累起来的物质和精神财富，包括有形和无形的文化资源。如：具有物质载体的文化遗存资源和无形的历史人物、传说等。城市的文化资源力不一定会为一个城市带来直接的经济效益，但是其中包含着城市的文化基因，是城市文化进化的母体。

2. 观光旅游资源

优美的环境和自然景观构成了城市的天际线，与城市人文相融合，是重要的旅游资源，能够为一个城市带来大量的旅游观光人流，扩大城市的知名度。

3. 文化价值转化力

文化价值转化力是城市在满足精神需求方面，将文化资源转化为经济价值的能力。随着城市发展，社会分工日益精细，人类的精神需求与日俱增，大众文化迅速发展，文化的产业化日益加快，人类正进入精神经济时代。城市文化资源通过文化产业的生产、销售和传播体系，在满足人们日益增长的精神消费需求时，创造了可观的经济价值和文化价值。

4. 文化辐射力

文化辐射力是城市义化作用于经济和社会生活各方面，并且突破城市地缘和行政区划的限制向外辐射的能力。在精神经济时代，名声资源和注意力资源成为城市知名度和形象的核心要素。名声或者注意力资源对于一个城市来说，就是城市文化在人们心中的被感知的程度和认知定位。城市文化辐射力是城市知名度扩大和城市形象提升的主要驱动力。

城市文化辐射力的形成可以有多种途径：首先，是文化对经济的渗透。精神经济发展的表现在城市经济的中观层次，是城市文化对经济的渗透和驱动。在精神经济时代，文化对经济的作用和价值实现途径表现为两大特征，一是文化的产业化即文化产业的快速发展，二是产业的文化化，即产品中的文化要素成为决定产品竞争力的重要因素。城市文化要素，诸如设计、品牌、创意等渗入城市经济系统，影响产品的质量，并通过产业分工体系和商业贸易网络向世界各地传播，形成城市文化的产业辐射力。例如，好莱坞的电影遍及世界，不断向人们传播着美国的文化价值观，并在人们的脑海烙下好莱坞这个名字所包含的世界电影的象征意义；品牌产品，如宝马汽车、GUUCI 时装等，其生产和销售体系已经分布在全球各地，这些产品在创造超额经济利润的同时也在传输着品牌的文化传统。其次，是文化与科技结合，借助现代媒介，加大城市发展形象的传播和辐射。正是借助现代传播媒介，大型活动和事件成为城市形象传播的渠道。

5. 公共文化服务力

公共文化服务体系是政府在城市文化建设方面职能体现，对城市文化建设具有强大的推动作用。公共文化服务体现了城市在文化基础设施提供、政府公共文化管理等方面的能力，为城市文化形成和发展提供良好的支撑和保障。以伦敦为例，其集中了英国文化设施和文化遗产，政府文化资金主要投向了博物馆、图书馆、公园和艺术。政府围绕"多元文化主义"的文化发展目标，对不同文化形式给予不同方式的支持，如"中国文化节"、"诺丁山狂欢节"和"Eid 穆斯林节"等，以展示城市文化的丰富性和多样性，保障每个人都能够有机会参与文化建设和享受文化成果。

6. 文化创新力

城市文化创新力是城市在文化自我更新、吸收和形成新思想观念，从而促进城市文化不断进化的能力。城市文化始终处于动态的发展过程，城市文化创新是城市不断吸收新思想、创造新思想和传播新思想的自我更新与进化过程。城市文化创新力将文化创新与文化继承有机结合，形成对社会发展的内在驱动力。例如，晚清上海海派文化的形成，是海派文化不断地自我进化和创新的过程，也是近代上海迅速崛起，成为东方国际大都市和"长三角"经济与文化中心的根本原因。

四、城市文化竞争力的指标体系

如上所述，我们可以将城市文化竞争力分为六个主要方面，从而构成城市文化竞争力的第一层指标。针对这六大方面，我们可以选取相应的变量，构成二级和三级指标，形成系统的城市文化竞争力的指标体系。在指标选取方面，我们尽量选择客观的可以计量的数量指标。这样可以保证评价的客观性和公正性，避免主观评价的随意性。

（一）文化资源竞争力相关指标

这些资源具体分为有形的和无形的两方面，根据文化资源的形态和内容，我们可以归纳为城市物质文化遗产、非物质文化遗产和历史知名人物三个方面并对其确定三级数量指标。

1. 城市物质文化遗产

城市物质文化遗产包括历史文化建筑遗址、文物等，这些被赋予精神内容的物质载体，属于具有有形物质载体的精神产品，是人类的精神生产的历史积累。对这些资源的评价指标可以参照目前文化系统可以查到的客观数据和已经有的评级结果为基本的依据。本研究采取以下指标进行测评：

（1）世界文化遗产数量；

（2）国家重点文物保护单位数量；

（3）省级重点文物保护单位数量。

2. 城市的非物质文化遗产

非物质文化遗产，包括以下方面：一是口头传说和表述，包括作为非物质文化遗产媒介的语言；二是表演艺术；三是社会风俗、礼仪、节庆；四是有关自然界和宇宙的知识和实践；五是传统的手工艺技能等。根据现有非物质文化遗产的保护法规和评价体制，本研究采取以下指标进行测度：

（1）国家级非物质文化遗产数；

（2）省级非物质文化遗产数。

3. 城市历史知名人物

城市历史文化名人，是城市的无形资产，也是一个城市品牌和形象的重要组成部分。历史人物，如孔子故乡是山东曲阜，围绕孔子的系列文化资源形成了曲阜强大的城市文化品牌，每年吸引着大量游客前往观光旅游。

我们按照城市历史文化人物的知名程度和在历史进程中影响程度的大小，可以确定其对城市文化资源力的贡献。历史知名人物的影响力不同，对城市知名度的影响力也是不同的，我们不能主观地评定人物影响力的大小和知名度的高低，但是可以参照是否被权威的资料选中来评定其被知晓和传播的范围。根据以上推断，本研究采取以下指标：

（1）《大不列颠百科全书》中出现的人物数量；

（2）《中国大百科全书》和《辞海》中出现的人物数量。

（二）城市旅游资源

城市自然景观是城市观光旅游的重要资源基础，这类资源能够吸引大批游客，提升城市的知名度，形成城市良好的形象。根据旅游资源的不同级别，可以采取国际通行的标准，设立如下指标：

（1）世界自然遗产数量；

（2）国家森林公园数量；

（3）省级以上自然保护区数量；

（4）3A 以上风景名胜区数量。

（三）公共文化服务力

公共文化服务力包括公共文化基础设施、社区文化服务、文化行政效率和政府文化投入四个方面的二级变量，三级变量指标设计如下：

1. 公共文化基础设施

公共文化基础设施包括博物馆、文化馆、艺术馆、图书馆、体育馆、影剧院等文化设施建设情况，采用以下指标体系：

（1）馆藏国家三级以上文物数量；

（2）图书馆藏书量；

（3）文化馆数量；

（4）体育场馆座位席数；

（5）展览馆规模（占地面积）；

（6）公共文化艺术馆固定资产数量；

（7）当地电视频道、电台频道自办节目总时长；

（8）平均入户带宽。

2. 社区文化服务建设

社区文化建设是城市公共文化服务体系有机组成，也是群众参与文化建设的主要微观层次的衡量标准。可以采取如下指标：

（1）社区文化服务人员数；

（2）社区文化站固定资产规模；

（3）群众性的文化社团和文艺演出团体数量。

3. 文化行政效率和政府文化投入

文化行政效率代表政府进行城市文化管理的制度健全水平和文化事业管理效率，包括政府文化投入规模、依法行政规范程度、决策周期与效率、文化事业单位经费自给率等。可以采取以下变量衡量：

（1）政府文化事业财政补助占全部财政支出的比重：该指标反映政府财政对文化产业的支持力度；

（2）政府行政成本：文化行政管理的成本，可以用文化行政的文化行政管理费用占财政总支出的比例来衡量；

（3）文化行政审批平均周转部门数量：反映行政机构的办事环节繁杂性和效率；

（4）文化事业单位经费自给率：反映文化事业投入产出的效率；

（5）政府文化事业年度总投入绝对量；

（6）文化管理机构的行政人员本科以上比例：反映行政人员素质。提高行政人员的素质是保证行政效率的关键其主要包括业务熟练程度和工作责任心两个方面。其中，业务熟练程度主要取决于行政人员的受教育水平和接受继续教育的情况。

（四）文化价值转化力——文化产业的发展

文化价值转化力就是文化价值转化为经济价值，形成社会财富积累的能力。这个能力取决于城市文化产业的发展规模和产业结构。可以从产业经济学角度评价城市文化产业发展状况。目前有关统计数据采集上的困难，可以根据现有文化部门和统计部门的相关数据，采用以下几个指标：

（1）文化产业增加值占 GDP 比重：表明文化产业总体发展规模；

（2）产业集中度：产业集中度也叫市场集中度，是指市场上的某种行业内少数企业的生产量、销售量、资产总额等方面对某一行业的支配程度，一般是用这几家企业的某一指标（大多数情况下用销售额指标）占该行业总量的百分比来表示；

（3）报纸发行数量：可以从出版部门查到的数据；

（4）音像图书发行数量：可以从出版发行部门查到的数据，衡量该行业发展水平；

（5）文化专项基金的数额：是一个城市文化单位按一定利润比例上

缴文化事业专项经费，可以衡量城市产业规模和经营状况；

（6）文化产业从业人员：指在文化产业单位或县以上文化单位办的非文化产业单位中工作并取得劳动报酬的全部人员，主要包括职工、再就业的离退休人员、民办教师，以及在各单位工作的外方人员和港、澳、台方人员。

（五）城市文化辐射力

城市文化辐射力是城市文化通过产业、信息媒介、各类活动向外发散所能覆盖和影响的范围，可以用产业的文化化、文化传播媒介、文化活动和文化对外贸易与交流四个指标衡量。

1. 产业的文化化

城市文化作用与城市的社会、经济和政治各个方面，特别是渗透到经济生产活动中，提升经济活动和产品的价值和企业的竞争力。产业的文化化方面，可以采用以下指标：

（1）零售业奢侈品（高档名牌服装、首饰、手表、汽车等）销售收入增加值占 GDP 比例；

（2）中国名牌产品、中国驰名商标的数量；

（3）省级名牌的数量；

（4）专利和版权交易收入总额。

2. 文化传播媒介

城市文化与现代媒介的结合，形成了强大的文化传播力，形成对社会注意力的强大积聚力。城市文化通过产品广告、影视片宣传、媒介新闻传播、门户网站等各种传播手段，不断地塑造和提升城市的形象。文化传播媒介可以采用以下几个指标：

（1）企业年均广告投入；

（2）中央电视台新闻联播报道次数；

（3）当地全国发行刊物数量；

（4）网络用户数。

3. 文化活动

大型的文化节庆活动、展览、拍卖会等已经成为城市文化对外宣传和传播的重要平台，吸引着大批商业投资和文化观光者的到来，可以极大地提高城市的知名度。文化运动可以采用以下几个指标：

（1）省级以上的展览数量；

（2）承办、主办各类省级以上体育赛事活动；

（3）拍卖规模在百万元以上的艺术品拍卖会的次数；

（4）大型节庆活动数量。

4. 文化对外贸易与交流

城市对外文化贸易和对外文化交流规模，促使一个城市形成与其他地区多重的、网络的交往关系，是城市文化输出的重要渠道。它可以采用以下几个指标：

（1）文化产品对外贸易总额；

（2）文艺团体对外演出数量；

（3）境外文艺团体演出场次；

（4）电影院票房收入。

（六）文化创新力

城市文化的多元化和开放程度越高，越容易产生文化碰撞和融合，激发新思想和新观念；城市人力资源丰沛，研究实力越强，城市的创新能力也就越强。城市文化创新力还表现在能够产生新思想、新观念和新知识，以及能够在思想和知识传播、普及中具有很强的号召力和倡导力。基于上述假设，本研究从下述三个方面设立有关指标。

1. 文化的多元性和开放性

（1）国际学术会议的数量：此指标衡量城市的学术开放和争鸣程度；

（2）国际知名企业和机构的分支数量：此指标衡量城市的国际化程度；

（3）外来移民人口比例：此指标衡量对外来人员和文化的接纳与容忍的态度；

（4）非本地电台、电视台和期刊的数量。

2. 人才与研究实力

（1）新增专利数量；

（2）文化与科研单位拥有高级职称人数；

（3）科研单位获国家、省部级奖项的科研项目；

（4）每年新出版图书、新排戏曲、拍摄影视剧的数量；

（5）高等教育机构在校生的数量；

（6）国家985高校的数量；

（7）211高校的数量；

（8）其他普通本科、专科高校的数量；

（9）国家级示范高中的数量；

（10）人均受教育年限。

3. 文化的号召力

（1）学术期刊的权威性（被一流研究型大学列为核心刊物和重要核心刊物数量）；

（2）名人：当地全国文化名人数量（体育、文艺、文学、影视、艺术等）；

（3）一线流行歌手和外地知名艺术团体演出数量；

（4）获国际、国内重大的文艺、文学奖项数量；

（5）驰名商标和品牌产品的销售总额在同行业中排名综合值；

（6）每年旅客到访人数。

五、城市文化类型——城市文化功能的不同定位

通常进行竞争力评价时，我们采用两种方式确定指标权重：一是主观赋权法，通常用德尔菲法；二是客观赋权法，通常用主成分分析法。很多竞争力评价研究常常在指标设置和指标权重方面都采取主观的方法，会造成变量之间的交叉干扰和主观因素的干扰，不合乎科学和客观的原则。由于本研究所设立指标的原则可以通过客观的数据进行量化，尽量避免主观的因素，所以适宜采用主成分分析法，对统计数据进行主成分分析，并消除交叉干扰，以保证评价的客观性和公正性。因此，本研究认为应当在进一步的研究中从有关资料中提取出相关数据再以统计分析方法进行权重的估计。

目前竞争力评价采取的是多指标打分综合法。其基本计算方法是：

$$Y = \sum_{i=1}^{n} = W_i Z_i$$

其中：W_i是指标的权重，Z_i为指标的得分或者经过归一化以后的数据。

本研究认为，城市文化竞争力是一个综合多指标的系统。上述六大要素之间并不是并列的叠加关系，可能存在乘数效应和相互作用的关系。

即可能是以下的函数形式：

$$Y = F\ (aZ_1,\ bZ_2,\ cZ_3,\ dZ_4,\ eZ_5,\ fZ_6)$$

Y：城市文化竞争力；

Zn：城市文化竞争力的主要六大驱动要素 N = 1，2，3，……，6；

a，b，c，……，f：参量。

如果上述 a，b，c，……，f 是常数参量，那么因变量和自变量之间是线性回归关系。模型和多指标综合打分法类似，变量之间是叠加、并行的关系，如图 1 所示。

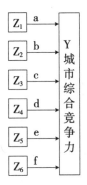

图 1　简单的线性回归模型

如果上述参量不是常数数值，而是其他变量的函数，此时，表明城市文化竞争力各要素之间存在着相互作用的关系，那么整个模型就会是结构化的方程组形式，用图形表示，可能为图 2 的形态。

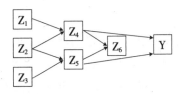

图 2　结构化的方程模型

在这种情况下，每个城市的六大要素指标在城市文化竞争力体系中的地位和作用不同，作用的途径也会存在不同，从而可能存在城市文化不同的形成途径和模式，城市文化也就会有不同的类型、特征或者侧重点。

如前所述，城市文化竞争力取决于城市文化继承和创新的统一，以及对新文化的传播和辐射力。因此，作为文化的载体，城市所发挥的功能可以归结为三个方面，一是文化传承功能，二是文化传播功能，三是创新功能。本研究提出的六大驱动要素之间不同的结合模式，可以形成城市在这三个功能方面的不同侧重，因而也就可以形成不同类型的城市。

第一种是以传承功能为主的城市，城市文化竞争力要素的作用模式主要是为了能够最大限度地保存其文化传统和遗迹，充分发掘民族文化和历史文化资源潜力，形成城市独特的文化特色，如维也纳、丽江、威尼斯等。这并不是说这类城市没有文化创新方面的功能，而是文化创新的要素着重体现在对传统文化继承的基础上，通过传统文化的独特魅力，吸收新的文化要素和衍生新形式。比如丽江在保存其传统原生态文化特色的同时，也吸收了现代文化要素，在传统的母体上，发展起了现代酒吧、休闲和演艺文化，文化产业化与文化遗存的保护有机结合，形成了城市文化的核心竞争力。

第二种是以文化传播功能为主导的城市。这类城市如米兰、浙江的城市群等，它们特别善于吸收新的文化思想和创意，并透过文化的产业化或者产业的文化化，将新文化、新思想和新知识在社会和经济系统中迅速地复制和扩散。例如，浙江一些城市的加工业，能够很快地将国际新的时尚通过发达的产业合作和分工体系，注入自己的产品中去，形成城市在某一行业的优势。这类城市最容易成为中心一级世界级城市的卫星城或者周边的二级城市，承担着文化和创意的传播功能，为文化中心城市提供支撑。

第三种是以文化创新功能为主导的城市，如上海、纽约、巴黎、伦敦等世界级城市，这类城市属于文化中心，也是经济中心或政治中心。城市文化体现出多元化和开放性，是新思想发源地。同时，这类中心城市具有强大的文化辐射力，能够将其文化透过次一级城市（可能是传播型主导的城市）向外辐射，影响区域的资源配置和产业分工体系。应该说每个城市都具备不同程度的三个基本功能，只不过不同类型的城市重点不同。而以创新为主导的中心城市可以与传播型和传承型城市有机地结合，形成具有一定等级层次的城市体系或者文化经济一体化的区域，如"长三角"、"珠三角"和"环渤海"区域等。

六、进一步的研究

本文是文化部重点课题"城市文化竞争力测度和评价"的阶段成果。在深入分析城市文化特性和要素的基础上，提出了城市文化竞争力的指标体系，分析了决定城市文化竞争力的驱动要素可能存在的不同作用模式和基本模型，并对城市文化的类型作了分析。在进一步的研究中，第一是需要从实证研究中获得有关数据，并进行统计分析得出有关参数；第二是需要运用实证研究的方法，对不同城市文化类型中六大要素的作用机理和模式进行实证研究；第三是增加典型案例的研究。

课题组成员名单

课题负责人：

李向民　南京航空航天大学教授、博士生导师，经济学博士

课题组成员：

王　晨　南京航空航天大学副教授，管理学博士

成乔明　讲师

林源源　文化产业管理方向博士生

关　波　区域经济学区域文化产业发展方向博士生

郑翊磊　文化产业管理方向博士生

中国文化产品进出口结构分析

中国传媒大学国家对外文化贸易理论研究基地

◆ 152 一、中国外贸结构整体现状与文化产品出口的作用

◆ 158 二、中国对外文化贸易面临的主要问题

◆ 164 三、中国文化产品出口结构分析

◆ 175 课题组成员名单

一、中国外贸结构整体现状与文化产品出口的作用

（一）中国外贸结构整体现状与问题

1978 年以来，我国外贸的年平均增长率达到 16.8%，创造了世界外贸史上少有的高速度。2003 年，我国进出口总额超过法国和英国上升到第四位，2004 年超过日本升到第三位。2003—2006 年进出口总额快速增长，年平均增长 29.8%，比 1979—2002 年年平均增长 15.2% 快 14.6 个百分点。2006 年我国进出口总额达到 17 607 亿美元，占世界贸易总量的比重达 7.2%。同时，中国对外贸易顺差持续大幅增加，2006 年贸易顺差 1 774.7 亿美元（见图1）。

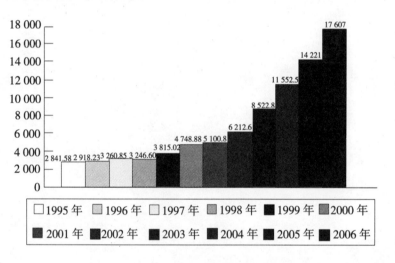

图1　1995—2006 年中国进出口总额

（注：表内数据1995—2005 年数据来自统计年鉴；2006 年来自统计公报）

从量化的指标来看，中国无疑已经是世界贸易强国。然而，我们也应该看到的是：在量的增长背后，中国在外贸结构方面仍存在很多问题。

1. 从对外贸易的产品结构来看，在中国出口产品中，中低端产品占相当大的比重，而高技术含量、高附加值的产品贸易所占比例极低

早在 20 世纪 80 年代末期，我国已经基本完成出口商品由初级产品为主向制成品为主的转变。但是，我国制成品出口主要是初级产品和低附加值产品，高技术含量、高附加值产品所占比例偏低。我国出口商品

列前 10 名的产品主要是劳动密集型产品，集中在服装、家用电器、电信设备、玩具、钢材、棉布、棉针织品、原油、毛针织品、棉织品。随着我国经济的发展，我国劳动力成本优势正在逐渐丧失。依靠劳动密集型产品和低附加值产品，很难维持我国对外贸易的可持续发展。

2. 从贸易方式来看，加工贸易占据很大比例

20 世纪 90 年代中期，加工贸易超过一般贸易成为我国对外贸易的主要方式。加工贸易赚取的是出口和进口之间的增值部分，这决定了加工贸易必然出现顺差。2001 年至 2005 年，加工贸易顺差年均增长 28%，总额达 4 389 亿美元，对同期贸易顺差的贡献率为 207%。央行在 2006 年 11 月 14 日发布的 2006 年第三季度货币政策报告中指出：加工贸易顺差是我国贸易顺差主要来源，而我国加工贸易出口约 80% 来自外商投资企业！近年来，扣除来自具有比较优势的加工贸易顺差外，我国其他贸易方式总体上还处于逆差。哈佛大学学者克雷格·范格拉斯特克的《美中服务业贸易往来的收益》报告显示，美国从对华服务贸易中获取了巨额顺差和利润，2004 年美对华服务贸易出口和进口之比高达 11.3∶1。但由于服务贸易在海关统计上不显示，而只在国际收支上体现，因此，所谓的中美贸易顺差，统计的只是货物贸易这部分。

3. 从产品方面来看，我国出口的拥有自主知识产权的产品极少，名牌产品更是凤毛麟角

央行 2006 年 11 月发布的第三季度货币政策报告有关数据显示：我国拥有自主知识产权核心技术的企业仅为万分之三，拥有商标的企业不足 40%，高技术含量产品 80% 以上依赖进口，我国自主品牌产品出口不到 10%。在电子产品和设备出口中，大部分出口商品单位价值低于韩国、马来西亚和新加坡的同类商品。

4. 从总体来看，近年来我国对外贸易顺差不断增长与世界范围内的产业转移有着重要的关系

全球贸易的地区结构发生显著变化，我国作为"世界工厂"的角色日益明显，从韩国、东盟等亚洲国家和区域组织大量进口原材料和半成品，经加工组装后，再向美国、欧盟等国家和区域组织出口，亚洲国家向美国和欧盟地区的部分直接出口转变为通过中国进行的间接出口。据国际货币基金组织的统计数据，2005 年，我国分别吸收韩国、马来西亚、泰国当年出口的 21.8%、11.5% 和 8.3%，对美国和欧盟的出口分别占我

国出口总额的 21.4% 和 18.9%。与 2001 年相比，2005 年东盟、韩国等在我国进口中的份额也分别上升，其在美国出口中的份额则分别下降了 1、1.1 和 0.7 个百分点。而同期，我国在美国进口市场的比重上升了 5.8 个百分点。这些数据表明：原来部分亚洲国家对美贸易顺差转化为现在的中国对美贸易顺差。

从以上分析我们不难看出，我国虽是外贸大国，但出口产品技术含量和附加值仍偏低，自主创新能力不足，还很难算得上真正的世界贸易强国。产业结构升级换代是世界经济发展的必然趋势，中国对外贸易也必须跟上世界经济发展的步伐，否则就只能在以廉价劳动力换取微薄利润的同时，还要面临国外对我国贸易顺差的警惕、对我国廉价产品的指责与反倾销制裁等方面的不利因素。因此，大力推进中国文化产品"走出去"已经成为改善中国对外贸易结构的必然选择！

（二）文化产品出口对于改善中国外贸结构的作用

就整体而言，中国外贸竞争力仍然处于较低水平，这一方面表现在产品科技含量和附加值都低，另一方面表现在出口产品的整体性结构问题。相对于一般产品而言，文化产品具有附加值高、带动性强等特点，对于改善中国外贸结构具有十分重要的意义。[①]

简单来说，文化产品出口对于改善中国外贸结构的作用有以下几点：

1. 文化产品出口附加值高，直接经济效益明显

随着产业结构的升级换代，第三产业已经成为很多国家（尤其是发达国家）极为重要的支柱性产业，直接经济效益十分明显。视听产品已经成为美国仅次于航空航天的主要换汇产品，居于出口贸易的第二位。1993 年至 2003 年，日本商品出口总额一共增长 36%，但在同样的 10 年内，文化产业出口额却增长近 2 倍，从 5 343 亿日元上升到 1.5779 万亿日元，文化产业出口贸易仅次于汽车工业。

自提出文化立国战略以来，文化产品为韩国带来了巨大的直接经济效益。据 2005 年 5 月初韩国文化观光部公布的《2004 年韩国文化产业白皮书》，2003 年，涵盖了韩国出版、漫画、音乐、游戏、电影、动画片、广播电视、广告、互联网和移动文化信息 10 个领域的文化产业，市场销售额为 44 万亿韩元（按当年汇率，折合 370 亿美元），占当年韩国 GDP

---

① 参见李怀亮、闫玉刚《国际文化贸易综论》（下），《河北学刊》，2006 年第 1 期。

的6%（世界平均为4%）。2004年，影视剧、网络游戏等韩国文化产品所带动的"韩流"几乎席卷整个亚洲。韩国贸易会在一份关于"韩流"的经济影响的报告中称，对中国内地、香港和台湾，日本，泰国的与"韩流"相关的商品出口，使韩国获得了9.18亿美元的收入，占对上述5个经济体商品出口总额的7.2%。[①]

与一般产品相比，文化产品具有高附加值的特点。在表1[②]所列的8部电影中，平均收益高达15 056%，也就是说，它们获得的收入是其成本投入的150倍！这种高额利润在其他产品中是难以想象的。因此，大力推动文化产品出口，对于提升我国外贸产品附加值具有非常重要的意义。一部好莱坞大片就可以在全球获取数十亿美元的利润，一个裴勇俊对韩国外贸的贡献能"顶得上一个中型汽车出口企业"！这些，也是美国、日本、韩国等发达国家为什么高举文化立国大旗，极力推动本国文化产品出口的原因所在。

表1　部分电影经济费用表　　　　　　　　单位：美元

影 片	成 本	收 入	投资收益%
《月光心慌慌》	320 000	75 000 000	23 337
《西卡柯七个人的归来》	60 000	2 500 000	4 067
《本吉：营救大逃亡》	550 000	45 000 000	8 082
《活死人之夜》	114 000	40 000 000	34 988
《灰熊历险记》	700 000	31 000 000	4 329
《僵尸的黎明》	700 000	55 000 000	7 757
《布莱尔女巫》	5 000	150 000 000	299 900
《我的巨型希腊婚礼》	1 500 000	200 000 000	13 233
平 均	493 625	74 812 500	15 056

2. 文化产品出口能够发挥"火车头"作用，带动后续相关产品的出口

美国好莱坞有所谓的"火车头理论"：影片作为火车头，它本身可以

---

① 《参考消息》，2005年5月5日。
② 资料来源：Colin Mercer：*Mismatch or Convergence：Cultural Policy and the Cultural Industries.*

不赚钱，但它可以带动整个电影产业的发展。对于一国对外贸易整体来说，文化产品出口也能够充分发挥"火车头"作用，带动其他后续相关产品的出口和国内相关产业的发展。

对于文化产业来说，直接收入和效益仅仅是其利润来源的一部分，衍生的其他相关产业收入（如旅游、玩具、游戏、主题乐园等）比直接收入要高得多。例如，美国电影产业的总收益20%来自于银幕营销，80%来自于后电影产品开发，即电影相关主题产品的营销。《星球大战前传》在开拍之前就已经开始赚钱，它的玩具版权由世界三家最大的玩具公司竞标，仅此一项净赚4个亿（美元），围绕电影开发的玩具有6大系列，共200余款，据测算其相关产品收入突破50亿美元。影院票房只是电影产值的一小部分，但后电影产值可能是票房收入的3~6倍。

2005年3月15日的《朝鲜日报》发表的韩国产业政策研究院对韩流的整体经济带动作用的分析报告表明，2004年，由韩流文化产品的出口对韩国其他制造业、服务业的产额、附加值、创造就业岗位的间接效果达4.5万亿韩元（约合41亿美元）。

文化产品出口对韩国其他产业的带动作用也可以通过以下几组数据表现出来。

在旅游方面：韩国观光公社委托韩国学者做的一份《韩流旅游营销效果分析及发展方向调查》表明：2004年，来自中国内地、台湾，以及日本的游客中，有27.1%（约71万人次）是直接或间接受到韩国影视剧的影响来韩旅游的，这些游客共为韩国带来了7.8亿美元的外汇收入。

在化妆品方面：随着《冬季恋歌》的上映，喜爱女主角崔智友的女性观众，也爱屋及乌，喜欢使用她用过的韩国化妆品，仅2005年上半年，韩国化妆品对亚洲出口规模就达到9 394万美元，同比增加了近50%。

在饮食医药方面：《大长今》在中国两岸四地播放后，韩国的膳食和医药产品开始热销。在香港，人参和冬虫夏草的销量比以前上升了10%~20%。最近，一份来自世界卫生组织的统计资料显示，目前世界植物药市场年销售额超过160亿美元，其中日本、韩国所占份额达80%~90%，我国中药制剂年出口额仅在1亿美元左右，占其中的3%~5%。应该说，日韩中药的销售与其文化产业也有一定的关系。

3. "软件"文化产品出口难以纳入现有统计框架，不易引起贸易纠纷

在 2005 年 11 月联合国教科文组织公布的对世界文化产品贸易的统计数据中，将中国列为世界第三大文化产品出口国，这明显不符合实际。之所以产生这种情况，其原因就在于联合国教科文组织的统计数据是以海关数据为基础，而影视、版权、演出等"软件"文化产品出口利润很难纳入。由此可见，文化产品出口所产生的利润具有极大的隐蔽性，不易面临反倾销制裁、别国敌视等方面的问题。因此，如果我们不大力推动中国文化产品（尤其是"文化软件"）的出口，我们就会在戴着"世界贸易强国"、"文化产品出口大国"的帽子的同时，在面对各国对中国廉价产品指责和各种反倾销制裁的同时，仅仅获取极少的利润，延续"贫困性增长"的老路。对于中国综合国力的提升而言，这种情况是非常不利的！

4. 有利于增加进口国对本国文化的亲近感和认同感

文化产业"走出去"在创造巨大直接经济效益和带动整体产业链发展的同时，还能增加进口国对本国文化的亲近感和认同感，提升本国的文化形象。

文化产品和文化服务具有一般商品和特殊商品的双重属性。文化产品和文化服务对消费者的满足主要是心理的而不是生理的，是精神的而不是物质的，它在具有物质性、形象性的同时，更具有精神性和不可见性。文化产品和文化服务会在消费者心中留下潜移默化的影响，从而对其承载的文化观念产生某种信任感、亲切感乃至依赖感。因此，"一个国家的对外文化贸易，不仅仅具有经济的价值，而且具有外交、外宣功能，传播了它的意识形态和价值观念。"① 由于文化亲近感和文化认同感，文化贸易会形成巨大的整合效应和辐射效应，带动一国其他非文化产品的出口贸易，从而对增强一国的整体经济实力起到巨大的推动作用。这是发展对外文化贸易最为重要的意义所在。

早在 1970 年，日本学者日下公人就指出，文化在本身能够产生高额利润的同时，还对重化学工业等其他非文化领域的贸易产生重要的影响，

① 丁伟：《发展中国对外文化贸易的历史机遇》，《光明日报》2004 年 9 月 22 日。

"有无文化亲近感、文化尊敬感" 甚至 "直接关系到确保资源供应的大问题"①。因此，日下公人极力主张日本在推行经济立国的时候，应该同时考虑文化立国战略，因为只有 "创造文化、输出文化并使世界文明喜爱它"，"才能轻而易举地得到文化鼻祖的利益，确保资源供应和祖国安全"②。

"韩流" 文化输出也改变了韩国传统的落后农耕国家的形象，培养了大批韩国文化的忠实者。在亚洲的 "韩流" 文化盛行的国家和地区，正在兴起学习韩语的热潮。韩语使用仅名列世界全部语种的第 11～12 位，在文化市场上无疑是边缘性语种。但是在韩国影视、游戏产品的引领下，全球学韩语的人数增长较快。自 1997 年开始有 "韩语托福"（外国人韩语能力考试）以来，每年参试人数稳步上升（见表 2）。

表 2　在韩流文化产品的影响下 "韩语托福" 参考人数逐年增加③

年　　度	参考人数
1997	2 274
1998	2 663
1999	3 445
2000	4 850
2001	6 049
2002	7 306
2003	10 416
2004	15 279

二、中国对外文化贸易面临的主要问题

虽然文化产品出口对于中国对外贸易整体格局的改善具有十分重要的意义，但我们应该看到：目前中国文化产品出口的总体现状并不令人满意。由于种种原因，④ 我们还难以获取中国文化产品出口方面的整体数据，但从电影、图书版权、演出、动漫等文化产业核心门类的对外贸易

----

① ［日］日下公人：《新文化产业论》，范作申译，东方出版社 1989 年版，第 19 页。
② ［日］日下公人：《新文化产业论》，范作申译，东方出版社 1989 年版，第 19 页。
③ 资料来源：新浪网。
④ 比如：文化产品贸易的统计框架不完善，"软件" 文化产品贸易具有隐蔽性，国内对外文化贸易管理方面条块分割严重，等等。

情况中，我们仍可以大致看出中国对外文化产品贸易中存在的主要问题。

（一）图书版权方面

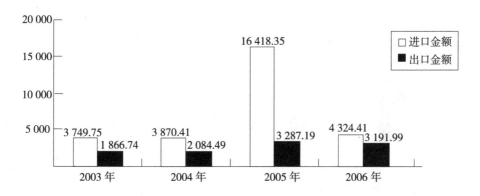

图2　2003—2006 年图书进出口额比较①（单位：万美元）

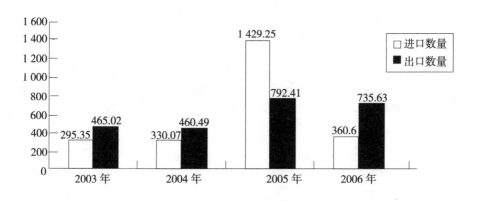

图3　2003—2006 年图书进出口数量比较②（单位：万册）

---

① 资料来源：中国国家新闻出版总署。
② 资料来源：中国国家新闻出版总署。

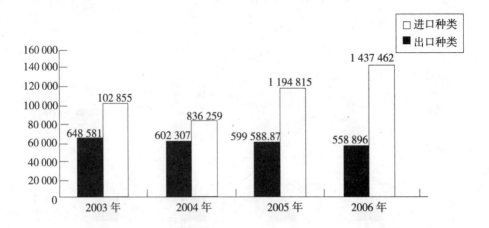

图 4　2003—2006 年图书进出口种数比较①（单位：种次）

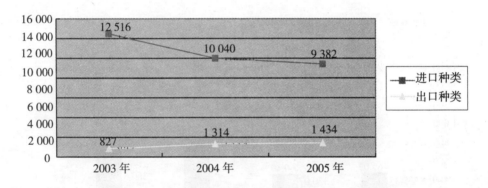

图 5　2003—2005 年图书版权进出口数量②（单位：种）

①　资料来源：中国国家新闻出版总署。
②　资料来源：中国国家新闻出版总署。

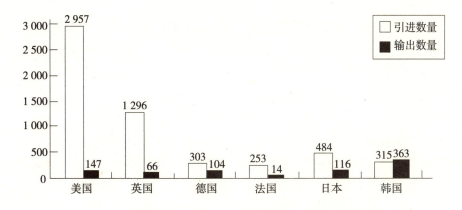

图6　2006年我国与部分国家的图书版权贸易情况①

　　从以上数据中，我们可以看出，我国对外图书版权贸易存在的问题主要有以下几个方面：

　　1. 在我国对外图书版权出口数量不断增加的同时，并未实现效益的同步增长

　　2003—2006年图书进出口数量之比分别为0.61∶1、0.72∶1、1.95∶1和0.47∶1，在数量上多数年度已经实现贸易顺差。但是，我国图书在出口数量顺差的同时，在金额方面却存在着逆差，2003—2006年图书进出口额之比分别为2∶1、1.86∶1、5∶1和1.35∶1。这说明我国对外图书贸易在数量增长的同时，并未伴随着实际效益的增加。

　　2. 我国在图书这一"有形"文化产品出口增加的同时，版权这一"无形"文化产品却仍然面临严重逆差

　　在图书种数方面已经连续几年保持顺差，2003—2005年进出口比例为0.63∶1、0.72∶1和0.50∶1。然而，在图书版权贸易方面，2003—2005年，中国图书版权贸易进口数量分别为12 516种、10 040种和9 382种，出口数量为827种、1 314种和1 434种，逆差比例分别为15.13∶1、7.64∶1、6.54∶1，逆差数量逐年减少，但仍然较为严重。尤其是与美国、日本等发达国家和地区的版权贸易，逆差更为严重（见图5）。

---

①　资料来源：中国国家新闻出版总署。

（二）电影方面

近年来，国产电影有了较大的发展。2005 年，中国拍摄的影片数量为 260 部，票房收入 20 个亿（元），比 2004 年度提升了 5 个亿（元）；2006 年，国产电影达到 330 部，票房突破 26 亿元。在国内电影市场不断发展的同时，中国电影产业也从单纯的"引进来"开始转变为"引进来"与"走出去"齐头并进，走向海外市场的步伐不断加快。

由于种种原因，国产电影目前的国际竞争力还远远不够，在电影进出口方面也存在较大逆差。从 2000 年到 2004 年，中国进口影片 4 332 部，而出口影片却屈指可数。根据新影联的统计数据显示，2004 年进口影片大概有 4 亿多元票房，而卖出去影片的票房只有几千万。

表 3　2001—2005 年我国对外电影贸易情况①

年　份	贸易收支差额（万美元）	贸易竞争力指数②
2001	− 2 232	− 0. 28
2002	− 6 635	− 0. 52
2003	− 3 609	− 0. 35
2004	− 13 484	− 0. 62
2005	− 2 010	− 0. 07

从表 3 的数据来看，中国对外电影贸易每年基本上存在较大逆差，2004 年达到了 − 13 484 万美元，在 2005 年前，呈现逐年上升趋势，贸易竞争力指数一直介于 − 1 和 0 之间。与前面两个国家（美国和韩国）的比较也表明我国电影贸易大大低于国际先进水平，电影产品的出口竞争力非常低，电影产业的国际竞争力亦然。

（三）动漫产品方面

中国动漫产业仍处于起步阶段，动漫产品出口量低，相反，中国国内动漫市场则被国外动漫产品占领。在国内电视市场，国产动画片比例一度只有 10% 左右；在音像市场，"洋卡通"占到市场份额的 80% 以上；在印刷市场，热销的卡通读物也大多是舶来品或其翻版。

---

① 资料来源：根据《中国国际收支平衡表》2001—2005 年整理。
② 贸易竞争力指数又称做贸易分工指数，是某一产业或产品的净出口与其进出口总额之比，总体上能够反映出计算对象的比较优势状况。贸易竞争力指数取值范围为（−1，1），大于 0 时，说明竞争力大，且越接近 1 越大；反之，则说明竞争力小，且越接近 − 1 越小。

央视—索福瑞的相关统计显示，2004 年，在全国动画播出时长前 15 名的节目中，日本动画占 68%，美国动画占 6%，国产动画占 26%；在播出时长排在前 15 名的动画片中，日本动画 11 部，占总数的 73%，美国动画 1 部，占总数的 7%，国产动画 3 部，占总数的 20%。

另外，在中国青少年最喜爱的动漫作品中，日本动漫占 60%，欧美动漫占 29%，而中国原创动漫（包括香港和台湾的动漫）仅占 11%。在下载排名前 12 位的网络游戏中，国产游戏仅占 4 席。

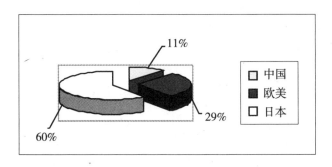

图 7　中国青少年喜爱的动漫作品国别①

（四）演出产品方面

作为世界文化大国之一，中国的表演艺术团体和人员数量之众堪称世界之最。然而，目前中国海外商演在国际市场竞争中却处于弱势地位，所占市场份额极小。根据文化部的有关统计数据，中国目前全部出国商演的年收入不及 1 亿美元，而加拿大太阳马戏团的每年演出收入高达 10 亿美元以上，其中海外演出收入超过中国全部出国商演收入的总和。

（五）小结

通过以上对于图书版权、影视、音像、动漫、演出等文化产品对外贸易现状的分析，我们可以看出，目前中国对外文化产品贸易存在的共性问题主要有以下几个方面：

（1）对外文化产品贸易整体仍面临逆差。尽管在国家大力发展文化产业的宏观背景下，逆差程度不断缩小，但文化产品（尤其是"无形"文化产品）对外贸易逆差的境况并未得到根本转变。

（2）中国对外文化产品贸易在量的增长的同时，并未实现效益的同

---

① 资料来源：《2006—2007 中国文化产业发展报告》。

步跟进。

（3）中国文化产品出口在类型上未能实现全面发展，部分动作类产品占中国文化产品出口的份额较大。

中国文化产品出口效益不高，其原因在于出口产品结构性弊病较为严重，这与中国对外贸易整体结构存在相似之处。对于提升中国文化产品国际竞争力而言，努力改变中国文化产品出口结构意义重大。否则，就有可能重蹈"贫困性增长"的覆辙。

三、中国文化产品出口结构分析

（一）中国文化产品出口的内容类型结构

就内容类型而言，中国文化产品出口主要集中于动作、杂技类文化产品。

1. 演出产品方面

我国演出产品出口以杂技、武术类项目为主，仍未形成"百花齐放"的局面。杂技、武术类演出约占中国演出产品出口的70％，歌舞、器乐、戏剧类项目约占30％。目前，中国与英国和北美地区签订了长期合同的7 个演出项目，全部是杂技。

2. 电影方面

近几年来我国电影业有了历史性的长足发展，国产影片的海外交易情况令人欣慰，正在完成从国际电影贸易赤字向国际电影贸易平衡的转变。然而，就电影的内容而言，中国电影在国际市场上仍是动作类电影的"一枝独放"。

美国是世界上最大的电影市场，也是中国电影海外票房的主要来源。到目前为止，能够获得美国发行商青睐的中国电影只有两种类型：成龙式的时装动作片和以《卧虎藏龙》为代表的古装武侠片。在李安的《卧虎藏龙》夺得奥斯卡奖之后，内地电影似乎在骤然间找到了一个国际化输出的方向。不乏跟风色彩的《英雄》上映后，海外票房超过11 亿元人民币，几乎是其国内票房总数的5 倍，甚至超过了2002 年全年内地票房的总和。随后的《十面埋伏》，尽管在国内恶评如潮，但海外票房超过了5 亿元人民币，是其国内票房的3 倍以上。从华语商业片的海外票房排名中，我们也可以看出，排名前10 位的电影中，全部是动作片或古装武侠片（见表4）。

表4 华语商业片海外票房排名

排 名	影 片	美国票房	美国上映影院数	全球票房	导 演
1	卧虎藏龙	128 078 872	2 027	213 525 736	李 安
2	英 雄	53 710 019	2 175	177 394 432	张艺谋
3	红番区	32 392 047	1 794	—	唐季礼
4	霍元甲	24 633 730	1 810	67 001 489	于仁泰
5	功 夫	17 108 591	2 503	100 914 445	周星驰
6	警察故事3：超级警察	16 270 600	1 649	—	唐季礼
7	警察故事4：简单任务	15 318 863	1 344	21 890 845	唐季礼
8	反击王	11 438 337	2 203	—	徐 克
9	十面埋伏	11 050 094	1 189	92 863 945	张艺谋
10	雷霆一击	10 319 915	1 800	—	徐 克
11	双龙会	8 359 717	1 131	—	徐 克
12	满城尽带黄金甲	6 566 773	1 234	67 657 660	张艺谋
13	五行战士	6 524 620	2 101	—	于仁泰
14	花样年华	2 738 980	74	12 854 953	王家卫
15	2 046	1 444 588	61	19 470 239	王家卫
16	无 极	669 625	213	34 209 279	陈凯歌
17	重庆森林	600 200	20	—	王家卫
18	少林足球	489 600	14	42 287 160	周星驰
19	春光乍泄	320 319	9	—	王家卫
20	堕落天使	163 145	3	—	王家卫

　　与动作类商业片相比，华语艺术片在美国主要靠的是一些电影展、电影节的形式和观众见面，小规模的放映下平均每家艺术影院的票房都有数万元，甚至比商业片的平均数还要高（当然一部分原因是长线放映，

比如《霸王别姬》在3家影院创造了520万美元以上的票房佳绩）。我们可以看到，能够在美国上映的中国电影，基本上都出自于香港导演和内地"第五代"之手，而台湾导演和内地的"第六代"们，至少在美国名声不显。

3. 电视剧和音像产品方面

具有较好国际市场的也是动作类产品。在戛纳电视节上，销售得比较好的电视剧都是武打题材，很多国外买家到中国展台都指定要"China kungfu"（中国功夫）。在2005年7月的拉斯维加斯参展时，国外买家最喜欢的也是我们的功夫片。广州俏佳人文化传播有限公司更是依靠中国功夫类文化产品而在国际文化市场取得成功的典型例证。在通过《中国武术》赚得第一桶金的基础上，俏佳人公司才开始涉足电视剧、电影、纪录片等的海外版权代理和销售。现在，《中国武术》已经成为法国3 000多个武术俱乐部、24万习武之人的教材。

4. 图书版权方面

我国输出图书版权中，社会科学类占有较大比重，但其出口的目标市场主要集中在泛儒家文化圈和海外华人市场。这种内容出口类型并不能代表中国传统和当代文化参与国际竞争已经在图书版权输出中得到体现。对此，我们在以后有关中国文化产品出口目标市场结构的章节中进行详细论述。

（二）中国文化出口的目标市场结构

1. 中国电影出口主要集中于美国、日本等发达国家

联合国教科文组织2005年发布的相关报告显示，美国是世界上最大的文化产品消费国，2002年文化产品进口额为153亿美元，是排在第二位的英国的两倍（英国为78亿美元）。[1] 美国是世界上经济最为发达的国家，其雄厚的经济实力为文化产品消费奠定了基础。从输出的目标市场看，美国也是中国商业电影的主要出口目标市场，比如，张艺谋的《英雄》海外票房超过11亿元人民币，其中美国为4.2亿元，占到票房总数的38.1%（见表5）。

---

[1] UNESCO Institute for Statistics, UNESCO Sector for Culture: *International Flows of Selected Cultural Goods and Services*（1994—2003），UNESCO Institute for Statistics, Montreal, 2005.

表5 《英雄》海外票房分布情况一览表

国别/地区	票房总数（人民币）
美国	4.2 亿元
日本	3 亿元
欧洲	1.7 亿元以上
韩国	1.2 亿元
新加坡、泰国及东南亚其他地区	1 亿元

日本是亚洲经济最为发达的国家，也是国产电影出口较为集中的国家，《英雄》的海外票房，日本占了3亿元人民币左右，仅次于美国。在出口日本的国产电影中，艺术片占了比较大的比例。霍建起的《那人那山那狗》在日本成功营销后，《诺玛的17岁》、《益西卓玛》、《天上的草原》等画面唯美、氛围淡雅的影片也受到日本观众的青睐，不仅进入院线，在相关电影频道播放，还发行录像带、DVD等附属产品。中国艺术片能够进入日本电影市场，与中日之间密切的文化渊源具有不可分割的联系。日本强大的经济实力，为其文化消费奠定了基础。中、日、韩之间密切的文化关联，使得中、韩文化产品在进入日本时面临较小的文化折扣。相关数据显示，日本也是韩流文化产品最为重要的消费国度。2003—2005年间，韩国电影出口额从3 097万美元增加到7 599万美元，增幅达145%。因此，对于中国文化产品出口而言，进一步巩固日本市场具有十分重要的意义。

在中国电影的海外市场中，法国观众对文化多样性的艺术电影的关注，使得法国成为中国电影出口的重要国家之一。2004年法国电影中心出版的年度电影报告显示，法国本土影片在法国的市场占有率达到39%，比2003年增长了4.1个百分点；而美国影片在法国的占有率戏剧性地出现下降，从2003年的52.2%下降到2004年的47.4%。法国以外的欧洲电影占有5.6%～9.7%的市场份额，而剩下的非美、非欧影片市场份额在2004年下滑到3.9%。在这样狭小的3.9%中，华语电影（包括内地以及港台）2004年的市场份额占到了0.5%。德国、西班牙和意大利三国

（都是欧盟国家）在法国 2004 年的电影市场份额分别为 0.9%、0.7%
和 0.2%。①

由以上分析，我们可以得出以下几个结论：

（1）以美国为代表的北美市场，是当今世界商业电影最为重要的消
费市场，也是中国商业电影最为主要的出口目标市场。而在商业电影中，
能够输出到美国电影市场的，大多是具有人类共通性内容的文化产品，
如动作类产品。

（2）雄厚的经济基础，使得日本成为亚洲最大的文化产品消费市场；
日本与儒家文化的密切关系，又使得中国文化产品在进入时具有较小的
文化折扣，传统文化含量较高的文化产品在进入日本市场时并无多大的
理解性障碍。同时，在将日本确定为主要的出口目标市场时，我们也应
防止对一国市场的过渡依赖，否则，日本一国的经济波动就会严重影响
到中国文化产品出口的整体。在这一方面，韩国 2006 年上半年文化产品
出口幅度和价格的大幅下降，便是很好的例证。

（3）某一文化产品类型能否进入目标市场国，与目标市场国本身的
文化背景之间具有密切的关系。法国对于艺术的推崇，使得中国艺术片
更容易进入，而美国强烈的商业文化氛围，更容易接受商业化程度较高
的文化产品。因此，在确定目标市场时，应根据不同的文化产品内容确
定不同的目标市场国。

2. 中国电视、音像产品出口主要集中于海外华人市场和中国台湾

我国电视节目的主要受众是海外华人。中国台湾成为内地电视剧在
海外发行上价格最昂贵的地区。《康熙王朝》、《雍正王朝》、《天下粮
仓》、《大宅门》等古装戏都曾在台湾获得良好的收视率。随着国产剧口
碑的提升，国产剧杀入东南亚黄金时段。无论从数量还是收视时段上，
国产剧都已经占领了东南亚市场。

与中国台湾地区和东南亚国家相比，国产剧在欧美等发达国家的发
行仍相对滞后，销路仅限于当地华人电视台。《牵手》、《欲望》、《让爱
做主》和《拿什么拯救你，我的爱人》都落地于当地的华语电视台，但
没有进入欧美国家的主流电视媒体。究其原因，首先是缺少有"欧美观
众缘"的明星演员；其次是文化背景和生活方式与欧美国家还有差异。

---

① 李兮：《法国电影的中国旅途》，《中国电影报》，2005 年 5 月 12 日。

据初步统计，目前国产音像制品已经出口至全球六大洲50多个国家和地区。其中，出口目的地主要集中在北美洲、亚洲、大洋洲和我国港澳台等地区。其中，亚洲和北美是国内音像制品出口的主要销售地，从2006年的情况看，亚洲和北美销售的音像制品占总出口数的70%以上。但是，目前我国民族音像制品出口的目标消费群体主要还是海外华人及部分主流社会。

与电影相比，电视、音像产品的国际化程度更低。20世纪80年代，英美电视剧能够在中国市场风靡的主要原因在于当时中国电视剧生产能力极弱。在各国电视剧生产能力不断增强的情况下，电视节目的出口已经集中在文化背景、文化传统相似的国家之间，如韩剧主要的出口国家便集中在中国、日本和东南亚地区。中国电视节目出口集中在海外华人市场和中国台湾，具有一定的合理性。今后，我们应进一步巩固海外华人、中国台湾和东南亚市场，在此基础上开拓其他目标市场。

3. 图书出口及版权输出高度集中在亚洲地区

就我国版权输出的国别与地区分布而言，排在最前面的是台湾地区和香港地区，主要集中国家是新加坡、马来西亚、日本和韩国等亚洲国家，其次才是德国、法国、美国等国家。

表6　2003—2006年中国图书版权输出地及输出数量（单位：种）

年份 国别	2003年	2004年	2005年	2006年
美国	5	14	16	147
英国	2	16	74	66
德国	1	20	9	104
法国	11	4	7	14
俄罗斯	1	0	6	66
加拿大	0	0	0	25
新加坡	9	30	43	47
日本	15	22	15	116
韩国	89	114	304	363
中国香港	178	278	169	119
中国澳门	0	94	1	53
中国台湾	472	655	673	702
其他地区	28	67	117	228

由以上数据可以看出，2003—2004 年，中国台湾、中国香港、韩国分别排在中国图书版权出口目标市场的前三位；2005 年，韩国超过香港，成为中国图书版权出口的第二大目标市场；2006 年，美国超过中国香港、日本，成为中国图书版权出口的第三大目标市场。由此可见，中国图书版权出口的目标市场结构正在不断优化，呈现出多元化发展的趋势。然而，就总体而言，中国图书版权出口仍主要集中于中国台湾、中国香港、韩国、日本等亚洲地区，在法国、德国等欧洲国家的出口量仍然较少。虽然 2006 年中国对美国的版权输出较之以前有了很大提高，但对美国图书版权贸易逆差仍然高达 20∶1（进口 2957 种，出口 147 种）。

4. 动漫产品

（1）漫画产品。据《2006—2007 中国文化产业发展报告》数据，天津神界漫画公司创作的四大名著系列漫画在韩国、日本、法国的版权转让收入超过了 1 000 万元人民币，《寻找自我的世界》实现了全球多语种跨媒介同步出版；上海世纪出版股份有限公司在第 58 届法兰克福书展上与国外出版商签订了 19 种漫画图书的授权书或意向书，原创漫画《皇炎》等进入欧洲市场；2006 年，姚非拉、聂俊等漫画家的 15 部作品在法国出版，平均印数达到了 4 000 套，已超过了法国漫画作品的平均起印数。[1]

（2）动画产品。据国家广电总局的数据，[2] 三辰卡通集团公司制作的《蓝猫淘气三千问》系列节目的五大系列《海洋世界》、《恐龙时代》、《星际大战》、《运动系列》、《幽默益智》电视播出、音像制品和图书出版版权、衍生产品授权已分别输出到科威特、巴林、阿联酋、约旦、卡塔尔、印度尼西亚、韩国、以色列、美国、英国、泰国、南美洲和中国香港、中国台湾等 17 个国家与地区，累计出口量为 4 430 集、65 100 分钟，成交额为 550 万美元。浙江中南集团卡通影视公司制作的动画片《天眼》已进入美国、加拿大、德国、新加坡、韩国、菲律宾、马来西亚等 20 个国家和地区的电视播映系统，合同销售额超过 1 500 万元人民币。

（3）游戏产品。自 2004 年 6 月目标软件（北京）有限公司自主开发

---

[1] 中国社会科学院文化研究中心：《2006—2007 中国文化产业发展报告》，第 212 页。
[2] 金德龙在线访谈：《大力扶持我国民族动画产业》，http：//www.medialeader.com.cn/leader/200701/20070112110722_5219_8.html。

的网络游戏《天骄》成功进入韩国市场，迈出中国国产游戏进入海外市场的第一步以来，北京金山软件股份有限公司的《剑侠情缘网络版》（2004年）、《剑侠情缘网络版2》（2005年）也成功进入韩国、马来西亚、印度尼西亚、泰国和越南等国家，并在越南取得了80%的市场份额。游戏蜗牛的《航海世纪》到2006年10月，已经签约出口到亚洲、欧洲（德语、法语和英语三个版本）、北美洲（美国、加拿大）等10个国家和地区，总合约额超过300万欧元。

由上述部分企业的出口目标市场可见，我国动漫游戏产品的主要出口市场集中在欧洲、北美洲和亚洲，中东和南美洲也有一定的份额。其中，美国、法国、日本、韩国是主要出口的目标市场。

5. 从"韩流"文化产品出口看亚洲文化市场

在文化折扣和地缘因素的作用下，文化传统相近和地理位置临近的国家一直是一国文化产品出口的主要目标市场。比如，美国文化产品对加拿大的影响更为深重，"韩流"文化产品也主要是以亚洲国家（尤其是中国、日本）为主要出口市场。从这一意义上说，将来文化产品贸易的竞争也会主要集中于区域性国家之间。因此，对于中国文化产品出口而言，亚洲市场是最为主要的目标市场之一。进而言之，亚洲市场也可进一步的细分，划分为不同的目标市场。

近年来，"韩流"文化产品的国际竞争力不断增强，其主要的出口市场仍以亚洲国家为主。

表7　韩国电影出口市场及份额（美元）[1]

国家/地区	2003 年		2004 年		2005 年	
	出　口	总量之%	出　口	总量之%	出　口	总量之%
日本	1 389 000	44.8	40 401 000	69.3	60 332 686	79.4
美国	4 486 000	14.5	2 361 000	4.0	2 014 500	2.7
法国	709 000	2.3	2 084 000	3.5	1 504 820	2.0
泰国	1 448 500	4.7	1 771 500	3.0	1 520 000	2.0
德国	1 908 500	6.2	1 558 000	2.8	1 237 250	1.6

[1]　Kofic-Korean Film Statistics Yearbook：*Korean Film Exports by Country in 2003—2005.*

续　表

国家/地区	2003 年		2004 年		2005 年	
	出　口	总量之%	出　口	总量之%	出　口	总量之%
中国台湾	906 500	2.9	1 069 000	1.8	997 000	1.3
中国内地	805 500	2.6	206 000	0.4	530 500	1.7
中国香港	834 500	2.7	702 000	1.2	1 145 500	0.5
其他	5 987 500	19.3	8 131 100	14.0	6 722 324	8.8
总数	30 979 000	100.0	58 284 600	100.0	75 994 580	100.0

从上表可以看出，韩国电影出口的主要目标市场集中于亚洲国家，其中，日本是最为重要的目标市场。从 2003 年的 1 389 000 美元增长至 2005 年的60 332 686美元，增幅达 43 倍之多。与此同时，出口至美国、法国、德国等国的数量却并未增长，甚至出现减少。由于韩国电影的海外市场过度依靠日本进口，以至于 2006 年上半年出口到 47 个国家和地区的韩国电影仅有 128 部，出口额 1 470 万美元，比 2005 年同期减少了 58.3%；其中卖到日本市场的韩国电影大幅减少，从 2005 年的79%锐减到50.1%，而且每部影片的售价也从 2005 年的 860 796 美元下降至 581 566美元，跌幅达 32.4%。韩国电影振兴委员会认为这是韩国过去集中出口日本的泡沫化表现。

在电视剧方面，韩国电视剧出口的主要对象更是集中在亚洲市场。这表明韩国文化产品主攻亚洲市场的策略具有正确性；但韩国电影在 2006 年的出口缩水，也表明过度依赖日本市场会受制于人。一旦日本经济出现萎缩，就会直接影响到韩国文化产品出口的整体。对于中国文化产品出口而言，我们也应借鉴韩国经验，将亚洲尤其是儒家文化圈作为主要的目标市场，同时也要避免对某一国家市场的过度依赖。

（三）中国文化出口的主体构成结构

从世界文化产业发达国家的情况看，文化产品出口的主体大多是企业，尤其是大型跨国企业，跨国集团在文化产品国际市场上也占据主导地位。中国文化产业处于起步阶段，文化体制改革也尚未完成，因此，中国文化产品的出口主体仍是一种较为混乱的状态。目前，中国文化产品出口主体仍以国有企业为主，在不同的文化门类中，情况也各有不同，民营企业在近几年异军突起，成为中国文化产品出口的重要组成部分。

在电视节目出口方面，目前中国电视节目在海外市场的销售份额约80%是由中央电视台中国广播电影电视节目交易中心出口代理完成的。根据国家广电总局公布的统计信息，2004年全国电视节目进口额32 377万元，出口额24 755万元。中央直属单位广播电视节目进出口总额35 492万元，进口额17 802万元。省级广播电视节目进口总额10 584万元，出口总额6 956万元。2004年全国电视节目进出口总量为42 851小时，进口量35 215小时，国产剧在海外共发行3 000万美元。[①]

在演出产品出口方面，中国对外文化集团等大型国有演出团体仍然是推动中国演出产品走出国门的主力军。同时，在大型国有演出团体占据主导的同时，中国演出项目走出国门也呈现出多元化的发展趋势。广电总局所属的中国爱乐乐团、陕西省民间艺术剧院、保利文化艺术经纪公司等，在推动中国演出产品出口方面也取得了很大成绩。中国民营文化企业在国外演出活动中也表现出很好的发展势头。比如，天创国际演艺制作交流公司2004年与加拿大伟大艺术家公司合作，在美国和加拿大推出《功夫传奇》剧目，一次北美巡演的演出收入就高达300万美元。上海城市舞蹈公司制作的杂技芭蕾舞剧《天鹅湖》，2006年3月赴俄罗斯巡演5场，每场收入平均在2~5千美元左右；2006年8月又赴日本演出22场，演出收入高达3万美元，创下国内艺术团体国外商业演出收入的最高纪录。

在艺术展览的"走出去"方面，主要是以国有企业和相关部门为主，如四川自贡灯会展出有限公司由自贡灯贸管理委员会出资成立，黑龙江冰雕艺术展出口美国是由黑龙江省文化厅进行组织，等等。国有企业和相关部门在资源整合方面具有一定的优势，但在商业运作等方面存在不足。今后应更多地鼓励民营企业参与艺术展览出口，加强与国外商业团体的合作，使中国文化艺术展览尽快与国际接轨。

在图书版权出口方面，国内图书版权出口以国有大型出版集团为主体，版权代理机构作用尚未体现。目前，国内的图书版权进出口单位主要有中国国际图书贸易总公司、中国图书进出口（集团）总公司、中国出版对外贸易总公司、中国教育图书进出口总公司、北京市图书进出口

---

① 尹兆熊：《海外发行3 000万美元国产剧东南亚压"韩流"》，《江南时报》，2005年4月22日。

公司、上海外文图书公司等 36 家。从版权输出来看，有输出实力的出版社还很少，且集中于北京。如表 8 所示，2006 年图书版权输出前 10 名中，北京的出版社占了一半。

表8　2006 年图书版权输出单位统计① （单位：种）

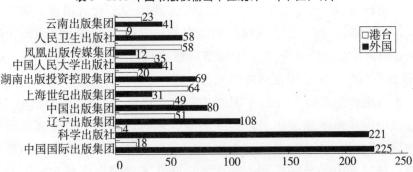

在国际版权贸易中，版权中介机构，即国际版权代理公司，往往承担着十分重要的角色，如英美的版权代理就相当活跃：英国有 200 多家版权代理公司，美国有 600 多家版权代理公司。然而当今中国的现状则是：国内仅有的 20 多家经国家版权局批准的版权代理机构（如中华版权代理总公司、中国国际图书贸易总公司版权部等）却经营不善，而且各家出版社无论大小都分别独立地与海外出版商或海外版权代理机构进行业务往来，很少借助于国内的版权代理机构商榷版贸业务，因此大大提高了交易成本，加大了版权购买方的投资风险，效率和效益低下不说，还耗费了出版社大量的人力、财力和物力。②

（四）小结

目前，中国文化产品出口逆差逐渐缩小，中华文化的国际影响力逐年上升，这与党和政府对文化产业的大力支持有着密不可分的关系。同时，中国文化产品出口仍未能达到应有的目标。与五千年的悠久文化传统相比，与不断提升的综合国力相比，与不断崛起的大国地位相比，中国文化产品的国际竞争力仍有很大的差距和不足。其中，结构性弊病正在成为影响中国文化产品出口和中华文化国际影响力提升的重要制约性因素。

---

① 资料来源：中国新闻出版总署。
② 王博闻：《中国图书版权输出问题分析及对策》，《2005 BIBF 新闻简报》。

（1）就内容结构而言，中国文化产品出口仍以商业电影中动作类产品为主，中国传统文化产品所占比例较低。相关统计数据表明，2006年，我国核心文化商品出口总额为96.53亿美元，其中，文化遗产的出口额仅为0.03亿美元。今后，我们应采取相关支持措施，进一步鼓励中国文化产品出口的多元化，使得中国文化出口仅靠由动作类产品的"指头"转变为多元一体的"拳头"，真正提升中国文化产品的国际竞争力。在具体措施上，可建立"中国传统文化产品出口指导目录"、"中国民俗文化产品出口指导目录"等，既可以更好地掌握已有的出口情况，也可以选取重点项目和类型，进行重点支持。

（2）就目标市场结构而言，中国文化产品出口目标市场多元化趋势不断加强。动作片、杂技等人类共通性内容的文化产品在北美、欧洲等世界主流文化市场具有一定的竞争力，中国传统文化内容较多的文化产品在日本、韩国等国也有了一定的市场。今后，我们应在进一步巩固亚洲文化市场的同时，防止对区域市场国依赖，实现亚洲市场、欧美市场、世界其他地区市场的多元化发展。

（3）就主体构成结构而言，中国文化产品出口主体总体上仍以国有企业为主，尚未形成国际竞争力强大的大型文化企业。在国内文化企业集团重组初步完成的情况下，今后应进一步鼓励大型文化企业间的自由竞争，防止因行政手段合并造成的"大而不强"、"资源失衡"现象；应鼓励民营文化企业积极参与国际竞争，并为其提供更为自由的出口环境。

课题组成员名单

课题负责人：

李怀亮　中国传媒大学国家对外文化贸易理论研究基地负责人，中国传媒大学媒体管理学院院长、教授、博导

课题组成员：

闫玉刚　中国传媒大学文化贸易研究所助理研究员、博士

王雪野　中国传媒大学文化贸易研究所副教授

贾旭东　中国社会科学院哲学所副研究员、博士

韩骏伟　中国传媒大学文化贸易研究所副教授、博士

萧盈盈　中国传媒大学文化贸易研究所助理研究员、博士

孙道军　中国传媒大学文化贸易研究所助理研究员、博士

蒋　多　中国传媒大学文化贸易研究所助理研究员

政府促进文化产品出口的角色
定位和介入方式研究

深圳特区文化研究中心国家对外文化贸易理论
研究基地

◆ 178   引 言

◆ 178   一、中国文化产品出口的现状和相关政策

◆ 182   二、政府在促进文化产品"走出去"过程中的角色定位

◆ 185   三、国外政府促进文化产品出口的措施研究

◆ 188   四、政府促进文化产品出口的政策建议

◆ 194   参考文献

◆ 194   课题组成员名单

引　言

　　20 世纪 30、40 年代，一方面，科学技术的迅速发展和广泛应用极大地推动了社会经济的发展，人们在获得了基本的生存条件和物质生活条件之后，产生了更多的精神方面的追求和需要；另一方面，信息和通讯技术的发展，催生了新的产业和生产组织形式，为文化的产业化提供了物质条件，以报纸、广播、影视、流行音乐、演出娱乐、印刷品等为代表的文化产业迅速发展起来。文化的产业化既是文化在现代科技条件下发展的必然趋势，也是经济发展到一定程度的必然。文化产业为社会提供了大量的就业机会，在推动经济增长，培育创新能力，增强国家、地区和城市综合竞争力上也起着不容忽视的重要作用。越来越多国家和地区充分认识到文化产业的重要意义，已经将文化产业定位为国家战略产业来发展。随着全球经济一体化进程的加快，以美国为首的强势文化借助全球化平台从经济领域开始全方位向外扩张渗透。文化产业已经不仅仅是国界范围内的事情，全球范围的文化市场都成为各国争抢的高地。各国文化产业在国际领域内的发展和竞争，促成了国际文化贸易的发展和兴盛。

　　从全球情况看，各国政府在促进本国文化产品出口方面扮演着非常重要的角色，有的是自由竞争机制的创立者和维护者，有的是民族文化和国内市场的保护者，有的是多元文化的倡导者，还有的提出了“文化立国”战略和全方位建设文化强国的构想。那么，1998 年正式提出“走出去”战略后，在促进文化产品出口的过程当中，我国政府到底处于怎样的角色定位，又是以何种方式介入到促进文化产品出口的过程当中的呢？

一、中国文化产品出口的现状和相关政策

　　“对外文化贸易”是近年来才兴起的一个新兴名词，国际上一些贸易研究机构和专家把文化贸易分为硬件贸易和软件贸易。一般来说，硬件指用来生产、储存、传播文化内容的器物工具和物态载体，如摄影器材、

视听设备、影视器材、舞美设备、游戏和娱乐器材、艺术创造和表达的工具等，软件则指文化内容和文化服务，包括广播电视节目、电影动画片和故事片、印刷品、出版物、视听艺术、表演艺术、载有文化艺术内容的光盘、视盘和多媒体、娱乐、会展等。[①] 到目前为止，文化贸易仍然是没有统一的界定，各个国家的区别很大。例如，在国际贸易的统计数据"电影和电视"一项中，日本统计数据用的是"电影租赁"，德国用的是"电影和电视"，法国用的是"视听节目"，加拿大用的是"电影和广播电视"，奥地利用的是"文化和娱乐"，等等。由于这种界定的不统一，因此对外文化贸易的数据很难进行准确的统计。可以肯定的是，在知识经济时代，各国的文化贸易竞争力的强弱很大程度上依赖于本国文化软件发展的情况。美国、日本、韩国和欧洲发达国家和地区文化贸易之所以发展迅速，与美国电影、日本动漫、韩国游戏和欧洲唱片等文化软件贸易在国际市场上难以动摇的霸主地位息息相关。

作为一个大国，中国在国际文化贸易领域占据着举足轻重的地位，根据联合国教科文组织的文件，1995 年，中国与美国、日本、英国和法国并列为世界文化贸易的五强。1998 年，中国已成为文化产品的第三大出口国。这些发达国家占了世界文化商品出口的 53% 和世界文化产品进口的 57%。尽管如此，中国文化产品的竞争力仍然有限，尤其在原创能力、科技含量、文化元素等方面亟须进一步提高。我国在文化贸易领域的弱势主要体现在以下两个方面：一是我国输出的文化产品在规模上与发达国家仍有较大差距，特别是在与美国、日本、英国、法国等国家的文化贸易中，存在着巨大的逆差；二是中国文化产品出口结构存在严重失衡的状况。中国出口的文化商品绝大部分是工艺美术品、文教娱乐和体育设备及器材等，属于文化贸易中的"硬件"，以加工贸易为主，而文化"软件"——即文化贸易中服务类项目的出口，还是中国的一个薄弱环节。我国文化贸易中这种"硬强软弱"、"进多出少"的特点，说明中国虽然是一个文化贸易的大国，但还不能称之为一个文化贸易强国。这与中国作为一个文化资源丰富、人口众多的大国地位极不相称，也大大削弱了中国的国际竞争力。

针对我国文化产品出口的现状，我国政府近年来对于文化贸易发展

[①] 丁伟：《发展中国对外文化贸易的历史机遇》。

高度关注。党的十六大报告明确提出，发展文化产业是市场经济条件下繁荣社会主义文化、满足人民群众精神文化需求的重要途径。要完善文化产业政策，支持文化产业发展，增强我国文化产业的整体实力和竞争力。十六届三中全会报告进一步强调，要完善文化产业政策，鼓励多渠道资金投入，促进各类文化产业共同发展，形成一批大型文化企业集团，增强文化产业的整体实力和国际竞争力。2005 年 7 月，中共中央办公厅、国务院办公厅印发了《关于进一步加强和改进文化产品和服务出口工作的意见》的通知，提出了针对文化产品和服务出口的一系列战略要求。在此背景下，国内各省市也纷纷将文化产业及贸易的发展提上议事日程，对外文化贸易成为推动经济增长和文化繁荣的热点。《国家"十一五"时期文化发展规划纲要》正式提出中国将完善对外文化贸易制度，积极培育外向型文化企业。纲要指出，中国将重点扶持具有中国民族特色的文化艺术、演出展览、电影、电视剧、动画片、出版物、民族音乐舞蹈和杂技等产品和服务的出口，支持动漫游戏、电子出版物等新兴文化产品进入国际市场；发挥国有文化企业在对外文化贸易方面的主导作用，鼓励投资主体多元化，形成一批具有竞争优势的品牌文化企业和企业集团。同时，中国也将积极发展从事演出展览、广播影视、新闻出版等业务的对外文化中介机构，支持国内文化企业与国际知名演艺、展览、电影、出版中介机构或经纪人开展合作，使其向规模化、品牌化方向发展。这也与 2007 年 10 月召开的党的十七大报告中所强调的要"加强对外文化交流，吸收各国优秀文明成果，增强中华文化国际影响力"相一致。

如何让我国出口文化产品做大做强，正是近些年国家有关部门重点考虑的问题，并且还为文化产品的出口采取了一系列"铺路"措施。2005 年年初，文化部制定了《关于促进商业演出展览文化产品出口的通知》和《国家商业演出展览产品出国指导目录》，从全国范围内开发了一批在国际演艺市场上有一定市场潜力和影响的项目入选指导目录，杂技芭蕾《天鹅湖》等作品名列其中。政府对列入"指导目录"的项目将扶持、鼓励其广泛开拓国际市场，积极参与国际合作与竞争，并优先选派这些项目赴国外执行官方交流任务，在一些大型文化活动中和重要的国际文化舞台上协助其宣传推广，为这些项目进行国际性商业演出搭建平台，开拓渠道，以降低他们的出口门槛和成本。中国对外文化集团、上海城市舞蹈有限公司、天创国际演艺制作交流有限公司和派格太合环球文化传媒投资有限公司被评选为"国家文化产品出口示范基地"，由国家重点扶持，旨在出口文化企业中发挥他们的导向和示范作用，促动更多的优秀文化产品出口。2005 年年底，文化部成立了两个"国家文化贸易理论研究基地"，主要研究我国对外文化贸易现状以及国际文化经济和贸易发展问题。这项基础性工作可以为我国开展对外文化贸易提供理论支持和科学指导。许多国际文化产业讲座也相继在各地举行，美国、加拿大、日本等国的专家介绍了他们的文化市场环境以及发展文化产业的经验。我国相关部门也选派了文化企业经营、管理人员出国培训，旨在培养造就文化产品出口方面的经营人才。

目前，国家财政和有关文化部门已经联合设立了 9 个支持文化发展的专项资金，其中，促进音像产品出口专项资金、动漫产业发展专项资金、电影精品专项资金、优秀剧（节）目创作演出专项资金和促进文化产业与对外文化贸易发展直接相关。在进出口关税优惠政策方面，在国务院办公厅《关于印发文化体制改革试点中支持文化产业发展和经营性文化事业单位转制为企业的两个规定的通知》、财政部和国家税务总局《关于文化体制改革中经营性文化事业单位转制为企业的若干税收政策的问题的通知》中都明确指出：文化产品出口按照国家现行税法规定享受出口退（免）税政策；对在境外提供文化劳务取得的境外收入不征营业税，免征企业所得税；为生产重点文化产品而引进先进技术或进口所需要的自用设备及配套件、备件等，按现行税法规定免征进口关税和进口环节增值税。

2007 年 10 月，根据 4 月份文化部办公厅下发的《关于奖励优秀出口文化企业、文化产品和服务项目的通知》，评定委员会办公室进行了评审，选出了 9 个优秀出口文化企业、18 个优秀出口文化产品和服务项目，并对结果进行了公示。这些是自 2005 年以来为推动中国文化产品和服务出口作出突出贡献并在国际国内具有一定影响的演艺、展览类文化企业，以及在国际市场上占据一定市场份额的演艺、展览类文化产品和服务项目。这次奖励优秀出口文化企业、文化产品和服务采取的是资金奖励的方式，旨在鼓励广大文化企业更好地落实文化"走出去"战略，扶持涉外市场主体的成长和壮大。这是政府与企业共同努力，培育一批有知名品牌、有国际竞争力的大型文化企业和企业集团，努力扩大出口，逐步改变文化产品进出口严重不平衡局面的又一大举措。

由于我国政府对文化产业和文化贸易高度重视、大力扶持，我国文化产品"走出去"战略取得了显著成就，文化产品和服务的国际竞争力也在不断增强。版权贸易进出口比例由 2003 年的 15.4∶1 降到 2006 年的 6∶1；电影出口由 2003 年的 25 部上升到 2006 年的 73 部；电视剧 2005 年出口 58 部 3 110 集，收入 323 万美元，2006 年出口 101 部 3 226 集，收入 3 048 万美元；国产动画片《蓝猫淘气三千问》、《天眼》等出口美国、英国、韩国、科威特等数十个国家和地区。国产原创网络游戏产品已占我国网络游戏市场的 55%，彻底改变了过去日韩网络游戏占据 70% 以上份额的被动局面。①

然而，我国文化企业的总体实力和国际竞争力还相对较弱，文化产品和服务的进出口存在严重逆差，长此以往，对我国的文化安全极为不利。因此，如何让拥有"五千年文化资源"的中华文化走向海外市场，成了目前我国政府亟须解决的课题。

二、政府在促进文化产品"走出去"过程中的角色定位

（一）政府的文化角色定位

政府角色是指政府在国家与社会中的性质、地位和作用，它是由政府在整个国家政治、经济、社会运行体系中的地位决定的，不同政治、经济、社会运行方式决定政府扮演不同的角色。② 当一个国家社会形态、经济体制等发生转变时，必然也会导致政府角色定位的转换。从 1978 年改革开放开始，我国就进入具有历史意义的社会转型期。市场经济体制取代计划经济体制并日趋完善，政府角色也随之发生转变，由过去的计划型、专权型、全能型政府转变为市场型、民主型、有限型政府。政府与市场的关系成为政府角色及其定位的关键。由于市场不能有效解决公共物品、外部效应、自然垄断和社会公平等问题，因而需要政府来弥补市场失灵，即实现政府角色的转换，建立"公共服务型"政府。

政府的文化职能是政府在文化领域中发挥管理、指导、领导、组织等职能的一种政府行为。在社会主义市场经济条件下，为了更好地履行政府的文化职能，必须加快推进行政管理体制改革，进一步转变文化行

---

① 《政协常委、委员为文化"走出去"献策》，《中国文化报》，2007 年 7 月 16 日。
② 朱云平在《转型发展时期政府角色的转换与政府权能的应对转变》中对政府角色的定义。

政管理部门的角色，从以办文化为主向"管文化"为主乃至"服务文化"的转变；从以管理政府文化机构和设施为主向管理全社会文化转变；从以行政手段管理为主向以法律和经济手段为主的转变，逐步转变为以规划、协调、执法和服务为内容的调控性管理方式。

（二）我国政府在促进文化产品出口的过程中的角色定位

在文化产业发展总体水平不高，基本上还处于起飞阶段的情况下，我国政府不能像西方发达国家政府那样对待文化产业和文化贸易采取"一臂间隔"（Arm's Length）的原则，给文化发展松绑，政府扮演的角色只是创造一个能够促进文化艺术事业发展、为所有艺术家提供更多机会的环境而已。在我国，政府对文化产业和文化贸易应当高度关注和重视并积极作为，引导全社会形成共识，实施发展文化产业的国家战略，集中力量开发具有国际竞争力的高质量文化产品，集中力量支持重点产业和重点项目，对于促进文化产品的出口才会取得良好效果。因此我国的国情决定了政府在促进文化产品"走出去"战略中必须扮演"公共服务型"政府的角色，即政策法律法规的制定者、信息技术公共服务的提供者和财政的扶持者。

第一，政府通过制定政策和法律，增强文化企业"走出去"的可持续发展能力。

一方面，发达国家将完善产业政策和法制环境视为保障文化产业健康发展的最关键因素。任何一个文化贸易的出口大国都有一套鼓励文化产品和服务贸易的法律和政策，其内容包括文化贸易的外汇管理、项目审批、商品结构、区位重点、税收优惠和资金扶持等政策。由于国际市场的不稳定性，为了鼓励、支持、推动中国文化产品或者文化企业走向世界，我国政府需要建立一整套经常调整、重在促进对外文化贸易的法律和政策，把政府为文化企业和机构提供的服务措施和资金扶持，用相关的保护政策和健全的法律法规的形式固定下来，以管理经济市场的方法管理文化市场，通过机制化的法律法规手段来调控文化市场，以体制创新来积累竞争优势，逐步建立起完善和成熟的文化市场体系和网络。

另一方面，政府在制定我国对外文化贸易政策和法律法规时，必须尊重国际文化贸易规则的存在。目前，对外文化贸易的政策和法律主要有两种相差甚远的主张：一是联合国教科文组织主张保护和促进文化多样性，另一种是世界贸易组织主张自由贸易。我国政府应该在两套话语中寻求一种平衡，[1] 以本国国家利益为重，坚定捍卫民族文化，树立中国国家形象，促进和保护世界文化多样性，但同时应看到国际竞争的必然性和激烈性，积极参与世贸组织规则的制定和认真学习国际市场规则，充分尊重已经达成的条款，尽量避免和减少不必要的贸易摩擦，在开放的过程中向发达国家学习，这样才能增强文化企业走向世界的可持续发展能力。

第二，政府通过提供信息和技术的公共服务，减少企业"走出去"的风险。

我国文化产业起步较晚，对外文化贸易还是一个新兴领域，从事文化贸易的文化企业和机构都缺乏经验和规模。而发达国家在多年的国际竞争中已经形成了先入为主的文化贸易发展规则，并占据了广大的市场，他们是规则的制定者、市场的垄断者，这对我国文化产品走出去构成了很大的冲击和挑战。相对于文化企业和机构而言，政府拥有更广泛的渠道、更丰富的资源了解国际文化贸易市场的现况和趋势，政府应当为文化机构和企业提供文化贸易方面的技术支持和信息咨询。

信息和技术是企业进一步发展的动力。政府可以为文化企业建设公共信息服务网络，提供公共信息、国际文化产业方面的信息、国际市场行情等服务，促进行业内部信息的交流和互动；为文化企业购置大型技术设备或者低价出租文化企业所必需的技术设备，建立公共实验室进行技术研发，促进文化产业公共技术开发平台的建设。有关的服务对象应该涵盖文化产业的各个领域，包括表演艺术、视觉艺术、电影和录像、广播、电视、音乐和录音、出版、设计、手工艺、文化遗产和新媒体等。政府在信息、技术上为文化企业提供的公共服务，利用公用的平台将降低文化企业的经营成本，减少文化企业"走出去"的风险，提高企业的出口能力，扩大中国文化企业的国际知名度，提升文化品牌效应。

第三，政府通过进行资金的扶持，增强企业"走出去"后的盈利能力。

政府对文化事业及相关产业的财政支持主要表现为三种方式：一是中央政府直接提供赞助、补助和奖金等；二是地方政府设立支持文化事

---

[1] 李怀亮：《经济全球化背景下中国文化"走出去"战略思考》。

业和文化产业发展的财政预算、文化产业发展专项基金等；三是政府通过财政、税收等优惠制度，鼓励文化企业、社会力量为文化产业的发展提供赞助和投入。对于具有重大商业价值潜力的文化产品和项目，政府可以先作为官方交流项目出资，帮助提高国际知名度，为其进入国际文化市场铺设道路。天创国际演艺制作交流有限公司是文化部批准的国家A类演艺经纪和制作公司，投资编创的《功夫传奇》作为中国专有知识产权的文化产品已经出口到北美地区，并获得市场的热烈好评。而中国的演艺产品想要进入欧美主流演出市场，在欧美的推介演出是必不可少的。该公司负责人介绍，从中国去美国做一次推荐演出的成本起码需要200万美金，由于高额的成本费用使之进入国际市场的难度加大，机会减少。因此如果没有政府的赞助和扶持，光靠演出公司自己去做，如此巨大的成本与风险是企业难以承担的。这也是为什么我国许多优秀的具有自主知识产权的中国演艺产品在国际演艺市场上无法取得成功的重要客观原因。

政府为文化企业提供资金扶持，一方面可以降低企业运作的成本，利于企业在国际市场上获得价格上的优势；另一方面可以提高文化产品的质量和创意，确保有潜力但资金不足的文化企业能够顺利运作。近年来，原本在亚洲地区销售的韩剧就通过免费赠播和给当地电视台无偿拉广告的营销方式打开了文化差异较大的东欧市场。政府资金扶持、低价进入一向是韩国文化产业进入其他国家文化市场时采取的首要手段。

三、国外政府促进文化产品出口的措施研究

"他山之石，可以攻玉。"发达国家利用抢先占领的市场、手中掌握的雄厚资金、高新技术以及遍布全球的信息、生产和销售网络，完整的文化产品和服务贸易的法律和政策，进行文化资源的全球配置和文化产品的全球销售，成功地推动着本国的文化产品走向世界，成为全球文化贸易的主体。我国处于发展文化贸易的初级阶段，因此，学习先进经验和成功案例，站在巨人的肩膀上，对于加快我国文化产品出口的进程，推动中华文化走向世界是有着重要意义的。

（一）欧盟国家：以法国为代表，政府是民族文化和国内市场的保护者

美国一向奉行"自由贸易"原则，联邦政府没有设立文化部或者相

应负责制定和实施文化政策的部门，指导其文化产业发展的理念是自由市场原则。美国的文化自由贸易强烈冲击着欧盟市场，而欧盟国家高度重视维护本国文化传统，奉行文化多样性原则，主张各民族文化共同发展。

在欧洲，法国始终坚持不懈地抵制美国的文化贸易进攻。法国政府的扶持造就了规模巨大的文化产业。进入 20 世纪 90 年代以来，面对美国文化的大肆进攻，法国政府采取的是保护民族文化和国内市场的政策。1993 年，在关贸总协定乌拉圭回合谈判中，法国坚决反对美国把文化列为一般服务贸易范畴，提出了"文化不是一般商品"、"文化例外"的新概念，对法国的影视业起到了保护作用。法国文化产业对外发展的基本原则是加强法语在世界的传播，从而达到传播法国文化和思想的目的；加强与国外的科技合作与宣传，大力发展文化宣传设施；根据国际形势的变化，不断调整对外文化宣传的重点地区，联合全球其他国家共同抵制美国文化侵蚀。

法国政府从 1948 年开始，一直对电影产业提供财政特别资助，建立了电影产业资助账户，保证了法国民族电影的生产不受各种危机的影响，鼓励欧洲国家之间生产合拍片，以保持法国电影人与欧洲各国的和谐发展，使法国电影在各个环节上具备了与国际电影竞争的实力。近些年，法国的舞蹈艺术发展很快，在国际市场上已经确立了自己的地位，这也得益于法国政府的重视和正确的扶持措施，值得中国演艺界好好借鉴。法国文化部设有音乐、舞蹈、戏剧演出司，是管理演出方面的最高行政机构，此外还有 19 个国立舞蹈艺术中心，1 个国家舞蹈中心和许多舞蹈发展中心等独立的舞蹈团体，[①] 注重为舞蹈艺术作品的创作、制作和发行提供良好的条件，包括资金资助、补贴和提供完善服务等。

（二）美洲国家：以加拿大为代表，政府是多元文化的倡导者

毗邻美国的加拿大是受美国文化影响最深的国家，并且国内同时存在与英语和法语密切联系的文化，这种文化的二元性导致加拿大社会的不稳定。为了捍卫加拿大的民族主义，维护本国的文化独立和融合，加拿大政府倡导多元文化主义政策，即主张在加拿大国内多种文化平等共

---

① 中宣部文化体制改革和发展办公室、文化部对外文化联络局主编：《法国对舞蹈团体的扶持措施》，《国际文化发展报告》，商务印书馆 2005 年版。

存，不存在一种文化居于统治或主导地位的现象。

全球文化贸易兴起后，加拿大政府十分重视发展本国的文化产业，大力支持加拿大艺术家和文化产品面向国际，抓住机遇，进一步融入世界，参与国际竞争。联邦、省、市三级政府合力推动文化发展和文化经贸的开展，对文化创新知识产权提供法律保护，对文化投资和文化产品创新实行税收减免优惠，加大文化经费的投入来增强文化经贸活动的能力。2001 年，加拿大遗产部部长和国际贸易部部长共同宣布实施"贸易之路计划"。该计划为期 3 年，是加拿大政府推出的第一个鼓励加拿大文化企业走出去的计划，包括政府对文化机构和企业项目的财政支持、文化贸易顾问服务和战略市场信息服务。[①]"贸易之路计划"获得了文化企业、组织和相关政府部门的欢迎，效果非常明显，为此，加拿大政府追加经费，并将其延期到 2010 年 3 月。

加拿大文化经费的投入力度相当大。以 2002—2003 年为例，联邦、省、市三级政府文化经费总投入达 71 亿加元，并建立了各类文化基金，除联邦层级法人机构"加拿大创新基金会"之外，还有加拿大独立电影和录像基金、加拿大电视剧基金、加拿大音乐基金、加拿大期刊基金、加拿大新媒体基金、加拿大信息存储基金等，用以扶持有潜力的文化企业和奖励成绩突出的个人和机构。这种完善的文化基金制度值得我国政府学习和借鉴。

（三）亚洲国家：以韩国为代表，政府树立"文化立国"方针，全方位建设文化强国

韩国在经历了亚洲金融风暴后，重新定位本国发展战略，把发展文化产业提到新的战略高度，积极进行培育。1998 年，韩国正式提出"文化立国"方针，为了振兴和发展文化产业，韩国政府在组织管理、资金支持、生产经营、人才培训等方面逐步加强机制建设，并对文化产品的研发、制作、经销和出口实施系统性扶持。

韩国文化产业一直具有积极开拓国际市场的决心。在第一个《文化产业发展 5 年计划》（1999 年至 2003 年）中，韩国政府提出的第二个阶段目标就是"重点发展外向型产品，开拓海外市场，提高国际竞争力"。

---

① 中宣部文化体制改革和发展办公室、文化部对外文化联络局主编：《贸易之路计划：加拿大文化外贸扶持政策》，《国际文化发展报告》，商务印书馆 2005 年版。

韩国的基本战略是利用中国和日本作为韩国文化产品登上世界舞台的台阶，大力开发，促进出口，继而瞄准国际大市场，利用国内市场收回制作成本，通过海外市场盈利。

韩国政府通过驻外文化院、一些机构和企业的办事处、网络等机构和手段，针对地区特点，加强调研开发适销对路的文化产品。积极举办和参加国际性展销洽谈活动，积极开展跨国生产合作，构筑海外营销网络。集中力量开发名牌产品，集中资金支持重点出口项目。为了有效管理文化产业，韩国政府建立了完善的组织管理机制，拿独步亚洲的韩国游戏产业来说，相关部门和直属机关相继成立了"游戏综合支援中心"，主管游戏政策、规划等，"游戏技术开发支援中心"主管游戏产业园区建设和管理，"游戏技术开发中心"主管游戏产业技术开发，除此之外，还设立了"韩国卡通形象文化产业协会"负责创作，"韩国卡通形象产业协会"负责市场开发。完善的管理机构为韩国游戏产业的发展提供了全方位的服务和指导。韩国政府也很注重对文化产业的投入，设立了多项专项基金，如文化振兴基金、文艺产业振兴基金、信息化促进基金、广播发展基金、电影振兴基金、出版基金等。为了多渠道地筹措文化产业发展基金，韩国文化产业振兴院提出了"文化产业专门投资组合"，运作相当成功。这些措施和经验都值得我们借鉴。

四、政府促进文化产品出口的政策建议

中国社会经济仍处于向市场经济的转轨时期，相对于国际上成熟强大的文化贸易对手，中国本土的文化企业还比较弱小。因此，中国的对外文化贸易发展背景与发达国家存在很大差异，在学习国外先进经验和成功案例的同时，我们还必须根据本国国情，充分发挥政府在文化市场上的引导、扶持和推动作用。政府的主要职责是制定文化产业政策和法规，引导文化产业结构调整，优化产业资源配置，提高集约化经营水平，运用高新技术提高我国文化产品的技术水平，为企业提供公共服务和资金扶持，建立对外文化贸易的统计指标和信息研究系统，不断增强我国文化产业的整体实力和竞争力，帮助企业打造国际知名度，为其进入国际文化市场创造有利条件。

（一）完善和落实文化产品出口的配套政策，营造良好的法制和政策环境

政府要运用多种经济手段支持文化产品出口。在财税政策上，进一

步提高部分出口商品的退税率，用贴息方式支持文化企业特别是出口高新技术产品的中小企业扩大出口和开拓国际市场。在金融服务和鼓励政策上，优先安排、重点支持文化企业出口所需流动资金贷款，并对实力强、效益好的出口企业经过评级给予一定的出口信贷的授信额度。进一步改进外贸管理体制，进一步简化文化产品出口环节的管理手续，加快出口商品的通关速度等。政府在资金和税收方面的优惠政策是我国文化企业最急切盼望的。例如，目前我国对文化企业的税收优惠政策是免税 3 年，但往往一个优秀的节目的制作周期就要超过 3 年。国家应该加大对文化企业的政策扶持力度，给予它们更多的税收优惠，将相关配套政策进一步完善和落到实处。

我国政府已经出台了一系列推动文化贸易的政策措施，但是仍存在财政支持政策范围偏窄、手段不灵活、金融信贷政策盲点多、各项政策之间的衔接和配套需进一步完善等问题，需要用法律的手段将政府为文化企业提供的服务和扶持固定化，营造一个法制的环境。市场经济某种程度上就是法制经济，必须为文化企业开展对外贸易创建良好的政策法律环境。政府要把握对外文化贸易的国际法律规则情形，建立统一、权威、协调的专门促进文化产品和服务"走出去"的管理机制，加强文化产品和服务"走出去"的制度建设、法律建设和政策导向性建设，维护对外文化贸易相关主体的合法权益。

（二）注重品牌效应，扶持和资助优秀文化企业"走出去"

发达国家占领国际文化贸易市场的成功经验之一就是走产业化、集团化、规模经营的道路，从 20 世纪 90 年代初开始，国际文化贸易的主导地位显然不是属于某一个国家的政府，而是属于跨国公司。时代华纳、新闻集团、迪斯尼集团、维亚康姆集团、贝塔斯曼集团等大型跨国集团在电影、电视、音像、报业、图书出版业都已形成了全球性的寡头垄断。这些跨国公司按照自己的运营规则来开发国际文化资源，逐步将其文化产品的内容标准确立为国际性的文化企业标准，后来者和弱小者为了在国际文化市场中占有一席之地，不得不遵循这些大型集团公司所制定的国际化标准来包装自己的文化资源和文化内容，受到了很多的限制。

新闻出版总署署长柳斌杰认为，当前中国文化贸易首先要选择"四名"战略，即培育名牌企业、打造名牌产品、创建名牌工程、发挥名人效应，以此把中国文化的国际形象树立起来。要使我国的文化产业与国际文化产业相抗衡，必须形成面向世界市场的大型文化产业集团。由于政府的资源和力量也是有限的，所以在发展对外文化贸易的初级阶段，政府必须集中优势力量，选择行业龙头和优势企业予以重点扶持，组建有规模、有潜力的文化产业集团，提供个性化政策和服务，以帮助其做强做大，使之成为我国文化产品走出去战略发展的中坚力量。在出版、演出、影视、图书、娱乐等方面积极培育新的增长点，形成优势品牌，提升我国文化产品在国际上的影响力和知名度。

（三）大力扶持文化产业"软件"方面的出口

如前所述，中国出口的文化商品以游戏、文教娱乐和体育设备及器材等"硬件"为主，虽然在"文化硬件"领域是世界第二大出口国，但文化"软件"的出口，还是中国的一个薄弱环节。"文化软件"强调的是文化内容和文化服务的创意性和对知识产权的保护，它所带来的高附加值能够增强文化产业的国际竞争力和国家的综合国力。随着各国文化贸易发展的趋势由硬件贸易转向软件贸易，以创意为核心的文化产业的发展和强大正成为增强各国文化贸易竞争力的关键所在。

英国政府在1998年正式推出"创意产业"这一新概念，认为是"那些发源于个人创造力、技能和天分，能够通过应用知识产权创造财富和就业机会的产业"。从它的范围来看，"创意产业"不能等同于我国所指的"文化产业"，但是值得我们借鉴之处在于，英国政府成功地利用文化内容和文化服务的创意性，为促进英国经济的繁荣作出了巨大的贡献。支持优秀文化艺术的产业化发展是英国创意产业政策的要点之一。个人和企业的能力、资本、技术等各种条件有限，如果没有政府部门适当的扶持，优秀艺术品的艺术价值是很难转化为市场价值的。一个好的"创意"不仅可以赋予优秀艺术产品新的生命力，还可以繁荣市场、促进经济发展。我国政府应当积极培育和发展富含创意的文化产品，如影视、动漫、演艺等，这类文化产业一开始就需要大量的投入和人才加盟，一个好的创意如果在这时缺少了政府的帮助和扶持，很可能就会"夭折"在重重困难之中。因此，不少文化企业提出了"资金前移补贴法"，就是希望政府能在文化产品的初期就给予适当的扶持，确保好的创意最终能够做出优秀的产品，最终能够成功走向国际市场，实现文化产品的市场价值，扭转我国的文化贸易逆差形式。

（四）在文化内容上，在减少"文化折扣"的同时，逐步与国际接轨

"文化折扣"是加拿大学者 Colin Hoskins 等人在《全球性电视和电影》一书中提出的概念，指的是，在国际文化贸易中，文化产品如电视剧、电影会因为其内蕴的文化因素而不被其他民族观众认同或理解从而带来产品价值的减低。尽管现在全球一体化趋势正日益加剧，但各国文化仍有着相对的独立性和差异性。欧美国家的消费者对中国文化感到陌生，没有形成对中国文化、艺术作品的消费偏好，无论在生活习惯、思维方式还是在价值观念上，中西方的差距目前仍然非常巨大。在国内市场上大受欢迎的文化产品并不一定能在国际上畅销。歌舞伎是日本典型的民族表演艺术，但是他们并没有把它推向国际市场，而是将"文化折扣"最小的动漫产品推向国际，并取得了很大的成功。

中国文化有着悠久的历史传统，博大精深，然而，如果我们仅仅发掘中国文化产品中的文化传统层面，文化资源的丰富反过来也可能成为制约中国文化产品"走出去"的障碍。实践证明，凡是在国际市场上取得成功的中国文化产品（包括香港地区的作品），都是那些在思想观念、主题、类型和方法上与国际接轨的作品。因此，在文化产品开发上，不能一味强调我们自己的价值观和民族特色，要顺应国际文化贸易的大趋势，在创意设计、主题选择、内容创作等方面要增强与国际市场的理念沟通，注意产品内容的本土化与国际化的结合，积极打造既具有民族特色又能与国际"接轨"的文化产品，创造出具有世界公认的普世价值的文化产品和演出项目。

韩国政府以中国、日本为重点的东亚地区作为他们登上世界舞台的台阶，这种开拓国际文化市场的基本战略值得我们借鉴。中国的文化企业在立足本土市场的技术上，应当利用文化亲和力的优势，发挥地区性影响，首先开拓朝鲜、韩国、日本、菲律宾、新加坡、马来西亚、泰国、越南等国家和地区，中国的文化产品会遇到较小的文化折扣。再加上散居在世界各地的海外华人，以及受到华语文化影响的其他人口，他们是中国文化产品的潜在消费者。这些地区和人口应该成为我国文化产品进入国外市场的第一受众目标。在赢得了这个市场之后，我们才有可能真正进军欧美主流市场。

（五）在渠道上，建立国际市场的营销网络

　　文化内容固然重要，"走出去"的渠道也不容轻视。西方发达国家文化产业在长期的跨国贸易历史中，已经建立了相当成熟的国际营销体系，能够专门针对目标国家市场从事文化产品和文化服务的促销和推广，探索出一种适应海外市场特殊性的良性自我调节机制，逐渐形成了在文化贸易中的全球垄断地位。而近年来，一些亚洲国家也开始探索国际市场的推广和营销策略，并取得了突出的成绩。例如，为了更好地推广韩国文化产品，韩国政府在文化出口战略地区（如北京、东京）都设立了办事处，建立"前沿据点"，进行专门的市场调研、开发和宣传，以保证营销投放的精准度。

　　中国文化产业过去一直是以产定销，市场化程度低，海内外营销投入都不足。尤其是在海外市场，既缺乏独立高效的营销手段，也缺乏适合市场需求的宣传推广，基本没有海外营销的机构和机制，严重制约了文化产品和文化服务的对外输出。传统上，我国演艺企业赴海外演出，一般是单纯将演出劳务外包给国外承办方，这样虽然可以降低风险，但是也减少了演出的收益。国际化合作的经营方式是与国外合作方共同投资、费用共摊、风险共担、利润共享，这样虽然会增大企业的风险，但是只有真正地走入国际市场，才能培养起我国文化企业的市场敏锐感觉和独立主体地位。

　　政府应该为推广我国的文化产品做好宣传和营销方面的服务工作，一方面使我国的文化企业和机构了解国际文化贸易的现况，充分利用中国驻外文化中心的作用，积极向驻在国推介中华文化，为国内文化产品和项目牵线搭桥，进行各国和地区文化环境、广告政策、媒体结构、消费者喜好倾向的调查研究，为企业制定营销策略提供咨询和服务，使我国文化企业能够准确地了解国际市场风险，从而规避风险、化解风险。另一方面使国外更好地了解我国的文化产品和服务，密切与海外中介机构的合作，包括国际专业会展机构、经纪代理机构、专业刊物等，与他们建立起高层次的合作伙伴关系。政府牵头组织文化企业参加各种国际展会和大型活动，帮助建立低成本的互联网营销平台，充分利用国际媒体的优势来宣传我国的文化产品和服务，有助于海外的发行商、经销商、媒体和消费者全方位了解我国文化产品的资讯，扩大推广力度和潜在市场。

政府还应当充分发挥行业协会的重要作用，强化行业协会在行业管理、职业道德教育等方面的职能，使其充当沟通政府与企业、企业与社会之间的桥梁，逐步将一些不适合由政府行使的职能转交给行业协会，建立行业协会参与行业管理、市场管理的机制，完善自律机制，促进文化行业健康发展。鼓励中外行业协会交流与合作，联手共同开拓海外市场。

（六）实施文化人才战略

在人才引进方面，拓宽人才引进的领域和渠道，采取有效措施吸引国内外技术、管理、营销等各类人才。发展对外文化贸易所需的是外向型、复合型的人才，即精业务、懂策划、善操作、会管理、熟悉国际惯例和国际运作的高层次人才。政府应当以优势产业积聚人才，以重点项目吸引人才，以合作方式招揽人才。对于高层次、高素质人才给予必要的优惠政策，为优秀人才提供优惠的生活待遇和优良的创业环境。

在人才培育方面，大力培养复合型人才、文化产业经营管理人才和文化艺术各类专门人才。争取从政府专项基金中拨出专门经费，通过委托、定向培养、双向交流等多种途径，选派优秀人才到国内外著名高校、研究机构和文化部门学习、进修，培养一批掌握现代高新技术和经营管理知识的文化人才。

在人才使用方面，加快建立新型人才使用机制与激励机制。建立文化艺术人才库、网络化管理手段，促进文化艺术人才合理配置和有序流动。推动人才签约制度和绩效分配制度，并以效益评估的方式，对有突出贡献的经营管理人才和文化艺术专门人才予以重奖。在合理利用当地人才的同时，充分使用对外文化贸易所在国的专业人才和华侨的力量，利用境外资源，为推动我国文化产品走向世界作出贡献。

在建设服务型政府的今天，我国政府应充当的是"服务者"的角色，把发展文化产业摆在更加突出位置，发挥政府的引导和扶持作用，为文化企业实施平等的法律保护和政策支持，提供信息、技术的公共服务和资金扶持，履行有效的市场监管职能，弥补市场失灵的缺陷，进一步加强和改进文化产品和服务的出口工作，推动更多优秀文化产品和服务走向国际市场。

参考文献

［1］中宣部文化体制改革和发展办公室、文化部对外文化联络局主编．国际文化发展报告．上海：商务印书馆，2005.

［2］李怀亮．当代国际文化贸易与文化竞争．广州：广东人民出版社，2005.

［3］李军鹏．公共服务学——政府公共服务的理论与实践．北京：国家行政学院出版社，2007.

［4］侯丰瑶．法国文化产业．"世界文化产业"丛书，北京：外语教学与研究出版社，2007.

［5］陈鸣．西方文化管理概论．"高校文化产业管理专业教材"系列之一．太原：书海出版社，陕西人民出版社，2006.

［6］彭立勋主编．城市文化创新与和谐文化建设——2007 年深圳文化蓝皮书．北京：中国社会科学出版社，2007.

课题组成员名单

课题负责人：

陈新亮　深圳特区文化研究中心国家对外文化贸易理论研究基地
　　　　主任

课题组成员：

毛少莹　深圳特区文化研究中心国家对外文化贸易理论研究基地副
　　　　研究员

杨立青　深圳特区文化研究中心国家对外文化贸易理论研究基地助
　　　　理研究员

宋　阳　深圳特区文化研究中心国家对外文化贸易理论研究基地助
　　　　理研究员

我国东部沿海城市与中西部城市文化产业模式比较

中国海洋大学国家文化产业研究中心

◆ 196　摘要和关键词

◆ 197　引　言

◆ 198　一、我国东部沿海城市和中西部城市文化产业发展总体现状

◆ 211　二、我国不同地区城市文化产业发展模式分析

◆ 218　三、制约我国不同地区文化产业发展的内在因素

◆ 220　四、问题与建议

◆ 226　参考文献

◆ 227　附　言

◆ 227　课题组成员名单

摘要和关键词

摘　要：我国各地的文化产业形成了不同的发展模式和特点，是由社会经济发展水平决定的。东部沿海城市是我国文化产业发展较成熟的地区，市场化程度较高，形成以市场为主导的模式。中部城市则处于东部沿海城市与西部城市的连接点上，文化产业发展明显表现出与东西部城市相衔接的特点。西部城市更注重借助于政府的作用来推进文化产业发展，形成以政府为主导的模式。从文化产业形态来看，东部沿海城市强调以创意为先导，通过创意提升产业层次；中西部城市则是利用本地丰富多彩的文化资源（尤其是民族文化资源）来带动文化产业发展，体现了资源型文化产业的特征。东部沿海城市利用高新技术突出产业的附加值，中西部城市则注重文化产业与旅游业的结合，形成与旅游业的互动。本文还分析了制约我国不同地区文化产业发展的内在因素，就我国文化产业发展存在的问题进行了深入探讨，并提出解决问题的具体方案。

关键词：东部沿海城市　中西部城市　文化产业模式　比较　问题与建议

引　言

近年来我国产业呈现出快速发展的趋势，对国民经济的拉动作用十分明显。据国家统计局数据显示，2006 年我国文化产业实现增加值 5 123 亿元，比上年增长 17.1%，高出同期 GDP 增长速度 6.4 个百分点，高出同期第三产业增长速度 6.8 个百分点，占 GDP 的比重为 2.45%，比 2004 年增长 0.3%。2006 年我国文化产业从业人员达到 1 132 万人，占全部从业人员的比重为 1.48%，比 2004 年提高 0.16 个百分点。文化产业高于我国国民经济发展速度，有望成为我国国民经济的支柱产业。①

我国文化产业发展存在着地区发展的不平衡性，从总体上来看，东部沿海城市较中西部城市文化产业发展要快，文化产业发展的总体水平要高，对社会发展的贡献要大。从区域来看，虽然文化产业发展与社会经济发展不完全同步，但总体上要受到社会经济发展水平的制约和影响。就世界范围而言，文化产业繁荣的地区往往是一些经济发达城市，尤其是国际化大都市。中国文化产业的发展也体现了这一特点，一般来说，越是经济发达的城市，文化产业越繁荣。由于我国社会经济发展呈现出明显的地域性特征，总体上表现出东西部发展的差异，这种差异也相应地表现在文化产业领域，形成了我国东部沿海城市与中西部城市文化产业发展的不同模式与特点。

东部地区地处中国沿海一带，基础设施和条件较好，经济发达，人均收入较高，市场相对成熟，文化产业发展较快，已经成为我国重要的文化产业集聚区。尤其是在文化体制改革和文化市场机制的创新上，东部沿海城市走在全国的前列，表现出与市场经济要求相适应的产业特征，初步建立起了适应文化产业发展要求的市场体系、政策环境与保障措施。而中西部城市则利用自身独特的资源优势加速文化产业发展，有效地带动了社会经济的全面发展。因此，探讨我国不同地区文化产业发展的模式与特点，对进一步加速我国文化产业发展具有重要意义。

----

① 《中国文化报》，2007 年 6 月 1 日。

一、我国东部沿海城市和中西部城市文化产业发展总体现状

从区域上讲，我国东部、中部和西部不仅是一个地理概念，还是一个经济概念，它表明不同地区社会经济发展水平的差异。因此，人们习惯上把我国划分为三个不同的经济区域：东部地区、中部地区和西部地区。按经济发展水平的差异，东部地区经济发展水平最高，属于经济发达地区，中部地区次之，西部地区相对属于经济欠发达地区。

（一）东部地区

从总体上看，我国文化产业进入到一个快速发展时期，全国各地都在加快文化产业发展的步伐。东部沿海城市是我国文化产业发展较为成熟的地区，形成一些较为集中的文化产业带，这些文化产业带与这些地区城市群发展具有密切关系。例如，以广州、深圳等城市为主形成的"珠三角"文化产业带，其特点是充分利用开放的市场经济环境与国际文化产业进行对接，并与港澳地区文化产业发展形成互动关系，积极参与文化产业市场化竞争；文化产业呈现集团化发展趋势，产业化程度较高，极大地增强了市场竞争力。如广州的报业市场，近年来形成了广州日报报业集团、羊城晚报报业集团和南方日报报业集团三大报业集团相互竞争的格局，其中，广州日报报业集团还是国内首家获准组建的报业集团。开放的媒体环境和激烈的市场竞争极大地提高了报业集团自身的生存能力，也为我国文化产业集团参与国际竞争积聚了资本。

深圳从文化建设入手加快文化产业发展，从一无所有到成为文化产业强市，仅用了 20 多年的时间。20 世纪 80 年代初，深圳兴建了"八大文化设施"，进入 90 年代以来又兴建了"新八大文化设施"，以及后来的"四大文化项目"等，使深圳在文化上迅速崛起，成为全国重要区域性文化中心城市。深圳近年来致力于打造"图书馆城"和"设计之城"，拥有图书馆和设计机构的数量在全国位居前列，深圳书城已经步入国内顶级书城行列。如今，深圳的文化设施建设在全国同类城市中堪称一流，为文化产业发展奠定了基础。

深圳早在"十五"期间就提出"文化立市"的发展战略，并把两年一届的"中国（深圳）国际文化产业博览会"改为一年一届；制定了促进文化产业发展的地方性法规——《深圳市文化产业促进条例（草

案）》，并于 2007 年 5 月 25 日提交市人民代表大会审议；文化产业的增长率高出其他产业 3.46%，成为深圳发展最快的产业之一。除了在印刷、传媒、文化娱乐、文化旅游等领域继续保持传统优势外，在依托于高新技术的动漫、网络游戏、数字内容产品等方面也显示出了强劲的发展势头。在传媒领域，深圳报业集团、广电集团已经发展成为国内有影响力的大型传媒集团，深圳广电集团拥有的 8 个电视频道覆盖全市六个区 200 万用户，覆盖总人口约 800 万；在珠江三角洲有两个开路频道，总入网用户 250 万，覆盖人口 3 500 万。并且，深圳卫视还成为我国副省级城市第一家上星频道，覆盖全国 16 个省会城市、50 个地级城市。在面对来自香港传媒业强烈影响的开放的媒体环境下，深圳传媒能取得如此成绩实属不易。

以上海、南京、杭州、苏州、宁波等为代表的"长三角"城市群，近年来充分利用自身的区位优势加快文化产业发展，已成为我国文化产业发展最快的地区之一，尤其是在一些科技含量高、附加值大的新兴文化产业及文化服务领域形成了强劲的发展势头。

上海从 20 世纪 90 年代开始，随着浦东开发的进行，不仅着力打造作为国际经济、金融、贸易、航运中心的形象，也在努力塑造作为国际文化中心的形象。近年来上海文化建设取得突出成绩，为文化产业发展奠定了坚实基础。上海先后投资 200 亿元建造了上海大剧院、东方明珠塔、上海博物馆、上海科技馆等标志性文化设施，举办了大量的与文化艺术有关的活动，如上海艺术节、上海国际电影节、上海国际旅游节等；邀请了一些世界著名艺术团体前来演出，如俄罗斯马林斯基芭蕾舞团、日本宝塚歌舞剧团、苏格兰交响乐团、瑞士洛桑芭蕾舞团、朝鲜万寿台艺术团等；举办了许多重要的国际体育赛事，如承办了 F1 国际赛事、NBA 常规赛、上海国际田径黄金大奖赛等。这些重大文化体育活动不仅使上海的国际地位和影响力得到了极大地提升，而且也带动了文化产业的迅速发展。

上海近年来文化产业增长较快。2004 年，上海文化产业实现增加值 445.73 亿元，占 GDP 的 6%，比上海 GDP 增长幅度高出 1.7 个百分点，对全市经济的贡献率则达到 7.9%。2005 年，文化产业实现增加值 509.23 亿元，占 GDP 的 6.5%，比上年增长 13.2%。2006 年，文化产业实现增加值 650 亿元，占 GDP 的 6%，增长速度为 15%。文化产业发展有效地带动了第三产业发展，近年来上海第三产业在整个国民经济中占有越来越重要的地位，有超过传统产业的趋势，这与文化产业快速发展有密切关系。

南京是我国文化资源大省，各种文化资源十分丰富，尤其是历史文化资源占有重要地位。南京素有"六朝古都"、"十朝都会"之称，历史上很多封建王朝都定都于此。南京建城的历史长达 2 476 年，其中的 450余年为首都史，使得南京既积淀了深厚的历史文化资源，也蒙上了一层神奇的古都文化色彩。近年来，南京在文化产业发展上充分利用文化资源丰厚的特点，提出了"文化南京"的城市发展理念，把文化资源的开发利用作为加速南京文化产业发展的重要举措，把打造"文化南京"作为今后发展的战略目标。

"文化南京"由三个相互关联的体系构成：一是目标体系，即与南京"率先实现现代化，率先全面建设小康社会"的奋斗目标和"三个文明"协调发展的城市发展要求相适应，充分彰显历史文化名城特色，全面提高城乡市民素质，提升城市文化形象，增强南京文化的国际影响力和国际竞争力，经过 5～10 年的努力，力争将南京建设成为历史文化与现代文明交相辉映、古都风貌与滨江风光融为一体的全国文化示范城市。二是内容体系，即名城历史文化资源保护、文化精神塑造、文化资源整合、文化形象提升等工程。三是途径体系，即传承历史文脉与创新文化建设之路，包括文化观念、管理体制、文化经济政策和文化品牌的创新和打造等。

在"文化南京"的发展理念和战略目标的指导下，地域文化资源的开发利用成为南京文化产业发展的重中之重。这方面主要体现在文化遗产资源的发掘、保护和城市文化形象提升上。南京积极贯彻"保护为主，抢救第一，合理利用，加强管理"的方针，取得了可喜的成绩。一是确立了保护的总体思路，坚持对物质文化遗产和非物质文化遗产实行全方位的保护。二是依法规范历史文化遗产的保护。三是确定了具体保护方针、措施。把历史文化资源的保护、开发和利用有机结合起来，形成一个文化系统工程，其目的是进一步突出城市的文化个性特征，促进城市文化竞争力的提高。"文化南京"的具体发展战略是：在"十一五"期间，文化产业增加值在"十五"规划的基础上翻一番，把南京建成世界历史文化名城、全国文化产业基地、全省文化中心、文化资源大市、文化产业强市，使南京文化综合竞争力位居全国同等城市前列。

作为"长三角"核心城市之一的杭州，近年来积极进行产业结构的调整，大力发展符合时代潮流的新兴产业，并打造"人间天堂"的文化竞争力。2006 年，杭州成功举办了"世界休闲博览会"，兴建了与博览会相配套的世界休闲博览园项目，这是一个集休闲、旅游、会展、度假、人居为一体的休闲主题城，杭州市政府为此项目投资 100 多亿元。另外，杭州的国家动漫产业基地已于 2004 年由国家广电总局批准成立，将动漫产业作为新的经济增长点，使其成为建设"天堂硅谷"的重要内容。2005 年 6 月 1 日~6 日，杭州成功举办了"首届中国杭州国际动漫产业博览会"。如今，动漫产业在杭州等东部沿海城市已初步形成了规模化和集约化的发展态势，吸引了国内许多知名的 IT 企业、动画公司和国际风险投资集团进入。这也是我国东部沿海城市发展文化产业的先发优势。

有着"上有天堂，下有苏杭"美誉的苏州市，充分利用其世界文化遗产——"苏州园林"的天然优势，加大对世界著名的园林城市的保护和相关产业的开发，使其成为世界上最富有吸引力和最适宜人居的花园城市。在苏州老城区，几乎看不到其他现代化城市所常见到的高楼大厦和现代化的人工景观，而是体现出典雅而精致的中国传统文化内涵和审美趣味。通过对古典园林的大力保护，不但使苏州成为国内外特色非常鲜明的花园城市、园林艺术城市，而且有效地吸引了外资项目在苏州的投资。良好的投资环境和适宜人居的城市环境，已经成为苏州吸引外资企业的最有效的手段。近年来，苏州已经成为国内吸引外资最多的城市之一，世界 500 强企业中，已有 120 多家落户于苏州。

作为我国开埠较早的宁波市，把文化产业看做是加速城市发展的重要内容来大力推进，确立了建设"文化大市"的城市发展战略，打造城市的文化品牌和文化竞争力。从区县到市，十分重视文化建设，包括文化设施、文化投融资、文化体制改革、文化市场培育、文化产业发展等方面，都取得显著成绩。文化建设始终是当地政府议事日程中的大事，居于重要的核心地位。在 2006 年 7 月 7 日召开的全市文化体制改革工作会议上，宁波市再次重申了建设"文化大市"的战略定位。目前宁波在文化体制改革、文化投融资、文化市场培育、构建文化服务体系等方面，已经走在国内的前列。宁波文化产业注重发展特色行业，宁波的文具产业，已经占据了国内外文具市场的五分之一，成为宁波文化产业的一大亮点，成为国家重要的出口产品。宁波现有文具制造企业 2 700 余家，规模以上的文具企业 178 家，文具进出口公司 300 余家。文具产业已成为宁波名副其实的支柱产业，宁波也因此享有"中国文具之都"的称号。

以北京、天津、大连等为代表的环渤海城市群，从宽泛的概念上讲，也可划为东部沿海城市的范畴。这些城市充分利用自身区位优势发展文化产业，打造文化产业竞争力，取得了显著成效。近年来，北京大力发展文化创意产业，把文化创意产业作为加快北京文化产业发展的重要突破口，以此提升文化产品的附加值。北京市委、市政府非常重视文化创意产业的发展，把大力发展创意产业看做是推进北京文化产业发展、抢占高端国际文化市场的重要举措，增强文化的核心竞争力。

近年来，北京先后出台了《北京市促进文化创意产业发展的若干政策》、《北京市文化创意产业分类标准》等一系列的鼓励文化创意发展的政府文件。北京在创意产业方面重点发展具有明显优势的文艺演出、出版发行和版权贸易、影视节目制作和交易、动漫和网络游戏研发制作、广告会展、古玩艺术品交易、创意设计、文化旅游八大文化创意产业领域。2006 年 1 月 15 日，在北京市第十二届人大四次会议上，市长王岐山指出，文化创意产业是北京未来的工作重点。发展文化创意产业已经成为北京市"十一五"规划中的重要内容。为了更好地推进文化创意产业发展，北京市专门成立了文化创意产业领导小组，由市委书记牵头负责，加强对文化创意产业工作的组织领导与协调。按照北京市《北京市文化产业发展规划（2004～2008 年）》中提出的发展目标，文化产业在北京市国内生产总值所占比例应达到 9%，成为国民经济的支柱产业。

依据国家统计局的分类标准，2005 年北京文化产业从业人员为 55 万人，总产值为 3 005 亿元，实现增加值 388 亿元，文化产业占全市生产总值的比例为 5.6%。另据 2006 年 12 月发布的《北京市文化创意产业分类标准》，2005 年北京文化创意产业总产值为 5 140.3 亿元，实现增加值 700.4 亿元，占全市 GDP 的 10.2%。这里除去不同部门统计口径的不同之外，可以看出近年来北京文化创意产业已经步入快速发展的轨道，成为北京文化产业的一大亮点。

天津文化产业总体上起步较晚，2003 年，天津成为我国文化体制改革试点城市，有效地推动了文化向市场化、产业化发展的进程。2004 年，天津文化产业实现增加值 66.91 亿元，占 GDP 的 2.3%，大体相当于全国平均水平。天津近年来在文化基础设施建设上取得了突破性进展，先后投资 30 亿元建成了天津广电中心、天津日报大厦、天津图书大厦等标志性文化设施。

天津主要经营性文化企业多集中在电影、文物、演出、娱乐、艺术品、舞台技术工程、音像制品、拍卖、文化旅游、出版、网络文化等领域。在全国有影响的文化企业有：天津市电影公司、天津滚石文化发展有限公司、天津文物公司、天津市文化产业发展公司、天津文化艺术音像出版社、天津国际拍卖公司、天津市舞台设备厂、杨柳青画社和泥人张彩塑工作室等。

天津近年来把发展文化产业放到了重要地位，计划在滨海新区建立国内一流的亚洲文化产业园。该园建成后，将成为我国规模最大的文化产业园，也是滨海新区中重点打造的文化产业项目。该项目将以突出创意产业为主，通过项目合作与产品贸易带动影视、音乐、数字娱乐（动画、网游等）、出版、传媒、休闲、旅游等产业项目。滨海新区亚洲文化产业园将努力建成环渤海湾地区文化产业研发中心、文化产业服务中心、文化产业加工区、文化产品集散地和物流中心，预计总建筑面积达 150 万平方米，计划引入百余家国内文化企业以及日、韩、新等国的知名文化企业入驻。据初步估算，滨海新区亚洲文化产业园总投资达 126 亿元，计划 8～10 年内全部建成。

大连与沈阳一道同为我国东北文化产业发展较快的城市，文化产业的基础较好。到 2010 年，大连文化产业增加值预计将占 GDP 的 10%，成为大连的支柱产业。

大连发展文化产业有许多有利条件：一是大连具有良好的区位优势。大连是我国东北地区对外开放的窗口和经济发展的龙头，交通便利，经济发达，国际交往频繁，对外知名度较高。二是文化基础设施较为完善。"九五"期间，大连市政府对文化设施的投入是前 20 年的两倍，是改革开放前的 160 倍。近些年来，先后投资兴建了虎滩极地馆、现代博物馆、星海广场、金石滩二期工程等，大大提升了城市的文化品位。大连虎滩成为我国首批 5A 级风景区。三是产业门类较齐全。截至 2003 年，大连有各类文化艺术团体 8 个，其中市属专业艺术演出团体 4 个；国内统一刊号的报纸 23 种，公开发行的 49 种，内部报刊 100 多种，出版社 5 个，音像出版社 1 个，印刷企业 1 500 多个；广播电台 5 个，有线及无线电视台 10 个；电影院 14 个；新华书店 8 个，图书二级批发单位 25 个，网吧 1 400 个；博物馆、文物馆 5 个；娱乐场所 1 100 个。四是具有丰富的智力资源。大连有近 20 所高等院校和一批科研院所，为发展文化产业提供了充足的智力资源和科技创新能力。特别是近年来大连重点发展的软件业及信息服务业，为文化产业带来更多的发展机遇。

大连近年来形成了一批大型文化产业集团，其中大青集团被文化部命名为国家文化产业示范基地，具有较高影响力和知名文化品牌。文化产业除了主要集中在广电、报业、出版业、旅游业、会展业和文化娱乐业等领域外，在动漫、游戏等新兴领域也形成了明显优势。位于大连高新技术产业园区的大连"动漫走廊——国家动画产业基地和国家动漫游戏产业振兴基地"，建于 2004 年，投入使用的楼宇面积 6 万平方米，有包括北京金山软件、韩国最大动漫企业东无公司在内，以及日本、美国、印度等国 50 余家中外动漫企业入驻，成为东北地区最大的动漫产业基地。在动画原创、动画外包、网络游戏、手机游戏、动漫游戏人才培训及公共服务平台建设等方面取得了突出成绩。2006 年创造产值 13. 4 亿元。

（二）中部地区

我国中部地区的沈阳、武汉、郑州、太原、长沙、南昌等城市，也结合本地文化资源特点发展文化产业，带动中部地区文化产业的崛起。

沈阳作为东北中心城市文化产业，虽然起步较晚，但发展迅速；利用经济基础较好的优势加大文化产业的投入，形成明显的后发优势。首届中国东北文化产业博览会就在沈阳举行；从 2006 年到 2007 年两年间，沈阳又成功举办了世界园艺博览会和世界自然遗产与文化遗产博览会，极大地提升了沈阳文化产业在全国的地位；沈阳又以棋盘山国际风景旅游开发区为核心，制定了创建国家文化产业示范园区的宏伟规划，提出建设"东方文化硅谷"和"东北文化产业中心"的总体发展目标。

地处九省通衢的武汉市，以其深厚悠久的历史文化积淀，探索出了一条适合自身发展的文化产业模式。武汉近年来涌现出许多大型文化产业集团，民营文化企业异常活跃，初步形成了一个以公有制为主体、多种所有制共同发展的文化产业新格局。我国首届中部地区文化产业博览会就由武汉主办，被列为我国四大国家级文博会之一，这也表明了武汉文化产业在中部地区的重要地位。据统计，2005 年，武汉文化产业增加值为 107 亿元，占 GDP 的比重为 3.8%；2006 年为 162 亿元，占 GDP 的5.1%。这在中部城市群中发展速度是比较快的。

近年来，武汉努力打造区域性国际文化中心的形象，进一步加大文化基础设施的建设，同时充分利用历史文化资源丰富多样的优势来发展文化产业，取得明显成效。武汉各种具有重大历史文化价值的纪念馆、遗址、博物馆比较多，如武昌农讲所旧址、毛泽东旧居、武昌起义门、八路军武汉办事处旧址纪念馆、新四军军部旧址纪念馆、京汉铁路总工会旧址、武汉国民政府旧址纪念馆、詹天佑故居、"八七会议"会址纪念馆、晴川阁、武汉市盘龙城遗址博物馆、武汉市中山舰博物馆、武汉二七纪念馆、宋庆龄旧居纪念馆、汉阳铁厂与张之洞博物馆、中共五大会址纪念馆，以及汉口一带的历史文化建筑群、旧租界等，这些都为武汉开展历史文化旅游创造了条件。历史文化资源开发已成为武汉发展文化产业的一大特色。

除此之外，武汉也在努力打造我国中部地区现代传媒中心。武汉的报刊业和出版业在国内享有盛誉，市场化程度较高，产业形态较为完善，综合实力排在全国前 10 位，成为优势文化产业。武汉有湖北日报报业集团和长江日报报业集团两大报业集团，共计 6 家综合性报纸，其中《楚天都市报》发行量达到 120 万份以上，为全国报业十强，发行量世界排名第 39 位。知音杂志社现已发展成为总资产 6.36 亿元、净资产 4.15 亿元的大型传媒集团，2006 年实现经营收入 3.1 亿元、利润 1.14 亿元、利税 1.38 亿元、上缴税收 6 473 万元；其中核心刊物《知音》月发行量达到 636 万份，居世界综合性期刊排名第五位、全国各类杂志排名第二位；知音印务公司也成为湖北省最大的期刊印刷基地，2006 年实现销售收入1.16 亿元、利润 588 万元。

武汉图书出版在全国占有重要地位，长江出版集团是我国中部地区最大的出版集团之一，自 2004 年组建以来，形成了以图书、报刊、音像、电子出版、印刷、发行及相关产业经营为主，对外贸易、科研、教育培训等相配套，并逐步向影视、网络等媒体及其他文化服务业等拓展的较为完备的产业体系。截至 2006 年底，集团拥有全资子公司 18 家、控股公司 7 家、参股公司 3 家，员工 8 687 人。2006 年，集团共实现销售收入 28.49 亿元，实现利润总额 1.56 亿元，全年共上缴各种税费 1.81 亿元，取得了突出的经济效益。

武汉近年来在发展依托高科技的新兴文化产业方面取得了重要突破，尤其是表现知识密集和技术密集的动漫产业领域。以江通动画为核心，在武汉东湖高新技术产业开发区已经聚集了人马动画、奇境动画、魔素动漫、海豚卡通、知音动漫、易能文化等动画制作企业，以及一大批游戏软件公司。江通动画的《天上掉下个猪八戒》、《小子贱三》，人马动画的《小悟空传》、《敦煌传奇》、《红蓝宝石之恋》，奇境动画的《Q 日志》等，代表了武汉原创动漫的发展水平。武汉利用光谷优势，依托光谷动漫产业园、光谷动漫城建立武汉（国家）动漫产业基地，计划实现动漫产业及相关产品达到年产值 30 亿元的目标。

郑州文化产业发展呈快速上升趋势。2006 年 8 月，借"21 世纪中国文化产业发展论坛"在郑州举办之机，郑州文化产业进入到一个快速发展时期。郑州在文化产业发展上一个突出特点是利用本地区丰富的传统文化资源来开发文化产品。河南是一个传统文化资源大省，文化资源的数量在全国占有重要地位，成为河南文化产业的一笔重要财富，也是郑州文化产业的特色所在。近年来，河南省委、省政府提出建设文化强省的战略，并为促进文化产业发展制定了一系列政策，推动河南由"文化资源大省向文化产业强省的跨越式发展"，并通过市场化运作打造了一批具有地方文化特色的文化产品。

郑州为中国八大古都之一，拥有丰富的历史文化资源。郑州是中华民族的发祥地之一，早在 3 500 年前这里就是商王朝的重要都邑，曾有夏、商、周、郑、韩五朝以此为都，隋、唐、五代、宋、金、元、明、清八代设此为州，这表明郑州在历史上相当长时期曾是国家的政治中心。郑州名胜众多，文物古迹荟萃，是国家历史文化名城。郑州的国家级文物保护单位数量与全国其他城市相比占有明显优势。据最新公布的数据，全国重点文物保护单位 2 351 处，河南省 189 处（198 项），居全国第 2 位；郑州 41 处（43 项），居全省第 1 位，而拥有这一数量的城市，在全国屈指可数。郑州有著名的少林寺、中岳庙、嵩山国家森林公园、黄河风景名胜区、北宋皇陵、北魏石窟寺、轩辕黄帝故里、杜甫故里等，这些构成了郑州发展以文化旅游为特色的文化产业优势。2005 年，全市旅游总收入达到 178 亿元，增长 28.4%，接待国内旅游者 1 771 万人次，比上年增长 29.3%，接待港澳游客 7.9 万人，外国游客 29.9 万人次。

近年来河南文化产业以郑州为集聚区，呈现出向周边地区延伸和向周边产品扩展的发展态势。在开发利用文化资源方面，郑州注重深入挖掘知名文化品牌的市场价值，以此带动相关产业发展。如对少林文化的挖掘，以少林武术文化的产业化为目标，高起点、大规模打造少林文化产业，加快少林武术城建设步伐，把少林寺建设成为全国规模最大的武术人才培训基地，并在全球范围推广"少林品牌"，建立了少林寺网站，对少林寺商标进行维权，等等。这些不仅保护了少林文化这一珍贵文化资源的价值，也有效地带动了旅游业和其他相关产业的发展。另外，由郑州歌舞剧院创作演出的《风中少林》，将少林武术和舞蹈艺术加以完美结合，剧中既有少林功夫展示，又有现代舞蹈元素，这种大胆创新在中国舞剧史上还是第一次。在 2005 年第二届中国舞蹈节暨第五届中国舞蹈"荷花奖"大赛中，《风中少林》获作品金奖、导演金奖、服装设计金奖。

山西不仅是煤炭资源大省，也是文化资源大省。近年来，山西通过文化资源的开发利用加速文化产业发展，以及促进经济增长方式的转变。2007 年 8 月 12 日，太原市在阳曲县尖草坪区向阳镇西村傅山故里新建了"中华傅山园"，并举行规模盛大的纪念一代宗师傅山先生诞辰 400 周年的活动。与纪念活动相关的有新编晋剧《傅山进京》专场演出、"傅山故乡情"晋剧票友演唱会、"傅山魂、黄土情"文艺演唱会、傅山国际学术研讨会等，太原市也因此被授予"中国傅山文化之乡"的称号。山西临汾市古县也利用蔺相如故里这一独特文化资源发展旅游文化产业，2007 年 8 月举办了首届中国·古县蔺相如文化高层论坛。平遥古城则利用世界文化遗产资源来发展文化旅游，举办一年一度的中国平遥国际摄影节等重大文化活动，使平遥扬名国内外。

近年来，长沙文化产业发展取得的成绩有目共睹。英国学者奥康纳说：文化产业繁荣在城市。城市支撑着处于自身运作核心的信息网、专业技能和相互作用在长沙体现得比较突出。从文化产业总量上看，2005 年，长沙文化产业总产值占整个湖南省的一半以上，达到 54.32%。2006 年，文化产业总产值 360 亿元，增加值达到 170 亿元，占 GDP 的 10%，与上年同期相比，增长速度为 25%。单从这些指标可以看出，长沙市文化产业发展不仅在中部地区是比较突出的，在全国也是发展最快的城市之一。如果按占国民经济 10% 为支柱产业的标准来衡量的话，那么，长沙的文化产业已经成为该地区名副其实的国民经济支柱产业。

长沙在文化产业发展上的一个明显特点是，通过打造知名文化品牌做强做大文化产业。这一点在它的强势文化产业领域表现得更为突出。长沙市的强势文化产业主要表现在广电、出版、娱乐休闲、演出、动漫、民间工艺等。长沙文化产业做得有声有色，除了政府文化政策方面的因素外，还与长沙具有良好的文化产业基础和文化市场环境有密切关系。以 2005 年为例，长沙市有文化单位 10 000 多个，其中文化企业 1 000 多个，年收入 300 多亿元，创造增加值 147.25 亿元。长沙通过文化兴市，寻求跨越式发展之路；特别强调"敢为人先"的精神，敢想敢干，一直引领国内文化产业潮流；围绕着"文化名城、休闲之都、创意中心"的定位，加快文化产业发展。2006 年，长沙制定了《长沙市文化发展"十一五"规划纲要》，提出"把长沙建设成为文化基础设施完善、文化创新能力较强、文化产业化程度较高、文化生态环境良好、文化特色鲜明，市场活跃、人才集聚、精品迭出，带动全省、领先中西部、辐射全国并具有较强国际影响力的现代化区域性文化中心"。长沙近年来在文化产业上的突出表现，已经使其成为国内重要的区域性文化产业中心。

我国中部地区的其他城市，也在充分利用本地文化资源的基础上探寻文化产业发展的道路。作为革命老区的井冈山市，是国家首批 5A 级旅游风景区和爱国主义教育示范基地，红色旅游资源和地方民俗文化资源尤为丰富，形成井冈山发展文化产业的一大优势。井冈山的文化产业与旅游业紧密结合，特色鲜明，着力打造"五彩之旅"（即：充满激情的红色之旅、充满活力的绿色之旅、健康时尚的蓝色之旅、幸运浪漫的金色之旅、民俗风情的古色之旅）。合肥市文化产业虽然起步较晚，但发展迅速。它充分利用历史悠久、人文荟萃的优势，提出了"魅力合肥"的城市文化定位，要在特色上形成文化产业发展的明显优势。围绕着这一定位，合肥市利用市场化手段大力开展文化产业项目招商，招商项目包括互联网宽带视频点播、合肥包公文化节、安徽名人园二期、火山博物馆、合肥三国新城遗址公园、全球音谷文化产业园、安徽孔子文化园等 65 个。通过这些项目的招商，将使合肥的文化产业发展跃上一个新台阶。

（三）西部地区

从总体上来看，中国西部属于经济欠发达地区，而且多数是边疆少数民族省份，长期以来受社会经济发展水平、基础设施、资金、人才和科技实力等条件的限制，文化产业的发展总体上相对于经济发达的东部地区来说要缓慢一些，文化产业层次要低一些，但情况也不完全如此。西部城市在文化产业的发展上也有自己的鲜明特点和独特优势，加之各级政府的重视，开创了文化产业发展的"西部模式"。

我国西部地区幅员辽阔、资源富饶、山川秀丽，自然生态和文化生态呈现出多样性。近年来，随着国家大力实施西部大开发的战略，为西部地区的社会发展带来了更多的机遇。值得注意的是，西部地区对于发展文化产业，从政府到企业都非常重视，并且在很多方面都是由政府出面来直接推动的，形成了文化产业发展上的政府主导模式。例如，地处西南少数民族地区的云南省，近年来把大力发展文化产业作为其建立民族文化大省的重要战略来加以实施，省委、省政府高度重视文化产业工作，提出要"像研究经济工作一样来研究文化产业，像抓烟草产业一样来抓文化产业，像培育工业企业一样培育文化企业，像保护生态环境一样来保护优秀民族文化资源"。[①] 早在 2003 年 6 月全国文化体制改革试点工作会议结束不久，云南省就把文化体制改革和文化产业发展列为重要议事日程，并正式组建了云南省文化体制改革和文化产业发展领导小组，在全省 16 个地州也相应成立了有关领导机构。先后出台了《中共云南省委、云南省人民政府关于深化文化体制改革、加快文化产业发展的若干意见》、《云南省关于加快文化产业发展的若干政策》、《关于开展文化产业统计工作的意见》等一系列的政府文件。2005 年 12 月 8 日~11 日，在昆明成功地举办了"首届中国西部文化产业博览会"，进一步提升了云南文化产业在全国的地位和影响力。云南已经成为我国文化产业发展最快的地区之一，昆明、丽江、大理等城市，已经被公认为文化产业发展的"云南现象"的代表，其中丽江通过保护特色文化资源所形成的特色文化产业，有效地带动了当地民族文化旅游的兴盛，吸引了大量的来自世界各地的观光客，文化产业的增加值已占当地国内生产总值的 10% 以上，成为当地的重要支柱产业。

我国西部有 12 个省区市，是中国少数民族最为集中聚居的地区。近年来，西部省市正在积极探索符合本地实际的文化产业发展模式，文化

---

① 见《中国文化报·文化产业周刊》记者对原云南省委副书记丹增的采访。

产业发展呈现出多元化和差异化的态势。例如，作为西部中心城市的成都市，充分利用在电子信息、人才和文化资源等方面的优势，大力发展以网络和动漫游戏为主导的新兴文化产业，取得了可喜的成绩。2005 年，经文化部批准，在成都温江区建立了国家动漫游戏产业振兴基地，这是西部地区国家级动漫游戏产业的创新平台。成都努力打造中国西部动漫游戏之都的形象，有效地带动了相关产业的发展。作为全国最大的少数民族聚居地的广西，把文化资源的优势转化为文化产业的优势，发展文化产业已经成为振兴广西经济的一项重要战略举措，成为拉动地方经济增长的重要助推力。

广西享有"歌海"之称，民歌资源非常丰富，开发富有地方特色的民歌资源成为广西各地发展文化产业的一种特定模式。工业重镇柳州市近年来大力开发当地丰富多彩的民歌资源，精心创作推出了深受市场欢迎的大型民族音画舞台剧《八桂大歌》，取得不俗的市场业绩。而国内首部大型实景演出《印象·刘三姐》的成功上演，不仅极大地促进了桂林市文化旅游业的发展，而且也为地方文化资源的开发利用提供了一个具有典型意义的案例。

作为广西壮族自治区首府的南宁市，充分利用民族文化资源的优势和每年在南宁举行的"中国—东盟博览会"这一区域性国际盛会的良机，努力打造文化精品，推出了一年一度的具有国际影响力的知名节庆品牌——南宁国际民歌艺术节。该艺术节开幕式上演出的《大地飞歌》，已经成为艺术节最响亮的品牌，具有广泛的国际影响。艺术节曾推出的《风情东南亚》，被文化部指定为"中国—东盟建立对话关系 15 周年纪念峰会"的庆典晚会，产生了重大国际影响。2007 年南宁国际民歌艺术节于10 月 28 日在南宁隆重举行，主题是"盛世欢歌"，承袭了 2006 年"盛世和韵"的主题，已成为每年"中国—东盟博览会"的重要组成部分。在2007 年第三届深圳国际文化产业博览会上，南宁国际民歌艺术节的展台格外引人注目。

作为西北五省区中心城市的西安市，在发展文化产业上深入挖掘古都文化资源的价值、打响盛唐文化品牌上，已成为西部地区发展特色文化产业的突出范例。西安是我国著名的古都，被公认为世界四大文化古都之一，历史悠久，文化灿烂；因文物古迹众多，有天然古代博物馆之称；分布着 72 座帝王陵墓，有国家重点文物保护单位 37 处，省级重点文物保护单位 283 处，有闻名海内外的秦始皇兵马俑、秦始皇陵、法门寺、半坡遗址、汉茂陵石刻、大小雁塔、明城墙、钟楼、鼓楼、汉长安城、未央宫、唐大明宫、香积寺、大兴善寺、秦阿房宫等。

近年来，西安在文化产业发展上把重点放在传统文化资源的开发上，尤其是深入挖掘盛唐文化的价值。比如在具有深厚盛唐文化历史底蕴的曲江建设了曲江新区，新区并没有沿用国内常见的经济开发区的模式，而是按照西安市发展文化产业的总体要求进行高起点的规划设计，确立了以文化产业为主导产业的新区定位，通过高端手段对传统文化资源加以整合和利用，把曲江打造成为国内最大规模的文化产业示范园区，使之"引领西部，示范全国"。曲江文化产业示范园区以现代产业园区的理念来有效整合文化资源，加快产业集聚，向着高端化、集约化方向发展。整个示范园区初步形成了以文化旅游、会展、影视、演艺、出版、传媒为核心的文化产业门类体系。

近年来，曲江新区借助于市场化手段，先后建成了大雁塔周边园林景区、大唐芙蓉园、曲江海洋馆、曲江国际会展中心，在建的还有曲江六大遗址公园、曲江不夜城等 30 余个重大项目，围绕这些举办了曲江论坛、唐人文化周、"人文奥运·盛典西安"、曲江文化大讲堂、曲江电影双年展和曲江电影论坛、曲江秦腔艺术周等大型文化活动，促进了文化资源价值的快速提升与市场转化。2006 年 7 月，曲江下属的文化产业投资集团被文化部命名为国家文化产业示范基地；2007 年 8 月，曲江新区与深圳华侨城集团一起被命名为全国首批国家级文化产业示范园区，标志着园区化文化产业发展模式受到国家的肯定。

二、我国不同地区城市文化产业发展模式分析

从文化产业发展来看，我国不同地区城市之间明显表现出不同模式和特点，这也是结合本地区实际形成的一种发展道路。

首先，东部地区城市地处沿海，市场经济较为活跃，市场体系较为完善，投融资渠道较多，加之经济发达，信息资源畅通，文化消费市场潜力巨大，消费能力较强，直接决定了东部沿海城市不同于中西部城市的文化产业发展模式。这种模式主要表现为：通过市场机制来推进文化产业的发展，可称之为市场主导模式。从总体上来看，东部沿海城市文

化产业发展与市场经济结合得更为紧密，市场化的程度也更高，主要反映在各种文化资本在文化产业中所发挥的突出作用，尤其是民营资本非常活跃。相比较而言，中西部城市文化产业发展则更加注重政府的作用，从资金、政策到市场等，政府都扮演着非常重要的角色，文化产业也因成为国民经济的重要产业而受到政府的高度重视与大力扶持。例如，2005 年，云南省文化产业增加值达到 183.58 亿元，占 GDP 的 5.29%，作为省会城市的昆明，更是文化产业发展最快的地区，文化产业增加值对全省的贡献率接近 40%，年平均增长速度为 50%。[1] 世界文化遗产城市丽江的文化产业增加值占 GDP 高达 10%，已成为重要支柱产业。这种情况在许多西部城市中反映得比较明显。中部城市中的郑州、武汉、太原、长沙、南昌、合肥等，这方面也都比较突出。

我国中西部城市文化产业相对于经济发展来说要快速得多，一个重要原因就是受到当地政府的重视和大力扶持，不仅包括资金、政策和市场，而且还在很多方面直接由政府出面来推动，形成文化产业发展上的政府主导模式。云南省近年来把建设民族文化大省作为全省三大发展战略之一，为云南民族文化产业的发展创造了良好的外部环境。山西则专门成立了山西建设文化强省规划研究中心，大力推进文化强省战略。在市场机制还不充分完备的条件下，政府主导作用的发挥，对发展文化产业来说显得非常重要，也是必不可少的外部因素。

其次，我国文化产业发展，无论是东部沿海城市还是中西部城市，都有一个共同点，那就是十分重视对文化资源的开发利用，这也是我国目前文化产业发展最常见的路径选择。这是因为我国文化资源丰富，从而形成发展文化产业的优势。但一般来说，中西部城市更加注重利用本地区丰富多彩的文化资源（尤其是历史文化资源和民族文化资源）来发展文化产业，并且与旅游业形成互动。这种文化产业模式属于资源型文化产业，其产业结构和产业链构成都与文化资源有关。

相比较而言，东部沿海城市在历史上大都属于远离中原的边远地区，历史文化资源的积淀明显不如中西部地区丰富多彩，更缺少独特的少数民族文化资源，所以，东部沿海城市发展文化产业不可能走依赖资源优势的文化产业道路，而是利用东部地区特有的区位优势和条件，注重发

---

[1] 施惟达、李炎主编：《态与势：云南文化产业研究》，云南大学出版社 2007 年版，第 1～2 页。

展文化创意产业，通过文化创意活动，提升产业的内在价值。也就是说，东部沿海城市的文化产业模式更强调以文化创意为先导，重在个人创造所形成的知识成果对社会的贡献率和影响力，这已经由低端的资源型文化产业模式转向高端的创意型文化产业模式。主要表现在两个方面：一是与高新技术相结合的内容创意设计，这是知识经济时代文化产业的新业态；二是以提供文化服务为主的创意活动。这是东部沿海城市近年来文化产业出现的新变化，正如有学者所说的："在一些大城市，由于生活费用昂贵，在制造业上已渐渐失去了优势。目前，发达国家已进入了后工业社会，中国的沿海开放城市将成为中国内地工业化城市和发达国家的后工业社会的联结点和中国经济的神经系统。这样的城市不可能再是传统意义上的工业中心，而应该成为金融、信息、教育、文化、高科技和国际交流中心。"

文化创意产业已经成为我国东部沿海城市近年来文化产业的发展趋势。据有关资料显示，文化创意产业近年来在东部沿海城市越来越受到关注。北京市着力打造"创意之都"，大力扶持与创意产业相关的新兴文化产业门类，提升产业层次与水平。例如，位于朝阳区大山子的北京798艺术园区，已经成为北京最具发展潜力的创意园区之一。位于天津市西青区李七庄街凌庄子村的凌奥创意产业园，2006年建成，占地12万平方米，是以新媒体、数字娱乐、设计、会展、广告等为主导产业的创意产业集聚区。目前，已吸引了30余家创意企业入驻。另外，天津河北区也启动了发展创意产业的整体规划，形成了创意天地、创意公社、创意工厂、创意人才四大创意平台，逐渐成为天津文化创意产业的中心。

上海把"创意上海"作为发展目标，明显加大了文化创意产业发展的步伐。2005年4月28日，上海市为首批创意产业集聚区揭牌，标志着上海创意产业的全面启动，随后又分批命名了一批创意集聚区。上海创意产业集聚区大多是利用了一百多年来的老工业建筑，采取楼宇置换和改造等方式发展为创意产业园区，主要有：位于上海泰康路210弄的田子坊，利用了上海20世纪以来最典型的弄堂工厂群，把原上海食品工业机械厂、上海钟塑配件厂等改造为建筑面积达2万平方米的创意园区，入住的设计企业达130多家，包括了美国、法国、日本等设计企业在内，被称之为"上海的苏荷区"；位于建国中路10号的八号桥创意产业集聚区，其前身是上海汽车工业集团下属的上海汽车制动器公司，有从50年代到 90 年代建造的已废弃的各式老厂房和工厂设施，现改造为占地面积 1 万多平方米、入住企业达 40 多家的以时尚设计为主的创意园区；位于苏州河畔光复路 181 号的"创意仓库"，改造为建筑面积 2 万平方米的工业设计集聚区，入住工业设计企业、建筑设计公司 20 余家。① 下表是位于上海普陀区莫干山路 50 号的视觉艺术产业园港台及国外文化创意机构的进住情况：

莫干山路 50 号视觉艺术产业园进住情况

序 号	类 别	楼 号	名 称	国 别
1	工作室（画室）	0 # 2F	郭新工作室	中国/美国
2		3 # 1F	谷文达工作室	美国
3		3 # 1F ~ 2	洪明顺工作室	中国/日本
4		4 # 1F	司马青工作室	美国
5		4 # 1F	博田摄影（Botain Photo Studio）	日本
6		7 # 1F 半	洪东禄工作室	中国台湾
7		7 # 1F	英领馆文化处艺术家工作室	英国
8		8 # 1F	倪康工作室	加拿大
9		9 # 2F	迪文工作室	以色列
10		17 # 1F	王一辉工作室	加拿大
11		4 # 2F	王国侦工作室	中国台湾
12	艺术空间	5 # 9 # 1F	升艺术空间	中国台湾
13		17 # 1F	海外企画	日本
14	画廊	3 # 2F	1001 艺术画廊	委内瑞拉
15		4 # 1F	55 画廊	中国/泰国
16		4 # 2F	艺术景画廊	加拿大
17		6 # 5F	东廊艺术	澳大利亚
18		7 # 4F	上海比翼	意大利
19		16 # 1F	香格纳画廊	瑞士
20	相关艺术创意机构	2 # 1F	夏邦杰建筑设计联盟	法国

---

① 叶辛、蒯大申主编：《创意上海》，社会科学文献出版社 2006 年版，第 73 页。

续 表

序 号	类 别	楼 号	名 称	国 别
21		0 # 1F	贝碧欧美术颜料（昆山）有限公司	法国
22		3 # 2F	上海禾山文化发展有限公司	中国/新西兰/日本
23	文化艺术公司	6 # 3F	上海卞画数码图文设计有限公司	法国
24		7 # 1F	亿邦文化传播有限公司	中国台湾
25		2#1F	上海唯品设计有限公司	法国
26		4 # 1F	上海银沪建筑景观设计有限公司	新加坡
27		7#1F	丽透商业（上海）有限公司	美国
28	艺术教育	–	中法埃菲时装设计师学院	法国

（资料来自叶辛、蒯大申主编《创意上海》，社会科学文献出版社 2006 年版）

上海创意产业的发展吸引了众多港澳台和国外创意机构涌入，极大地提升了上海作为国际重要创意中心的地位和影响力。

近年来，我国许多沿海城市都把创意产业作为发展文化产业的关键，以创意来推进文化产业深入发展。杭州大力发展与数字内容有关的创意设计，并把 IT 产业作为加大创意产业发展的重要支撑条件。深圳则在进一步加速发展现代设计业、会展业、传媒、信息服务等创意型文化产业，把文化创意活动作为深圳文化产业发展的重点。尤其是 2007 年建成起用的罗湖创意文化广场，不仅使之成为第三届深圳文博会的新亮点，也使深圳在未来将自身打造成为国内外重要文化创意中心的目标上迈出了重要一步。

罗湖创意文化广场坐落在深圳罗湖中心区，被视为深圳第一座现代创意设计馆，英文称 LUOOHU，是集创意文化服务、艺术展示中心、创智社区、创意休闲、创意沙龙和国际论坛等多个创意功能园区为一体的超大型创意中心，它将构建以罗湖创意展示中心、罗湖城市文化广场、罗湖创意文化体验中心、罗湖品牌培育中心、罗湖创意服务培训中心为核心的五大高端创意平台，将成为深圳最具国际化特色的文化项目。

作为山东龙头城市的青岛，是著名的"品牌之都"，拥有丰富的创意资源。为了进一步提升传统制造业的附加值和产业集合效应，青岛在

"十一五"文化产业规划中明确地把发展"创意产业"作为构造六大产业基地来大力实施，推进创新型城市发展。2005 年，青岛和北京电影学院、美国加州大学进行合作，在著名旅游度假区薛家岛建立了青岛创意媒体学院。在城市中心地带开辟了创意 100 产业园、122 文化创意广场、127 创意坊等文化创意园项目，创意内容包括研发、设计、软件开发、影视传媒、公司总部、贸易投资和会展、国际国内大型会议、文化体育等重大赛事、文化咨询服务等。

创意产业对当代社会的价值正在被人们深刻地认识。正如香港大学文化政策研究中心总监许焯权先生所说的："政策层面来讨论创意产业，创造了多少财富，增加了多少就业机会，是必要的基础和前提，但对整个社会的改造和更新才是创意产业的最高境界，创意产业是在发展经济的同时发展社会，发展每一个人的创造力和潜能。"东部沿海城市由于占有科学技术、信息、国际交流和人才等方面的巨大优势，在创意产业发展方面明显要领先于中西部城市。尤其是东部地区的一些国际化程度较高的经济发达城市，创意产业以及相应的创意指数的提升更是成为带动城市发展和社会进步的重要推动力量。

再次，东部沿海城市依托于高新技术的文化产业门类占了很大比重，文化产业的科技含量相对较高，附加值较大。这一点与中西部城市相比较更为突出。例如，北京近年来大力发展和扶持新兴文化产业，这些新兴文化产业很多就属于科技含量较高的新型产业门类，如新媒体产业等，目前北京规划建设中的国家新媒体产业基地，"十一五"期间总投资将达到 100 亿元，将引进一些世界级的知名企业，计划到 2010 年实现产值 100～120 亿元。

从城市资源来看，东部沿海城市更适合于发展高科技含量的文化产业门类。东部沿海城市拥有中西部城市无可比拟的城市资源优势，尤其是智力资源、市场资源和科技资源，为文化产业提供了更大的发展空间。国家统计局 2005 年 12 月 24 日发布的中国百强城市显示，GDP 超过 1 000 亿元的城市达到 23 个，除重庆和成都外，绝大多数都分布在东部沿海地区。

文化产业发展离不开一定的经济基础，没有一定的经济基础文化产业要获得发展是很困难的，这也就是为什么世界文化产业大国一般都是一些经济发达国家和地区的原因。中国文化产业的集聚地也大都在东部沿海一些经济发达城市，这些城市充分利用自身优势来加速文化产业发展，形成文化产业与经济发展的相互促进关系。杭州大力发展动漫产业，与杭州雄厚的 IT 产业基础和丰富的城市艺术资源有密切关系。大连的动漫产业也得益于大连的高新技术产业优势，如软件业和信息产业，使大连的动漫产业异军突起，成为中国最大的动漫产业集群之一。而位于上海浦东新区的张江高科技产业园区，建起了上海最大的文化科技创意基地，基地依托张江高科技产业园区强大的信息技术的巨大优势，形成与信息技术相关的动漫、网络游戏、影视后期制作、多媒体软硬件研发、工业设计和时尚设计等行业，同时建起了与此相关的投资、中介、展示、交易等文化服务平台，建立了从文化创意、产品研发、制作、营销到服务的完整的文化产业体系。进驻上海张江文化科技创意基地的著名文化企业已有盛大网络、第九城市、网星游戏、core、矽幻科技、创新科技等，以及中国美术学院上海设计学院、上海电影艺术学院、上海戏剧学院创意学院等高校，形成"聚焦张江"的产业先发优势。

中西部城市近年来结合当地科技资源优势发展新兴文化产业，也取得突出成绩。武汉的光谷动漫、长沙的三辰动漫，都是在当地的科技资源优势基础上发展起来的，已显示出强劲的发展势头。西部城市成都，科技资源和智力资源在西部城市处于领先，也具有发展高科技文化产业的有利条件，成都的动漫产业已经引领西部，辐射全国。其他西部城市，则根据自身的优势资源重点发展特色文化产业，这些特色文化产业一般对科技的依附性较小，主要依赖于当地丰富的民族文化资源，正因为如此，使得文化产业与旅游业得以很好地结合，形成互动。这已经成为大多数西部城市别具特色的文化产业模式。

最后，在文化资本方面，东部沿海城市显得更加多元化，尤其是民营资本发挥了很大作用，这与东部沿海城市完善的市场经济体系对民营资本的吸引有密切关系，有效地加速了资本向文化产业的集聚。以传媒产业来看，中国最具实力和影响力的民营传媒企业大都分布在东部一些城市，如新浪（北京）、盛大网络（上海）、网易（广州）、搜狐（北京）、星美（北京）、阳光传媒（上海）等。东部城市成熟的市场经济环境使得更多的民营资本进入文化产业领域。浙江横店集团发展影视产业，正是依赖于其强大的民营资本的背景，有效地化解了经营风险，避免了其他企业在发展影视产业中经常发生的资金链断裂的现象。横店的这种模式是民营资本参与文化产业的典型案例。一般而言，我国东部沿海城市民营资本非常活跃，实力也非常雄厚，这是东部城市发展文化产业比中西部城市更具优势的地方。

三、制约我国不同地区文化产业发展的内在因素

文化产业不同于其他产业，它不仅仅是一个经济的问题，还是一个文化的问题、社会的问题。文化产业发展最终取决于社会发展需要。美国文化产业的成功就在于，它是根据美国社会需要做出的一种自我选择。美国文化的历史短暂，缺少深厚的文化传统，实用主义就成为美国社会的文化基础。实用主义立足于现实生活的需要，奉行有用性就是合理性的原则，以现实需要作为衡量一切的标准，美国文化产业正是在实用主义的基础上获得发展的，并且受到市场经济的驱动。市场经济是以大众文化作为价值取向的，美国文化产业的发展模式就是建立在对大众文化的认同上，因为"大众社会代表了多元价值及多元权力的出现"①，这也就是为什么美国文化产业会走向世俗性，表现出一种迎合大众需求的娱乐化倾向的原因。

中国发展文化产业也应立足于中国社会的现实需要，应符合中国的国情和特点。具体到我国不同地区而言，由于我国存在着地区发展上的差异，所以，不同地区在发展文化产业上只能是根据各自的特点和社会需要进行，不可能也没必要去模仿别人的发展模式。不同地区发展文化产业应该更多地突出各自的优势和特点，因此，应把这种优势和特点更好地发挥出来，找到各自文化产业发展的模式和道路。

从当前我国文化产业发展来看，制约文化产业发展的因素有很多，这些因素有的是普遍性的，在各地都存在；有的则是个别的，表现在某些地区和某些方面。在研究中国文化产业发展过程中，不能不深入探讨这些深层的因素。

首先，体制上的原因是制约各地文化产业发展的普遍因素。我国目前还处在由旧的文化体制向新的文化体制转型的过程中，文化体制不适应文化产业发展要求的问题比较突出，在许多城市还存在着体制上的障碍，是在传统体制中去发展文化产业，传统体制与文化产业发展的不相

---

① 阿兰·斯威伍德：《大众文化的神话》，三联书店 2003 年版，第 28 页。

适应表现得较为突出。例如，在一些城市，报社虽然进行了市场化改革，使报纸走向了市场，但由于没有触及体制的根本转变，因此普遍存在着政企不分的情况。在实地调研中我们发现，很多地方的报社主要领导大多还是由分管意识形态的宣传部门领导兼任，这使得现代报业制度很难真正建立起来。这种政企不分的体制必然造成报业发展中政府权力过大、意识形态色彩较突出的弊端，不利于报业的发展壮大。文化产业发展首先应该冲破旧体制的约束，建立起适应文化产业发展要求的新体制。

其次，文化消费市场不成熟、消费环境不完善，也是制约文化产业发展的深层原因。这一点在我国大多数城市中表现得比较突出。我国文化消费市场总体上不成熟，主要表现为：文化消费还没有变为一种自觉，文化外的消费成为主导方面。按经济学通行的算法，人均 GDP 超过 1 000 美元时，消费结构会发生变化，单纯的吃、穿、用等物质性消费会逐渐下降，而由文化带来的精神性消费会随之增长。虽然我国 2006 年按可比价格计算，人均 GDP 已经达到 2 000 美元，但并没有出现人们所期望的文化消费旺盛的现象，在许多城市，吃、喝、用等物质性消费仍然是消费的主流，甚至还存在着大量的低端消费乃至无聊消费现象，如许多人迷恋网吧、游戏厅、扑克牌、麻将桌等，而读书、阅报、看演出、看电影、看展览、度假休闲等高端形态的文化消费还没有成为多数人的一种消费习惯，这直接影响到文化产业的深入发展。

消费环境不完善则主要指文化消费中的设施建设和服务满足不了人们的要求，影响到消费质量和消费水平的提高。消费环境的不完善既与文化消费的硬件环境有关，也与文化消费的软环境有关。文化消费的硬件环境指的是文化硬件设施建设不健全，满足不了人们对各种不同文化消费的需求。文化消费需求与物质消费需求不同在于，物质消费表现出更多的趋同化，尤其是在衣、食、住、行等方面，趋同性更大。而在文化消费方面人们的差异性较大，因为文化消费中被赋予了大量的精神内涵，带有更多的个性差异。文化消费的硬件建设就是要尽量满足人们对不同文化设施的需要，这是营造消费环境不可缺少的条件。文化消费的软环境则是指与文化消费活动相关的文化服务。如果说文化消费的硬件环境是影响文化消费的外在因素的话，那么，文化消费的软环境则是影响文化消费的内在因素。很多文化娱乐场所服务水平低下，缺乏有效管理，有的欺诈消费者，甚至成为藏污纳垢的场所，败坏文化声誉，严重危害着人们的文化消费活动。

再次，由于长期受传统文化观念的影响，人们对文化产业仍然抱有不同程度的偏见，这也是阻碍文化产业发展的重要因素。一些人总是认为，文化是一种高尚的精神追求，是一种承载教诲功能的东西，是不能用金钱来衡量的，而文化产业却是一种商业化的东西，是以市场为取向的，追求的是经济价值，因而对社会是有害的。这种认识的存在，既影响到文化产业的发展，也影响到人们的文化消费心理，一些人对受市场欢迎的文化产品总是采取不同程度的排斥态度，尤其是对通俗性的娱乐产品，这并不利于我国文化产业的正常发展，也不利于我国文化产品参与国际文化市场的竞争。

最后，许多地方对发展文化产业的认识不够到位，对文化产业重视程度不够。文化产业属于一种牵涉面广、回报周期长的产业，因此，对文化产业一定要有战略眼光，从战略的高度去认识发展文化产业的重要性，不能抱有急功近利的思想。一些地方政府对发展文化产业缺乏足够的热情和兴趣，原因在于文化产业不能很快见到经济效益，相反不惜以破坏生态环境、消耗资源和能源为代价大力发展传统工业，这种"短平快"的功利思想是导致许多地方文化产业长期发展不起来的一个重要原因。政府一定要转变思想观念，克服经济发展中急功近利的做法，从社会发展的总体趋势和转变经济发展方式的战略高度去认识发展文化产业的必要性，这样才能推动各地文化产业深入持久的发展，从根本上消除文化产业发展中的许多不利因素。

四、问题与建议

自党的十六大提出大力发展文化产业以来，我国文化产业取得了突破性进展，初步建立起符合我国文化产业发展实际需要的文化产业体系，许多省市先后制定出台了文化发展规划纲要和文化产业发展规划，文化产业已经成为各省市社会经济发展的重要组成部分，受到各级政府的重视。党的十七大报告再次重申了大力发展文化产业、增加国家软实力的重要性，文化产业必将成为我国今后工作的重要内容。但从近年来文化产业发展来看，存在的问题也相当突出，概括起来有以下几方面：

第一，文化产业对文化资源的依赖性较大，很多城市还局限于资源型文化产业的模式，使得文化产品结构不合理，产业附加值较低。

我国是一个文化资源大国，各种文化资源非常丰富，开发利用文化资源对发展我国文化产业具有十分重要的意义。但我们也要看到，由于过于依赖于文化资源的优势，形成以资源为主的文化产业发展模式，使得文化产业发展长期以来停留在较低端的形态，制约了高新技术文化产业门类的发展，文化产品缺乏市场竞争力，这在许多中西部城市表现得比较突出。这种状况也导致我国与世界文化产业强国最主要的差距。例如，韩国文化产业主要是以高科技为依托的文化产业，如动漫、网络游戏、数字内容产品、创意设计、影视剧等，这些高附加值的产业门类的市场规模很大，形成了韩国文化产业最主要的竞争优势。美国的文化产业则是以版权贸易（授权产业）为主要形态的高端产业，已经不再是卖产品，而是卖版权。而我国文化产业则还处于资源型产业阶段，其产品形态大都属于低端的旅游衍生品。长期这样，对我国文化产业发展是不利的。

对文化资源的依赖在我国中西部城市表现得更加明显。西南各省市文化产业近年来发展速度非常快，成为重要产业，但主要是对当地资源的开发利用，如特色鲜明的少数民族文化资源。再比如以鲜花为代表的花卉产业和以普洱茶为代表的茶文化产业，已经成为云南利用当地丰富的资源优势形成的重要产业门类，而其他产业门类的市场竞争力则较弱。陕西、山西、河南、江西、安徽、辽宁等中西部省份，文化产业也主要是依托于当地丰富的文化资源，因此与旅游业形成了密切关系（文化产业通常就是旅游业的组成部分）。

第二，文化产业所依赖的资源主要局限于以陆路文明为代表的历史文化资源和民族文化资源，对其他文化资源的开发利用不够。

例如：海洋文化资源。我国是世界上重要的临海国家，海域面积十分辽阔，蕴藏着丰富的海洋文化资源。我国海岸线长达 18 000 多公里，有 6 500 多个岛屿和 300 万平方公里的管辖海域。从最北端的鸭绿江，到最南端的北部湾，整个东面和东南面都面对着浩瀚的大海，从这个意义上讲，中国是一个海洋特征十分突出的国家，海洋对我国政治、经济、社会和文化产生着深刻的影响。但长期以来，我国海洋资源开发仅仅局限于自然资源的领域，大量的人文方面的资源并没有得到有效开发利用。在我国文化产品中，直接反映海洋文化的内容很少，这说明我国丰富的海洋文化资源还没有进入文化产业的视野。

我国东部沿海城市在开发海洋文化资源方面具有得天独厚的优势。在海洋物质遗存中，海岸、岛屿、古代遗址、古建筑、雕刻及相关造型物等，以及历史文化遗迹、古城和村落遗址、港口、码头等，都具有突出的海洋文化特征，因而能成为一种重要的观光资源。在现代社会中，海洋博物馆、科技馆、海洋公园等，也同样构成了海洋文化资源的重要内涵。从精神层面上讲，长期以来人们对航海活动的认识及其对海洋的信仰，已成为人类对整个世界认识的重要组成部分，所以，在认识海洋的过程中必然形成了人们的各种精神意识活动，以及人们的心理世界和内在情感体验，于是也就产生了有关海洋的哲学、宗教、伦理、法律、认知、审美、文学、艺术等精神活动内容。在这个基础上形成的海洋意识、海洋观、宗教信仰、道德伦理、审美世界、习俗惯例、海洋科学知识与技能，以及各种涉及海洋的文学艺术形式（如神话、故事、传说、工艺、民间美术等），都将积淀为重要的海洋文化资源，并对人们的生产方式和生活方式产生深刻影响。

从当代社会发展来看，加大对海洋文化资源的开发，有助于人们认识海洋和了解海洋，拓展文化产业的领域和发展空间。近年来，大连结合本地区实际开发海洋文化资源，突出海洋文化产业特色，开发出了圣亚海洋世界，虎滩公园极地馆，星海公园的海上世界、蹦极台、滨海路观光游等海洋特色项目，取得了可观的经济效益。青岛的海底世界、极地海洋世界、银海大世界、奥运会帆船比赛场地、石老人海滨风景区、金沙滩旅游度假区、海滨观光栈道等也都富有浓郁的海洋文化特色。海口则根据自身环境、资源的特点，将城市定位为"阳光海口"、"娱乐之都"，着力突出滨海休闲文化特征，打造滨海休闲城市。如在美丽沙建标志性观光塔、建中国最大的水族馆，在长流建有 10 万平方米的大型国际会展中心，在海口兴建了 600 个游艇泊位发展游艇经济。另外，还建立 NBA 训练基地、国家帆板训练基地开展户外有氧运动等。这些做法对我国海洋文化资源开发具有启发性。

第三，对符合我国国情的文化产业理论的研究不够深入，没有形成自己的理论体系。这主要表现为近年来我国学术理论界较为浮躁，盲目地照搬国外的前沿文化产业理论和概念，使得文化产业的许多理论概念较为混乱，造成人们认识上的模糊不清，对我国文化产业发展客观上起到了不好的作用。

各国文化产业的发展实际上都是立足于各自不同的社会背景和文化传统，都是根据本国实际需要出发。如"内容产业"（content industries）的说法是由欧盟最早提出的，日本、韩国倾向于用"内容产业"来理解文化产业，主要是结合了本国文化产业发展的实际需要。因为日本、韩国国土面积狭小，资源十分有限，不属于资源型国家，他们发展文化产业显然不能依赖于资源，所以日本、韩国更注重借助于其强大的高科技优势进行内容生产，形成科技含量高、附加值高的"内容产业"体系。所谓"内容"，指的就是与媒介有关的文化制品生产，这与日本、韩国视听传媒业非常发达有关。他们把电影、电视、影像、音响、书籍、音乐、艺术等都纳入到内容产业中，以此为基础发展具有庞大市场价值的动漫、网络游戏、移动内容等产业形态，故"内容产业"也就成为生产数字内容的产业。

英国把文化产业理解为创意产业，这也是由英国特定的社会背景决定的。英国是一个传统工业国家，过去传统工业门类在国民经济中所占比重较大，带来资源消耗、环境污染、劳动力素质低下、生产成本增加等问题，大力推进创意产业，也就是要从根本上改变传统产业的落后状况，建立创新型国家。1997年布莱尔领导的工党获得大选胜利上台以后，更是大力推进创意产业的发展，以此作为振兴英国经济的突破口。按照1998年公布的《英国创意产业路径文件》中的解释，创意产业指的是"源于个体创造力、技能和才华的活动，而通过知识产权的生成和取用，这些活动可以发挥创造财富和就业的潜力"。这份文件中确定了13个属于创意产业的领域：即广告、建筑、艺术和文物交易、工艺品、设计、时装设计、电影、互动休闲软件、音乐、表演艺术、出版、软件、电视广播。被称之为"创意产业之父"的经济学家约翰·霍金斯（John Howkins）则认为，创意产业就是其产品受知识产权保护的经济部门。知识产权的四大种类：专利、版权、商标和设计，都有与之相适应的发达的创意产业，其范围包括文化、艺术、生产和服务众多领域。霍金斯所指的创意产业涵盖面是很广泛的，重在强调创意活动与经济的联系，即创意是一种新经济业态，这尤其反映在他的《创意经济》一书中。

由此可见，创意在人类社会活动中具有普遍性，并非仅仅指文化产业，而是包括了所有知识创造活动和领域。因此，美国学者理查德·弗罗里达（Richard Florida）针对当今社会发展变化提出了"创意阶层"（the Creative Class）的概念，认为在当代社会条件下，出现了创意阶层。任何人只要通过个体性创造性活动对社会作出了贡献，都属于"创意阶层"。这个阶层包括从事工程技术、科学研究、建筑、设计、教育、音乐、文学艺术、娱乐业等。按照他的说法，凡是从事创造性工作的人，都属于"创意阶层"。由此可见，创意活动有的属于文化产业的范畴，有的则不属于，因而不能把创意产业和文化产业不加区别地画等号。

应该说，在我国的一些经济和文化中心城市，如北京、上海、广州等，具备了发展创意产业的有利条件，这些城市大力推进创意产业发展是有必要的，能够带动城市转型，但不能一味地炒作这些概念，把创意产业等同于文化产业，或是用创意产业来取代文化产业，这既脱离了我国实际，也容易引起混乱。在我国，很多城市其实并不具备发展创意产业的条件，一味地鼓吹创意产业的重要性，会搅乱文化产业现有的格局，不利于我国文化产业的正常发展。

第四，我国许多城市在发展文化产业过程中不同程度地存在着一窝蜂、赶时髦、追求政绩的倾向，结果是不顾本地实际，贪大求全，造成人力、物力和财力的浪费，并没有收到实际效果。例如，动漫产业、影视产业、网络游戏等都是高附加值产业，市场规模很大，具有诱人的发展前景。据资料显示，仅 2004 年，全球动漫产业的产值高达 2 228 亿美元，与动漫相关的周边衍生产品则高达 5 000 亿美元。2004 年我国动漫产业总收入为 117 亿元人民币，国内动画片生产为 2.9 万分钟，而市场需求则在 26.8 万分钟，缺口达 23 万分钟，这说明我国动漫资源严重不足，大力发展动漫产业是必要的。但近年来许多城市都在"一窝蜂"地搞动漫产业，几乎每个城市的文化产业发展规划中都有动漫项目，而且作为重点产业来打造。动漫是一个投入高、门槛高、市场风险大的产业，也是一个高科技产业，很多城市并不具备发展动漫产业的各种条件，结果造成盲目投资，并没有达到预期目的。再比如，我国很多城市在大力发展影视产业，兴建影视项目，提出建"影视之城"、"影视之都"、"中国好莱坞"等目标，但实际上是口号喊得很多，取得的成效很小。这些都说明我们对文化产业发展规律缺乏深入认识，并没有很好地研究如何发展本地区的文化产业，大都是凭一种热情和冲动，结果造成文化产业表面繁荣的假象。

对于如何解决以上存在的问题，我们提出如下建议：

一是进一步加强基础理论研究。我国文化产业发展中的很多问题，从根本上讲还是由于基础理论研究薄弱造成的。我们应加强文化产业基础理论的研究，把文化产业发展纳入到科学理论指导的轨道，这样才能避免工作中出现的盲目性。从当前来看，我们一方面是理论落后于现实发展，另一方面是理论研究不够深入，很多理论研究脱离现实的倾向比较严重。

二是建立有效的评估体系。我国文化产业还处在初期发展阶段，各方面存在的问题比较多，主要是与机制不完善有关。我们从政府到企业都缺乏对文化产业发展状况的有效评估，没有建立起完善的评估体系，必然造成文化产业行业标准的混乱，失去有效性，这对我国文化产业发展是不利的。长期以来，很多地方没有建立起对文化产业有效的评估机制，使得文化产业缺乏一定的衡量标准，影响到文化产业的深入发展。但评估体系的建立应立足于现实发展，体现出文化产业与现实要求的结合，而不是脱离现实去人为地制定规则。这样的评估体系才是科学有效的。

三是加强科学管理。科学管理能有效避免文化产业发展中出现的主观性和随意性，减少决策失误，也能克服地方政府追求政绩、热衷于搞形象工程和面子工程的做法，这对我国文化产业发展来说具有十分重要的意义。科学管理是一种监督的机制，是按照文化产业发展规律去进行有效管理，在我国文化产业发展还不十分成熟的情况下，加强科学管理显得尤为重要。

四是完善文化产业统计指标体系。从各地情况来看，我国文化产业统计指标较为混乱，统计口径也不一致，与统计指标体系不完善有很大关系，这必然会带来很多问题，以至于缺乏对行业的有效指导和监督。虽然我国在 2004 年已由国家统计局先后颁布了《文化及相关产业分类》、《文化及相关产业指标体系框架》等政府文件，这是我国第一个国家层面的文化产业统计指标体系，主要是按照核心层、外围层、相关层等层面进行统计。但事实上，一些省市并没有完全按照这个标准进行统计，一方面是出于其他考虑另立统计指标，另一方面也是因为国家的这个统计指标体系本身存在着不完善，甚至不尽科学、不合理造成的。例如，有的省市因为体育是其强项，为了突出地方文化产业发展的业绩，把体育也纳入到文化产业统计当中；有的省市则因为花卉是当地重要支柱产业，又把花卉统计进来；有的省市旅游业很强，旅游经营收入又成为文化产业的重要核心。统计指标体系的不一致，使得各地文化产业发展很难具有可比性，这直接带来相关数据的不准确。因此，建立更加科学合理的文化产业统计指标体系已成为当务之急，关系到今后我国文化产业的持久发展。

参考文献

［1］中国文化报［N］，2005－07－15；招商周刊［J］，2007－01－07.

［2］吴心福，赵德兴．发挥地域文化资源优势促进地区经济社会发展——谈地域文化资源的价值及其实现［J］．陕西社会主义学院学报，2006.

［3］叶晧．南京：从文化资源大市迈向文化产业强市．今日中国论坛［J］，2006.

［4］王保国．郑州市历史文化资源的特点和城市文化发展模式的选择．郑州轻工业学院学报［J］，2007.

［5］郑州市人民政府新闻办公室编．中国郑州［M］.2006.

［6］贾斯廷·奥康纳．欧洲的文化产业和文化政策［A］．林拓，李惠斌，薛晓源主编．世界文化产业发展前沿报告［M］．北京：社会科学文献出版社，2004.

［7］施惟达，李炎主编．态与势：云南文化产业研究［M］．昆明：云南大学出版社，2007.

［8］薛涌．城市转型要有文化思维．中国文化报［N］，2005－03－02.

［9］叶辛，蒯大申主编．创意上海［M］．北京：社会科学文献出版社，2006.

［10］许焯权．创意产业不仅是一个经济问题．中国文化报［N］，2005－07－22.

［11］［英］阿兰·斯威伍德．大众文化的神话［M］．上海：三联书店，2003.

［12］张胜冰．文化资源与文化产业［M］．长沙：湖南文艺出版社，2008.

［13］Digital Content Association of Japan（DCAJ）. *The Content Industry in Japan*［J］. 2005.

［14］Richard Florida. *The Rise of the Creative Class*［M］. New York：Basic，2002.

附　言

　　本课题为中国海洋大学国家文化产业研究中心承担的文化部文化产业研究年度项目，主持人为中国海洋大学国家文化产业研究中心张胜冰教授。课题主要选取了我国东部沿海和中西部一些有代表性的城市作为研究对象，通过这些有代表性的城市，从中发现我国不同地区文化产业发展模式和特点，为政府有关部门了解我国各地文化产业发展现状、制定相关产业政策提供依据和帮助。参与课题研究和调研的除了我校国家文化产业研究中心人员外，还有我校经济学院和管理学院的教师。课题研究人员大都亲自前往有关城市作了较深入的实地考察、调研和走访，主要走访的部门有当地宣传部、文化厅（局）、统计局、文化企业等，翻阅了大量的政府文件，在比较困难的情况下带回了许多有价值的信息资料，付出了辛勤的劳动，为课题研究奠定了基础。我校文学与新闻传播学院文化产业管理专业的陈宏玉、黄汪传等同学，也利用暑假的时间参与了部分城市的调研，收集了有关资料和问卷，在此表示感谢！由于受经费和时间的限制，不可能涉及所有城市，很多调研工作也未能深入展开，只有留作以后弥补。

课题组成员名单

课题负责人：

张胜冰　中国海洋大学国家文化产业研究中心副主任，文化产业系主任、教授、博士

课题组成员：

赵成国　中国海洋大学国家文化产业研究中心办公室主任，文化产业系副主任、副教授、博士

薛永武　中国海洋大学文学与新闻传播学院教授、博士

徐向昱　中国海洋大学国家文化产业研究中心讲师、硕士

马树华　中国海洋大学国家文化产业研究中心讲师、在读博士

孟　岗　中国海洋大学国家文化产业研究中心讲师、博士

纪建悦　中国海洋大学经济学院副教授、博士

蔡礼彬　中国海洋大学管理学院讲师、博士

陈宏玉　中国海洋大学文化产业管理专业学生

黄汪传　中国海洋大学文化产业管理专业学生

主要调研城市：

北京、天津、大连、沈阳、上海、杭州、苏州、南京、宁波、广州、深圳、海口、三亚、西安、太原、郑州、南宁、桂林、贵阳、昆明、成都、重庆、武汉、长沙、合肥、南昌、井冈山、厦门、青岛、济南、烟台、东营等。

长江三角洲地区区域文化市场一体化过程中市场分割与非经济壁垒

南京大学国家文化产业研究中心

◆ 230 引言：课题研究背景及意义

◆ 232 一、长江三角洲地区文化市场概述

◆ 238 二、长江三角洲地区区域文化市场一体化水平评价

◆ 249 三、长江三角洲地区区域文化市场分割及壁垒分析

◆ 257 四、政策建议

◆ 263 参考文献

◆ 264 课题组成员名单

引言：课题研究背景及意义

文化产业作为当代世界经济体系中新兴的朝阳产业，在全球经济发展中具有关键性的地位，愈来愈成为各个发达国家的支柱产业和核心产业，其从业人员在一些发达国家已经占全部从业人员的 3%～6%。1980—1998 年，文化产业的世界贸易额从 953.4 亿美元增加到 3 870.3 亿美元。进入 21 世纪前后几年，其发展之迅猛，更是史无前例，成为当代黄金产业和人类未来经济的象征。在日本，文化产业统称娱乐观光业，2000 年文化产业的规模为 85 万亿日元，占国民生产总值的 7%。在韩国，自 1999—2003 年，四大娱乐产业的年平均增长率为 22.8%，同期七大传统产业的增长率为 3.3%。美国和西欧一些国家的文化消费占家庭消费的 30% 左右，美国文化产业产值占 GDP 总量的 18%～25%，400 家最富有的美国公司中，72 家是文化企业。20 世纪 90 年代，美国消费视听技术产品出口达到 600 亿美元，已经抢占国际性产业升级运动的制高点。

此外，文化产业的发展对一国的文化乃至政治安全都有着非常深刻的意义。文化产业出于其产业特性，它广泛地通过影视、新闻、报纸、旅游、会展等具有较大传播面和接收面的渠道对其产业内容进行传播，因此文化产业中所牵涉的诸如意识形态、政治观点等对一国的社会稳定与健康和谐发展都有着非常重大的意义。文化安全的紧急性和迫切性不容忽视。但文化产业的安全性若想得到保证，必须以联合发展、整体发展的态度来积极增强自身实力，与国际文化产业巨头同台竞争。

改革开放以来，中国经济建设取得了令世人瞩目的成就，特别是自加入 WTO 以后，中国经济日益成为世界经济当中重要的组成部分。特别是十六大报告第一次把"文化产业"与"文化事业"作为两个概念区分开来以后，文化产业积极抓住这一政策机遇，有了十分突出的发展。然而在中国承诺逐步降低进口税制并业已不断降低对外进口税制的同时，国内却出现这样一道不和谐的音符——地区性市场分割。从改革开放至今，省际间的贸易壁垒现象日趋严重，省际贸易比重不断下降，一些省份之间的税制水平之高和许多主权国家相互之间的高税制水平不相上下，这一违背 WTO 规则的现象已影响了我国市场经济的有序运行。根据国外一些学者的测算 [如庞塞特（Poncet）]，将中国省际间的贸易壁垒折算成隐含的税制率，1987 年和 1997 年的税制分别达到 35% 和 46%，这一水平已达到当前欧盟内部各国之间的税制水平。这种省际间的贸易壁垒严重地影响了我国文化产业的快速健康发展，并为将来的持续发展埋下了隐患。

所谓地区市场分割是指改革进程中，地方政府出于保护自身利益的考虑，所采取的一种地方保护措施。从定义上讲主要指一国范围内各地方政府为了本地的利益，通过行政及其他管制手段，限制外地资源进入本地市场或限制本地资源流向外地的行为，这种狭隘的保护主义采取的主要形式有禁运、税制、行政命令、市场管制、本地企业高额补贴等。这种地方保护主义现象可以说是地方政府之间相互博弈的一个结果。当前，地区市场分割严重阻碍了我国市场经济健康有序的发展，尤其是在我国加入 WTO 以后，"中国各省的国际一体化与其国内市场的逆一体化同步进行"越来越成为影响我国经济改革和发展的重大问题，这一现象会直接或间接地影响我国各种经济政策的实施效果、产业结构的调整和省际间的分工协作，等等。所以，研究国内市场分割，找出其动因并逐步加以解决，对促进我国经济健康平稳发展具有重要的意义。在文化产业市场中，国内市场的逆一体化形势也非常严峻。旅游同质化低水平重复建设、恶性竞争现象严重；出版发行市场和报业市场分割严重，地区性小报势头强劲，但覆盖全国的有影响力的大的报业和出版集团却屈指可数；条块分割形成的当前的广播电视行业的体系，其市场分割最为严重；广电集团的各自为政，在电视产品生产、购买或销售等环节由于势单力薄而缺乏足够的话语权，在面对国际广告巨头的议价过程中，更是缺乏足够的实力与底气，低水平的价格竞争导致国内珍贵的频道资源大量浪费和贬值。这些市场分割不仅仅降低了经济发展的速度和效率，而且在很大程度上损害了文化产业市场在网络覆盖扩大后导致的正外部性，带来了极大的社会福利损失。

本课题以我国文化产业较为发达、一体化水平相对较高的长江三角洲地区文化产业市场为研究对象，在分析当前该地区文化市场发展背景、现状及特点的基础上，探讨了长江三角洲地区区域文化市场一体化的内涵及性质，运用层次分析法与德尔菲法构建了长江三角洲地区区域文化市场一体化综合指标评价体系，并进行了实证分析。同时对文化产业市场一体化过程中的市场分割和非经济壁垒进行研究与探讨，分析市场分割的成因及其危害，并针对这些成因及危害提出了相应的政策建议。

本课题研究跨度近半年，收集了近三年来的大量数据。课题组在有限的时间内分别赴上海、杭州、嘉兴、温州、宁波、南京、苏州、无锡、常州、镇江、扬州、南通等地展开充分调研和数据搜集，与当地文化产业政府官员、文化产业企业家及学术研究机构就文化产业市场一体化问题举行数次座谈，集思广益，不仅搜集到对课题研究具有强力支撑的数据，同时也为课题组的项目进展提供了强有力的智力参考。本课题积极借鉴区域经济学和产业经济学的分析框架及理论，相信能够为长江三角洲及其他区域文化市场一体化的建设提供一些有益的借鉴和参考。

一、长江三角洲地区文化市场概述

（一）长江三角洲地区文化市场的发展背景

长江三角洲从地理位置而言，北起通扬运河，南抵杭州湾，西至镇江，东到海滨，包括上海市，江苏的南京、苏州、扬州、镇江、泰州、无锡、常州、南通 8 市，浙江省的杭州、宁波、湖州、嘉兴、舟山、绍兴、台州 7 市，面积约为 9.96 万平方公里，人口约 7 500 万，是一片坦荡的大平原。这里岸线平直，海水黄浑，有一条宽约几公里到几十公里的潮间带浅滩。长江三角洲就产业集群角度来看，主要指江苏、浙江、上海三地联合而成的产业集群。这个都市群汇集了产业、金融、贸易、教育、科技、文化等雄厚的实力，以上海市、南京市、杭州市为顶点城市，对于带动长江流域经济的发展、连接国内外市场、吸引海外投资、推动产业与技术转移、参与国际竞争与区域重组具有重要作用。

当前，长江三角洲的区域经济实力不断增强。2004 年年度统计数据表明，"长三角"地区占全国总面积的 1%，占全国总人口的 5.8%，创造了 18.7% 的国内生产总值、全国 22% 的财政收入和 18.4% 的外贸出口。在这片不到 10 万平方公里的土地上，充满活力的大型城市群正在不断崛起："超级巨人"上海，年国内生产总值已超 10 000 亿元，位列全国第一；"重量级巨人"苏州、杭州、无锡、宁波、南京，年国内生产总值在 2 000 ~ 5 000 亿元；"小巨人"绍兴、南通、常州、台州、嘉兴、扬州、镇江、泰州，年国内生产总值在 1 000 亿元以上。为"长三角"都市圈带来丰富性和层次感的县域经济，极具竞争力。2005 年 11 月揭晓的全国百强县市竞争力排名中，有七个"长三角"的县市（区）进入前十位。县域经济的崛起，使"长三角"城市连片化、都市化成为可能。

长江三角洲各项基础设施也比较完善。目前，长江三角洲区域内的铁路、机场、港口、公路、水路、邮电、通信、电力等互联成网，城市之间的交通联系便捷，消除了多年来制约区域经济发展的瓶颈。截至 2001 年年底，该地区铁路营业里程达到 2 375 公里，内河航道里程达到 36 342 公里，公路里程达到 108 949 公里，高速公路达到 2 271 公里，其中公路网密度达到 52 公里/百平方公里，接近发达国家的平均水平，高等级公路占公路里程的比重高达 87.4%。长江三角洲地区基础设施完善化与一体化为区域经济整合奠定了良好的基础。

改革开放以来，为推动和加强长江三角洲地区经济联合与协作，促进长江三角洲地区经济可持续发展，1992 年由上海、无锡、宁波、舟山、苏州、扬州、杭州、绍兴、南京、南通、常州、湖州、嘉兴、镇江 14 个市经协委（办）发起、组织，成立长江三角洲 14 城市协作办（委）主任联席会，至 1996 年共召开五次会议。1997 年，上述 14 个城市的市政府和新成立的泰州市共 15 个城市通过平等协商，自愿组成新的经济协调组织——长江三角洲城市经济协调会。协调会每两年举行一次正式会议，设常务主席方和执行主席方。常务主席方由上海市担任，执行主席方由除上海市外的其他成员市轮流担任，并在常务主席方设联络处作为常设办事机构，负责日常工作，各成员市的协作办（委）作为协调会具体的联络、办事部门。

随着经济的不断发展，长江三角洲的规模不断扩大。在文化产业迅速发展的背景下，长江三角洲积极抓住机遇，快速发展，形成了独具江南特色的长江三角洲文化产业圈。

（二）长江三角洲地区文化市场的发展现状及特点

1. 长江三角洲地区文化市场的发展现状

文化市场是指进入市场流通的文化产品及提供文化类有偿服务的文化场所，主要包括十大类：营业性演出、各类娱乐场所、艺术品经营、音像市场、文物流通、电影市场、艺术培训、对外文化交流、互联网文化市场和书报刊市场。自改革开放以来，"长三角"文化市场历经 30 年的发展过程，从无到有、由小渐大、由弱渐强，进入了规模扩张、产业升级的发展时期，形成了与社会主义市场经济体制相适应的市场新格局。文化产业已经成为第三产业中的支柱产业，文化消费支出在日常消费支出中占有越来越大的比重。

江苏省文化市场逐步形成市场体系。据文化部门口径统计，2003 年，江苏省共有文化市场经营单位 23 241 家，从业人员 66 473 人，固定资产原值 29.37 亿元，主营营业收入 18.52 亿元。其中，歌舞娱乐场所 3 070 家，电子游戏（艺）场所 2 020 家，综合性娱乐场所 355 家，网吧 5 267 家，音像制品批发、零售 3 256 家，出租 4 505 家，其他经营单位 434 家。

浙江省文化市场经过十多年的培育发展，基本形成了门类比较齐全、秩序比较规范、经营和消费层次多元化的市场格局。截至 2001 年 7 月，全省计有音像制品经营单位 10 334 家，电影发行放映单位 1 754 家，文物经营单位 253 家，艺术品经营单位 236 家，演出经营单位 1 168 家，歌舞娱乐和游艺场所 7 903 家。

上海的文化市场自 20 世纪 90 年代以来更是蓬勃发展。上海公布 2005 年文化产业发展相关情况：文化产业总体运行情况良好，文化产业结构、质量、品种、效益均得到改善和提升，呈现平稳健康快速增长之态势；文化产业继续以高于上海经济平均增速之速度发展，总产出达 2 081.01 亿元，实现增加值 509.23 亿元；按可比价格计算，增加值比上年增长 13.2%，增幅高出全市 GDP 增速 2.1 个百分点；对全市经济增长之贡献率达到 6.5%，同比提高 0.1 个百分点。

2. 长江三角洲地区文化市场的发展特点

（1）旅游业迅速发展，成为文化产业中的支柱产业。长江三角洲旅游产业在文化产业中居于非常重要的位置。江、浙、沪在旅游人数、人均旅游花费、旅游创汇等各方面均遥遥领先全国平均水平（见表 1），显示了长江三角洲在文化旅游市场上不凡的实力。

表1 长江三角洲旅游市场指标统计

地 区	国内旅游人数（万人次）	国内旅游收入（亿元）	境外游客人数（万人次）	境外旅游收入（亿美元）
上海	7 326.64	1 419.94	485.4	39.61
江苏	19 935.8	2 012.2	445.2	27.9
浙江	16 149	1 519.6	426.8	21.3
全国	139 000	8 730	12 494	339.5
长江三角洲占全国比重	31.23%	55.45%	10.86%	26.16%

数据来源：国家统计局网站全国及各地2006年统计公报。

由表1可知，长江三角洲地区在境内外游客人数占全国的比重上来看虽具有一定的优势但并不十分明显，而在境内旅游收入和境外旅游收入两项指标上，长江三角洲地区在全国所占的比重迅速增加，这充分说明了长江三角洲地区文化旅游产业具有很高的产业附加值，是绿色GDP的重要组成部分。

（2）文化产业日趋精致化，产业附加值不断提高。所谓文化产业的精致化，指的是文化产业发展过程中实现经济的集约化，用更少的经济资源创造更多的经济社会价值。文化产品的显著特征之一就是高文化附加值，更多的用创意和体验要素去替代实际物质要素的投入，有利于绿色GDP的创造和循环经济的发展。

民间文化工艺品产业是长江三角洲的优势产业，具有工艺精巧、设计精美、高附加值的特点。对于这一传统的"精致"产业，要置于优先发展的地位。江、浙、沪通过本省市各部门的积极努力建立云锦、苏绣、泥人、陶艺、石雕、木雕、竹雕等生产制造基地，以政府和企业联合的形式建立传统工艺研发机构，鼓励民间资本进入传统工艺品生产领域；同时从人、财、物、产业政策、市场机制等各个环节加大对民间工艺产品产业投入和支持力度；建立文化中小企业扶持专项资金和孵化机制，鼓励民间资本进入民间工艺文化产业，并从税收政策方面给予优惠。

在积极发展产业基地的同时，创造和推广了一批文化产业品牌，如：上海广电、南京爱涛、无锡太湖影视基地、浙江横店影视基地、义乌工艺品集散中心，等等。区域品牌的搭建和推广、文化产品品牌的创新和营销，使文化品牌的无形资产价值不断增值，进一步推动文化产业规模经济效应的释放和核心竞争力的形成。

（3）文化产品差异化不强，区域间协同发展有待提高。江、浙、沪三地文化产品及服务同质性较强，文化产品缺乏错位发展。长江三角洲区域由于长久以来的江南文化的特性，在文化产品上存在着很严重的同质性，特别是在旅游行业，以"江南水乡"和"环太湖"为代表的旅游产品严重同质，价格竞争激烈，很大程度上限制了该地区旅游的整体化深入发展。

协同除了包含省内不同文化产业发展定位区域之间的互动和合作关系，同时也包含了江苏同周边的沪、浙、皖等省市乃至全国相关区域的分工和协作问题。协同的关键在于产业市场的开放、产业要素的自由流动以及区域之间良性竞争和合作博弈关系的建立，以实现区域文化产业增长和经济效益、社会发展的共赢和多赢的目标。但目前长江三角洲地区的文化市场仍然处于严重同质化和缺乏跨省际文化市场协调机构的尴尬局面中。

（三）文化市场一体化研究的必要性及文献综述

近年来，文化产业作为具有可再生性和高附加值的新兴产业，在我国迅速发展。党的十六大、十七大报告都明确地把发展文化创意产业，繁荣社会主义文化市场放在重要位置，并作为重点工作常抓不懈。特别是党的十七大报告中明确提出：建设和谐文化、重视新闻出版、广播影视、文学艺术事业的发展；重视城乡、区域文化协调发展，这更是对建设文化市场一体化的积极鼓励与支持。

但文化市场一体化的进程却并非与文化产业的蓬勃发展协调一致。相当程度上的市场分割和省际贸易壁垒的存在使得中国国内的文化产业基本处于小规模、低成本、价格竞争的手工作坊式阶段。在诸如传媒、广电、广告、报业、会展等众多以规模经济和网络效应取胜的网络性产业中，行政体制分权带来的市场分割严重损害了文化企业的竞争能力和发展潜力。文化企业难以形成具有相当规模和实力的统一团体，也就难以形成成本优势和规模经济效应，难以创造知名品牌，参与国际竞争。

改革开放以来，由于经济转轨和体制变革的原因，我国的省域市场间隔越来越大。根据法国经济学家桑德拉·庞赛特（Poncet，2001）发表过的一篇有关中国市场分割问题研究的报告中的论述，在中国改革政策实行的过程中，一大批互相隔离的地方性市场已经形成，这些分割的市场受到诸多非贸易壁垒的保护，如发放许可证制度和"只允许购买本地产品"的规定等。同时，诸如工商等市场管理和行政执法部门中也存在着一定的造成市场壁垒的因素。在中国加入 WTO 及对进口产品开放国内市场之后，大部分国内产品（包括外国公司在中国投资设厂生产的产品）的销售仍然面临各省之间大量贸易壁垒的重重阻碍。庞赛特认为"中国各省的国际一体化是与其国内市场逆一体化（分隔化）同步进行的"。即使把运输成本和地理条件等因素考虑在内，1997 年中国消费者购买的本省产品是其购买的外省产品的 21 倍，而在 1987 年这一数值是 11 倍。她认为，在 1997 年，中国的跨省商品流通所遭受的贸易壁垒，相当于被征收了高达 46% 的"税制"；而在 10 年前，这一数值为 35%，而由此计算出来的中国跨省贸易的高达 46% 的税制率，几乎与欧盟成员国之间进行贸易时的税制率是同一水平，也几乎同美国和加拿大之间的税制率持平。从这个角度而言，中国几乎不存在一个全国统一的大市场，其各个省份之间的贸易壁垒之高，和许多主权国家之间的高税制水平不相上下。这一研究结果同样表明，中国在不断降低其进口国外商品税制的同时，国内各省份的贸易壁垒却持续提高，从而造成了严重的地区市场分割。这种市场分割同国际贸易壁垒的危害一样，大大削弱了专业分工带来的差异，也势必减少了专业分工带来的社会福利的增加。

美国芝加哥大学经济学家奥兰·杨（Young，2000）在他的论文《刀刃：中华人民共和国的扭曲与增量改革》当中，利用统计和计量经济学的技术对 1952—1997 年间中国各省之间在经济结构、价格差异和农业份额等方面的"趋同"趋势作了深入地分析。他主要考察了中国各省之间的行业内贸易状况，认为过去 20 多年来的中国经济改革导致了"零碎分割的内部市场和受地方政权控制的封地"，以至于中国在改革进程中，不同省份在劳动生产率和商品价格方面产生了巨大差异，且国内生产总值的差距也越拉越大，一些发达省份的 GDP 要远远高出那些落后省份几十倍，从而经济实力的差异使得地方政府在利益的诱使下倾向于市场分割。事实表明，中国国内市场的一体化程度不但没有加强，反而有日益分割和分散化的趋势。

相对于以上的分析，对于市场一体化和市场分割状况的分析基本建立在以产品贸易和区间物流数量为基础的工业产品部门的研究上，并且大部分的研究角度在于通过工业材料、半成品以及制成品之间的归属关系进而得到产业的依存度，希望以此来说明市场一体化的水平。这一计算方法对于文化产业这种特殊的以精神性产品和服务为主的产业测算起来有较大的困难。而在文化市场领域，文化产品如旅游产品等存在着天生的不可转移性又大大地增加了市场一体化水平评价的困难度。文化市场的异质性也决定着对文化市场某类产品（如同样级别的旅游景点）进行通常意义上的价格参造性比较是缺乏科学根据的，且无法形成系统性的评价体系并为被评价方提供科学、直接、有效的对策及建议。本课题采取专家座谈会的层次分析法（AHP），以专家的分析角度和普遍性的调查数据为基础对文化市场一体化进行研究。目前，国内对文化市场一体化的量化研究基本上还是空白，填补这一空白也正是本课题的目的所在。

二、长江三角洲地区区域文化市场一体化水平评价

（一）文化市场一体化的内涵及性质

1. 文化市场一体化的内涵

区域市场一体化是指按照区域经济发展总体目标，充分发挥地区优势，通过合理的地域分工，在全区域内优化配置生产要素，推动区域经济协调发展，以提高区域经济总体效益的动态过程。区域市场的协调发展过程实质上就是区域制度不断创新的过程，制度创新的目的就是加速经济的市场化进程，实现资源的合理配置。纵观各地区文化市场的协调发展过程以及国际文化市场一体化的进程可知，文化市场一体化也是在管理制度不断创新的条件下逐渐发展的。

区域市场一体化从形成的动力机制来看，分为制度导向一体化和市场导向一体化；从对外联系程度看，又可分为封闭型一体化和开放型一体化。对于长江三角洲地区而言，区域经济一体化应该处于制度导向一体化与开放型一体化阶段。

2. 文化市场一体化的性质

市场一体化包含两种性质：制度性一体化与功能性一体化。制度性一体化指的是，根据各国（或各地区）达成的协议和条约，由特定的一体化组织管理机构加以指导的，有明确的制度性安排的一体化进程。而

功能性经济一体化指的是成员国之间（或地区间）在经济各领域中实际发生的各种障碍的清除及经济的融合和依赖性的增强。

制度性一体化是在功能性一体化发展的基础上，彼此认识到需要有一定的规则加以规范和指导，从而达成某种协议和条约。功能性经济一体化虽然代表了经济一体化的实质性内容，代表了各地区市场经济自发的内在要求，但在这种自发力量支配下的地区与地区之间的经济活动往往是不稳定的、脆弱的；而制度性一体化通过地区与地区之间的协议、条约的方式，将区域经济关系加以巩固和经常化，因此它成为经济一体化走上正轨的直接因素，功能性一体化从中获得了持续健康发展的保障。

我国地区区域经济一体化在实施过程中往往是区域与区域间首先达成制度性一体化的大框架，从而进行较为深入的功能一体化的建设。

当前长江三角洲文化市场的一体化性质基本可以定性为开放条件下的制度兼具功能导向的市场一体化形式。

（二）长江三角洲地区区域文化市场一体化水平的评价体系

1. 评价指标体系构建的理论基础

波特在《国家竞争优势》一书中正式提出产业集群（industrial clusters）概念，并将其定义为：在特定领域中，一群在地理上临近、有交互关联性的企业和相关法人机构，以彼此共同性和互补性相连接，并认为产业集群与区域市场的一体化之间存在紧密关系。正如长江三角洲区域一样，悠久的手工艺传统使得长江三角洲几乎各个城市都有其具有代表性的文化手工艺民俗产品，这也就在很大程度上促进了当地文化手工艺品市场一体化的发展。

中心地理论是市场一体化研究的另一重要理论基础。斯泰勒（W. Christaller）研究认为，高等级的中心地周边总是有低等级的中心地作为其发展的支撑，同时高等级的中心地为周边地区提供较高等级中心商品的供给。但对于一个经济良性发展的区域而言，其内部的城市在数量、规模、空间结构等方面理应形成一个完整的系统，保持一定的系统性。长江三角洲区域即为典型的中心地结构，形成了以上海、南京、杭州为顶点城市的完整的系统。

2. 评价指标体系构建的必要性

对文化市场一体化建立一套科学并行之有效的评价体系是十分必要

的。主要体现在以下几个方面：

（1）规范作用。当前国内外学者均试图通过某些指标量的大范围采集并通过一定的数学模型来试图得到市场分割的表征数值。但这一分析方法在分析文化产业上具有相当的困难。因为文化产业相较于其他产业而言更是一个内容产业。文化产业在区域之间存在着非常明显的差异性。宽泛地收集某些指标不仅仅在操作上具有困难，即使数据获得后其处理结果的科学性也值得商榷。

但文化产业的市场一体化水平不能没有统一的评价标准，否则对其市场一体化的一切分析都是缺乏科学性和理论性的。由于对区域文化产业市场一体化认识上的不一致，必然导致区域文化市场建设运作上的不规范，特别在运作机制等诸多方面需要由相应的政策、法规加以规范，而目前这方面还存在许多有待改善的地方。在这种状况下，采取对区域文化市场一体化水平进行评估的方法，逐步加以规范，并为今后有关政策和法规的出台提供实践经验，积累资料，也是一种十分有效的手段。

（2）引导作用。统一的评价标准和评价方法的提出，将更有助于本区域内的各方发现自己的不足，积极改善市场环境，发挥文化产业市场一体化的优势及潜力。通过对文化市场一体化水平指标体系的构建与评价，便于各区域更加清楚地看到在文化市场一体化过程中各自的优势与薄弱环节，采取针对性措施，在努力保持各自优势的情况下，加强对影响区域文化市场一体化的薄弱环节的建设，从而努力提升区域的文化市场一体化水平。同时，这一指标评价体系不仅仅对于长江三角洲地区具有分析和评价作用，在其他区域，结合当地的特殊情况加以调整后便可以发挥本指标体系的作用，对其他区域的文化市场一体化水平加以分析和评价。

（3）激励作用。利用对区域文化市场一体化水平的评估及其不同时期的对比分析，能对区域文化市场建设工作的成效作出较客观公正的评价，这本身就是一种有力的激励，有利于推动区域文化市场一体化建设不断向纵深发展，从而对提升区域的文化产业整体水平和竞争力起到推动作用。

现阶段制定区域文化市场一体化水平评价指标体系之所以可行，是因为：一方面，世界许多国家与地区研究并制订了文化建设发展规划，实施旨在提高区域文化竞争力的发展战略，并在实践中积累了许多经验；

另一方面，如上所述，理论界对区域市场一体化的有关问题进行了较深入的研究，取得了初步的成果，为科学制定区域文化竞争力评估指标体系奠定了必要的理论基础。最后，在近几年的年鉴等统计数据中，对文化产业内各行业的相关数据统计力度的加大也在很大程度上方便了评价指标体系的构建和分析。

3. 评价指标体系构建的原则

区域文化市场一体化评价指标体系的构建，应从文化市场一体化的内容和标准及从区域文化市场一体化的基本内涵出发，以增强区域的合作创新能力和联合发展能力等为主要特征的区域文化市场一体化为目的，以有关的经济理论和评价方法为基础，设置时尽量做到科学、全面、准确易行。构建的主要原则有：

（1）系统性。文化产业是指从事文化生产和提供文化服务的经营性行业，国家统计局将以下 8 类列为"文化产业"的范围：①新闻服务；②出版发行和版权服务；③广播、电视、电影服务；④文化艺术服务；⑤网络文化服务；⑥文化休闲娱乐服务；⑦其他文化服务；⑧文化用品、设备及相关文化产品的服务。在不同的口径下，对文化产业的统计方式也有很大的区别。如联合国教科文组织为了收集各国文化产业数据专门制定了文化产业统计框架，并在进一步修正后成为规范各国文化统计工作的指导文件。它将文化产业划分为文化遗产、出版印刷业和著作文献、音乐、表演艺术、视觉艺术、音频媒体、视听媒体、社会文化活动、体育和游戏、环境和自然 10 个方面。同样其他国家在此基础上也有自己的指标选取规则。区域文化一体化的评价指标体系是由各种要素组成的有机统一整体，它的强弱取决于各个要素综合作用的结果，如果只强调其中一个因素或几个因素，都会产生盲目性和片面性。在研究一体化水平时，必须具有系统性，从全局的视角来考察文化市场发展的健康程度。因此，不仅提升区域文化一体化水平是一项系统工程，同时，对区域文化市场一体化水平的评价也必须从整体出发，全面考量，始终把握系统的整体特性和功能，对区域的文化一体化水平作出整体性的分析和评价，从而达到在整体上增强区域文化一体化的目的。

（2）层次性。任何一个系统都是具有层次性的，在区域文化一体化水平评价过程中，应该把文化一体化系统划分为若干层次，对每个层次设置若干指标进行评价。这样，一方面使分析评价更加简明，另一方面还可以反映出区域文化各个层次的市场一体化状况以及差距。因此，指标体系应该是一个多层次多要素的复合体。指标的设置必须按照其层次的高低和作用的大小进行细分。在对文化市场一体化水平评价指标参数的选取上，系统的层次性就更为重要。

（3）代表性。文化产业门类众多，涉及面广泛，不能不分主次将区域文化市场一体化各方面都包括进来。如果评价指标过于庞杂，就难以抓住评价区域文化市场一体化水平问题上的主要方面。因此，评价区域文化市场一体化水平要选择有针对性的一些核心指标进行评价，例如，文化合作频度与力度，区域之间交通便利程度等。应抓住主要门类和最有代表性的项目，提炼表现该区域文化产业和文化市场内涵的最基本因素，指标不宜过多过繁，但求能够体现问题，突出问题。同时，过于庞杂的指标系统需要大量的数据，这就加大了数据的不真实性，同样会对评测的结果造成很大的影响。

（4）可操作性。所谓可操作性，是指指标设计要求概念明确、定义清楚，能方便地采集数据和收集信息，或者能用合理的成本获得。而且，指标内容不应太繁太细，不要过于庞杂和冗长，否则会给评价工作带来不必要的麻烦。指标必须具有统一的收集口径，且在区域之间是无差异的。这样才能使指标的失真程度降到最低，有用性得到增强。倘若指标在区域内不同地方虽然具有同样的名称却具有不同的搜集口径就会给后面的数据分析和统计工作带来很大的困难。

在使用指数反映区域文化市场一体化的某种态势时，如果无法直接获取某些数量指标，可以借助人们对这一事物评价的抽样调查结果，来间接地反映事物某一方面的状况。

（5）简明实用。指标的本质在于给具体的事物以明确的规定。区域文化市场一体化水平评价指标体系应尽量简单明了，易于理解，便于操作；用尽量少的指标反映尽量多的内容，同时便于收集和计算分析，对于区域文化市场一体化的研究、战略规划具有实用价值。构建区域文化市场一体化水平评价指标体系的基本目的，就是要把复杂的区域文化市场一体化变为可以量度、计算、比较的数字、数据，以便为制定提升区域文化市场一体化的总体规划及方针政策提供定量化的依据。

（6）可比性。区域文化市场一体化是一个相对的概念，一个区域文化市场一体化的强弱只有通过在与其他区域的比较中才能显示出来。为便于进行不同区域间的比较研究，应尽量使指标和资料的口径、范围与国际常用的指标体系相一致。只有这样，才能更加清楚地看到所研究区域文化市场一体化的强弱，相对竞争优势与相对竞争劣势，以及与文化市场一体化强弱的区域之间的差距，也可以学习其他区域在提升文化市场一体化方面很多好的经验，使区域文化市场一体化得到更快的提升。

（7）动态性。数据的采集和搜集上必须是具有确定的时间截面的。这样的模型才能保证随着时间的推移数据是实时动态仿真的。所有与时间截面相关的数据只可作为该模型的自变量而非常数项，否则随着时间的变动，模型的初始附加值便需要不断地调整，模型的真实性和科学性便会降低，模型的价值也会减弱。

（三）长江三角洲地区文化市场一体化水平评价指标体系基本框架

根据文化市场一体化的概念与内涵，遵循指标体系构建的系统性、层次性、可操作性等原则，结合有关专家的征询与反馈意见以及本课题的研究目的，于此采用了静态与动态相结合的方法构建综合评价体系。具体而言，在层次上，文化市场一体化水平评价指标体系分为准则层、领域层和指标层。在准则层上，我们选取了对文化市场一体化的最基本的准则——文化市场基础指数、文化市场分割指数、文化产业壁垒指数。通过实地调研中的经验数据，以及综合专家座谈会和 AHP 法得到的三种指数的比重分别赋值为：41.5%、24.5%、34.0%，随着数据收集的增加，该赋值会进一步调整。根据其他行业的经验，当具有持续的十年以上的连续稳定数据后，便可回归出比较接近真实情况的参数数值。

在领域层上，我们选取了每个准则上最主要反映该准则指数的领域指数，力求提取能够表现该准则最主要的指标。在文化市场基础指数准则下我们分别列出了经济指数领域、环境指数领域和市场基本参数领域；在文化市场分割指数准则下，提出了市场同质化指数、市场价格指数和市场成本指数三个领域指数，在文化产业壁垒指数准则下，提出了经济壁垒指数、制度壁垒指数、其他壁垒指数三个领域层指数。最后，为了加强数据搜集的容易程度和可操作性，在每个领域层指标下列出了指标层的细化指标，经过特尔菲法和层次分析法，确定长江三角洲文化市场一体化水平评价指标体系（见表2）。

表 2　文化市场一体化水平评价指标体系

准则层	领域层	指标层
文化市场基础 指数（Z_1）	经济指数（Y_1）	人均 GDP（X_1）
		物价指数上涨幅度（X_2）
		文化产业消费品零售总额（X_3）
		文化产业占 GDP 比重（X_4）
	环境指数（Y_2）	交通便利程度（路网密度）（X_5）
		绿化覆盖率（X_6）
		空气指数（X_7）
	文化市场 基本参数（Y_3）	年度旅游人数（X_8）
		文化产业法人单位（X_9）
		文化产业增加值（X_{10}）
		文化产业营业收入（X_{11}）
文化市场分割 指数（Z_2）	市场同质化指数（Y_4）	旅游产品同质化程度（X_{12}）
		民俗工艺品同质化程度（X_{13}）
		文娱演出市场同质化程度（X_{14}）
	市场价格指数（Y_5）	旅游景点门票价格指数（X_{15}）
		演唱会、文娱表演门票价格指数（X_{16}）
		民俗工艺品价格指数（X_{17}）
	文化市场成本 指数（Y_6）	区间文化市场运输成本指数（X_{18}）
		文化市场贸易成本指数（X_{19}）
文化产业壁垒 指数（Z_3）	经济壁垒指数（Y_7）	市场准入门槛（X_{20}）
		规模经济壁垒（X_{21}）
	制度壁垒指数（Y_8）	税制壁垒（X_{22}）
		行政制度壁垒（X_{23}）
		贸易体制壁垒（X_{24}）
	其他壁垒指数（Y_9）	文化特色壁垒（X_{25}）
		法律法规壁垒（X_{26}）
		地方政策壁垒（X_{27}）

指标体系的综合评价方法一般有简单加权法、专家评分法、层次分析法、ELECTER 法、TOPSIS 法、DEA 法、模糊评价法及人工神经网络评价法等，每种方法都各有其优缺点。当前国内外通常采用层次分析法（Analytical Hierarchy Process，AHP）。AHP 方法通过指标层指标的两两比较来构造判断矩阵，确定指标层指标互相之间的权重，最后得出具有权重参数的市场一体化水平评价体系。具体程序如下：

（1）确定指标层评价指标；

（2）对每个评价指标进行标准化处理；

（3）确定各评价指标相对于上一层次指标的权重；

（4）计算各层次各领域一体化水平状况。

为解决各项指标不同量纲难以进行汇总、综合、处理的问题，在完成数据的收集工作之后，必须对原始数据进行同量度标准化处理，即非量纲化，以消除量纲的影响，仅用数值的大小来反映指标值的优劣。同时，由于本指标体系采用加权求和层次分析，有必要对标准化的指标数据进行等权处理。为了满足以上两项要求，对数据采取了标准差便准化处理，这样可以使得处理后的数据既消除了单位量纲不同的影响，又具备了等权可加性，处理后的数据将完全符合模型的要求。

标准差标准化的公式为：

$$Z = (X_i - X) / S$$

其中：Z 为标准差标准化后的值；X_i 为第 i 项指标值；X 为第 i 项指标的平均值，S 为标准差。

在进行标准化的过程中，上式仅仅只能将数据进行标准化处理，但无法辨别指标的方向，即无法将正向指标和逆向指标加以区别对待。[1]

（四）长江三角洲地区文化市场一体化水平实证研究

长江三角洲地区的沪、苏、浙三省市，地域相连，文化相近，经济相融，人缘相亲，已经成为中国经济、科技、文化最发达的地区之一。在数据收集和专家座谈会打分的基础上，通过对数据的处理，本文对长江三角洲地区当前文化市场一体化水平进行了深入的研究。

鉴于研究的时效性，本指标体系选取 2006 年作为研究年份，通过调

---

[1] 正向指标指的是数值越大越好的指标，例如本系统中的人均 GDP 等指标；逆向指标指的是数值越小越好的指标，例如本评价体系中的区间文化市场运输成本指数等。

查，指标体系中数值型数据，如表 3 所示：

表 3　长江三角洲文化市场基本数据^①

指　标	上　海	江　苏	浙　江	全国各省平均
人均 GDP/元	75 990	28 685	31 684	16 108
物价平均指数上涨幅度/%	1.2	1.6	1.1	1.5
消费品零售总额/亿元	3 360.41	6 623.18	5 325	2 387.8
文化产业占 GDP 比重/%	7.5	2.3	3.3	2.45
交通便利程度（旅客发送量）/亿人公里	1 063.2	929.14	1 366.8	600
绿化覆盖率/%	37.3	42	60.5	28.15
空气指数（年度空气指数良好天数）/天	324	318	312.8	NA
年度旅游人数/万人次	9 684	19 935	16 149	4 343
文化产业法人单位/个	30 031	26 588	31 325	10 325
文化产业增加值/亿元	269.5	258.55	378	100.63
文化产业营业收入/亿元	1 366.64	1 782.30	1 570.44	527.4

同时，为了更加客观地显示长江三角洲地区文化市场一体化程度，本次研究共邀请 32 位文化产业方面的研究专家对本指标体系中的非数值型数据进行专家打分，通过三轮的专家咨询和反馈对所有指标进行了科学权重赋值。对所有数据进行标准差标准化处理后的无量纲数值，如表 4 所示：

---

① 部分数据来源于全国及各地区年鉴公报以及国家统计局对部分省、市的文化产业经济普查资料。

表4　长江三角洲地区文化市场一体化水平评价指标体系

准则层	领域层	指标层	无量纲数值
文化市场基础指数 Z_1（41.5%）	经济指数 Y_1（57%）	人均 GDP X_1（37.5%）	66.7
		近3年物价平均指数 X_2（19.5%）	85.2
		消费品零售总额 X_3（27.5%）	86.6
		文化产业占 GDP 比重 X_4（15.5%）	72.7
	环境指数 Y_2（17.5%）	交通便利程度（路网密度）X_5（45.3%）	84.1
		绿化覆盖率 X_6（31.3%）	73.4
		空气指数 X_7（23.4%）	67.3
	文化市场基本参数 Y_3（25.5%）	年度旅游人数指数 X_8（20%）	84.3
		文化产业法人单位指数 X_9（20%）	79.7
		文化产业增加值 X_{10}（22%）	83.1
		文化产业营业收入 X_{11}（16%）	85.7
文化市场分割指数 Z_2（24.5%）	文化市场同质化指数 Y_4（37.5%）	旅游产品同质化程度 X_{12}（45.3%）	70.0
		民俗工艺品同质化程度 X_{13}（23.3%）	65.9
		文娱演出市场同质化程度 X_{14}（31.4%）	57.7
	文化市场价格指数 Y_5（35%）	旅游景点门票价格指数 X_{15}（37.3%）	62.7
		演唱会、文娱表演门票价格指数 X_{16}（29.8%）	60.9
		民俗工艺品价格指数 X_{17}（32.9%）	56.3
	文化市场成本指数 Y_6（27.5%）	区间文化市场运输成本指数 X_{18}（57%）	57.7
		文化市场贸易成本指数 X_{19}（43%）	58.6
文化市场壁垒指数 Z_3（34%）	经济壁垒指数 Y_7（40.3%）	市场准入门槛 X_{20}（51%）	64.5
		规模经济壁垒 X_{21}（49%）	64.8
	制度壁垒指数 Y_8（37.3%）	税制壁垒 X_{22}（28%）	62.2
		行政制度壁垒 X_{23}（37%）	30.7
		贸易体制壁垒 X_{24}（35%）	56.6
	其他壁垒指数 Y_9（22.4%）	文化特色壁垒 X_{25}（44%）	34.4
		法律法规壁垒 X_{26}（23%）	67.8
		地方政策壁垒 X_{27}（33%）	41.2

（1）领域层指标测算（以经济指数为例）：

经济指数 = $X_1 \times 66.7 + X_2 \times 85.2 + X_3 \times 86.6 + X_4 \times 72.7 = 76.71$

（2）准则层指标测算（以文化市场基础指数为例）：

文化市场基础指数 = $Y_1 \times 76.26 + Y_2 \times 76.48 + Y_3 \times 64.79 = 73.46$

（3）长江三角洲地区文化市场一体化水平综合指标测算：

经过指标层、领域层和准则层三层指标由下往上的层级汇总，可知：

长江三角洲文化市场一体化水平的综合评价指数 = $Z_1 \times 41.5\% + Z_2 \times 24.5\% + Z_3 \times 34\% = 63.91$

鉴于数据的限制，本文仅对欧盟和美国、加拿大之间的文化一体化水平进行测算以作比较，见表5：

表5 三大区域文化市场一体化程度比较分析

区 域	一体化程度
欧盟	84.25
美国—加拿大	79.20
中国长江三角洲地区	63.91

数据来源：根据网上资料整理计算。

通过对无量纲数值的比较分析，一方面，长江三角洲地区在一些基础性指标上表现优异，诸如交通便利程度、年度旅游人数指数、文化产业增加值和文化产业营业收入等，这说明长江三角洲地区有较为深厚的工业基础和国民经济基础，并形成了较强的文化消费能力。也就是说，长江三角洲地区文化市场一体化有其较为优越的基础条件。按照联合国的相关统计数据，当一个地区人均GDP达到3000美元/年的时候，文化产业就会出现拐点并迅速起飞，而长江三角洲地区人均GDP早已超过这个水平。并且，长江三角洲地区便利的交通条件也为其文化市场一体化提供了良好的物质基础。另一方面，第一，长江三角洲文化市场一体化水平远远落后于欧盟地区以及美国—加拿大这一区域；第二，长江三角洲文化市场一体化进程中存在的问题，主要体现在文化市场分割和文化市场壁垒这两个方面。长江三角洲在行政制度壁垒、文娱市场的同质化、工艺品价格指数、文化特色壁垒几个方面得分较低。行政制度壁垒较高是影响长江三角洲区域文化市场一体化水平的主要因素，而行政制度壁垒源于财政体制的改革。这一改革使得过去那种财政统包统支的集权模式被打破，地方政府财权大大扩张，其最终将促使地方政府成为一个既有强烈追求经济利益动机，又有行为能力的经济主体。为了实现自身的利益，在其自身可以管控或依靠关系可以管控的范围内，地方政府会利用其自身的权利积极地阻碍市场一体化，并寄希望于通过本地区内的市场保护获取更多的利益，而这也成为市场一体化的主要阻碍。对于其他的一些市场一体化的阻碍因素基本可以归结为产品的同质化带来的市场非一体化。由于具有天然的空间上的不可转移性，市场同质化必然会引起边际效用的迅速降低，在很大程度上影响了消费者的二次消费欲望。出于对消费者初次消费的争夺，区域内的同质竞争者只能采取诸如价格竞争等低水平的竞争手段，而解决问题的关键则是积极寻求走差异化、整体化、互补化的市场合作道路。

三、长江三角洲地区区域文化市场分割及壁垒分析

(一) 长江三角洲地区区域文化市场分割及壁垒

1. 文化同质性造成的文化市场分割

在文化市场一体化进程中，同质性将不利于区域之间的市场联合。同质性越强，市场竞争越激烈，市场分割也越严重。对于消费者而言，同质产品带来比较强烈的边际效用递减效果，会降低消费者对同质品的偏好，因而产品之间的竞争较为激烈，合作关系薄弱。

长江三角洲地区的文化都起源于江南文化，各地区间的文化具有较强的同质性。从表4可以看出，旅游产品同质化程度、民俗工艺品同质化程度和旅游景点门票价格指数都很高，分别为70.0、65.9和62.7，文化上的同源性导致了这一地区的文化市场呈现明显的同质化趋势。仅就文化旅游一项来说，一方面，"环太湖"流域的常州、无锡、苏州、嘉兴、湖州五市的旅游文化特色同质化现象十分严重；另一方面，以"江南水乡"为题材的文化旅游景点就包括周庄、同里镇、甪直镇、乌镇、木渎镇等。欧盟成员国之间旅游各有特色，不管是希腊的宙斯神殿遗址、巴黎的凯旋门还是意大利的古罗马斗兽场，各景点之间具有较大的异质性，区域市场间具有较高的交叉弹性，各国旅游市场互补性较强，从而

欧盟之间形成一个整体的区域旅游市场。然而，长江三角洲地区文化旅游市场的同质性使得地区各自为政，缺少合作，竞争激烈，文化市场缺乏统一有效的协调，从而影响到文化市场一体化的进程。

2. 计划经济向市场经济转轨带来的文化市场分割

我国正处于经济体制转轨时期，一方面，新的体制尚未完善，国家对一些经济活动仍采取直接行政干预的方式，政府职能的改变仍需时日；社会保障体系虽然已经建立，但受国家财力、物力、人力的限制，只能保证最低的要求。另一方面，旧的体制尚未消除，人们的观念和意识的转变非一朝一夕可以改变。从表 4 可以看出，长江三角洲地区税制壁垒指数、贸易体制壁垒指数、文化特色壁垒指数分别仅为 62. 2、56. 6、34. 4；而行政制度壁垒指数和地方政策壁垒指数也分别仅为 30. 7 和41. 2。这表明在目前两种体制的冲突下，刺激着地方政府或生产经营者从自身利益出发，利用这些漏洞和机会谋求利益，导致了地区间较高制度壁垒。在中央一级开放和进行政府机构改革和职能转变后，地方政府的机构改革及职能转变并未同步跟上，权责未明确，各地方文化市场的开放时间和程度也各有不同，地方政府在这种转变中扩大自身权限填补了中央政府退出后的权力真空，拥有了更多为自身牟取利益的保证。同时，中央的一些加强地方政府责任的政策虽然加大了地方权力机构的责任，但相应的约束机制还未完善，反使之为获取自身利益有了更多的借口和机会。这些现实因素都在一定程度上加大了区域文化市场一体化实现的难度。

3. 传统经济体制下的产业布局带来的文化市场分割

在过去传统计划经济体制下，中央政府除强调在全国建立独立的产业体系外，强调在大区、某些省份建立自己独立的产业体系，形成了各地区封闭的或自成体系的产业布局。当然，这也是特定历史时期的举措。然而，当中国经济从计划经济进入市场经济后，这些遗留下来的封闭的或自成体系的地方产业布局，导致各个地方政府为本地产业发展而不遗余力地为外省同类行业的进入制造各种人为障碍。同时，这些人为的条块式分割、画地为牢的经济分散化和分割化过程助长了"大而全"、"小而全"的重复建设，阻碍了地区间分工协作和专业化的发展。根据有关研究结果，反映区域结构特点的"专业化系数"在 0. 25 以下的省市区就有 21 个，占 28 个省区市的 75%，其余 7 个省区市的"专业化系数"也只在0.30左右。这种由于逆向分工的存在而导致的地区间产业结构的趋同，是一种低层次上的结构趋同。

4. 区域间经济实力的差异带来的文化市场分割

区域间经济实力的差异也是造成市场分割的重要原因之一。经济水平的差距将会在教育、市场观念、创新机制等各个方面影响经济落后地区的经济发展进程，也会导致区域经济差距呈现指数性放大。这种区域间经济实力的差异一方面诱导了各种稀缺资源从欠发达地区流向发达地区，另一方面对于文化产业这种收入需求弹性较大的产业而言，经济的差异会带来较大的需求差异，进而引发当地企业的生存危机。在现有区域合作机制、收益成本划分的权责机制和法律政策体系尚不完备健全的情况下，欠发达地区的政府在文化产业市场上，为了保住这一刚刚起步的新兴产业，只好采取违反市场规律的行政强制性措施来保护本地利益，通过诸如专营制度、市场准入制度等各种行政壁垒对区域外厂商加以限制，导致了市场一体化进程严重受阻。以江苏为例，苏南、苏北地区经济的差异明显造成市场的分割现象，属于两个不同的文化市场。欧盟成员国之间也存在经济的差异，一方面，其成员国之间差异不似"长三角"差异大，另一方面，欧盟加强了一体化政策的实施，其目的在于重视欠发达地区的发展，缩小地区间的差距，促进欧盟内部的合作，以可持续的方式提高欧盟的整体竞争力。2000—2006年六年间，欧洲地区发展基金（ERDF）、欧洲社会基金（ESF）等投入2 350亿欧元（占欧盟GDP的0.45%），以促进一体化政策的实施。美国和加拿大之间虽然没有这种组织，但是它们的经济实力差距远远小于欧盟内部和"长三角"地区，也为其文化市场一体化水平创造了经济基础。

5. 行政体制分权造成的文化市场分割

自1978年以来，以下放财政权和税收权、投融资权和企业管辖权为核心的行政性分权，有效地调动了地方的积极性，促进了我国经济的飞速发展。但这种以行政性分权为核心所形成的体制也存在严重的缺陷，行政性分权后的中央与地方的事权财权分配模糊，政府职能不清，直接导致了地方市场分割格局的出现。下放企业管理权限后，中央政府把对部分国有企业的管辖权下放到省一级，从企业的实际地方所有制看，企业划归地方或由地方新建，形成了所谓的产权地方化。由于按照企业隶属关系征税，地方国有企业就成为地方财政的重要财源。而产权地方化则导致国企改革相对迟缓，政、企分开的改革措施不能落实，使企业始终难以成为独立经营的市场主体，同时由于强化了地方政府作为一级利益主体的身份，地方政府也因为自身利益的局限而倾向于通过行政手段来干扰市场的运行，以促使或保护当地企业的发展，以致造成市场分割状况的出现。

6. 财税体制改革造成的文化市场分割

20 世纪 80 年代的几次财税体制改革都突出了"包"的特点，围绕着实行和强化包干制而展开。财政包干制明显带有向地方倾斜收入的色彩，使得地方政府干预当地经济发展的能力增强。地方政府往往通过对企业减免税收，然后以集资、摊派等形式，通过"体外循环"，把税负纳入地方政府的财库，一方面导致了中央政府财权的削弱，对地方政府的制约作用不可避免地相对减弱；另一方面，财政收入最大化成为地方政府经济行为的利益目标，使得地方政府采取保护手段封闭该地区市场有了其存在、发展的必然性。能否得到政府的帮助是企业能否经营好的一个重要因素，对于地方国有文化企业而言，若经营有方，可为地方政府提供丰厚的利税，成为地方政府财政收入的重要来源，并可扩大就业；若经营不善，则将成为地方政府难以甩掉的财政包袱，会导致工人下岗。它们不可避免地在多个方面形成了一个利益共同体，并且阻碍着"长三角"文化市场一体化的进程。

7. 长江三角洲地区区域文化市场分割的其他成因分析

造成长江三角洲地区区域文化市场分割的原因还很多，但很重要的还有一点：政府考核指标集中在地方政府考核，缺乏地域性整体考核指标。在经济权力下放和市场化的过程中，地方政府的合法性基础也发生了相应的变化，于是，经济发展成为考核地方官员业绩的最重要指标之一。地方政府的领导人通过发展地方经济，推动 GDP 的增长，一方面，可为自己赢得上层的肯定；另一方面，通过为辖区内的人民提供广泛的社会福利，又可获得地方人民的支持和认可。随之，地方政府的政治统治基础开始发生转变，形成了所谓的"政绩合法性"，从而越来越表现出一种倾向，即地方政府官员的提升与当地的经济发展成正比。斯坦福大学的周黎安（2002 年）博士运用委托—代理模型，对 1980 年至 1993 年间中国内地 28 个省区市（除西藏和海南）的数据进行了实证检验，结果显示各省区市的经济绩效与地方官员的晋升之间呈现出高度的正相关性。[①] 由于现行的干部考核制度特别是对地方干部政绩的评价与考核过分强调与所辖地方经济发展的业绩进行挂钩，而这种业绩又主要以上了多少项目、建了多少企业、经济增长速度多少等指标来进行简单量化比较。这样，就必然导致各行政区首脑或部门干部强化资源配置本地化和保护本地市场，也包括本地文化市场。再加上地方官员频繁的地区间调动，使地方政府在经济竞争中急功近利，寻求短期经济行为，从而阻碍了文化市场一体化的进程。

（二）地区之间利益分配造成的市场壁垒——一个博弈模型

文化市场的分割在很大程度上与地方政府的决策和地方保护主义相关。在以经济效益为指标的政府考核体系下，地区之间的利益分配尤显微妙。地方政府采取市场分割决策的动机，通过一个相应的博弈论分析可以得出合宜的结果，为了降低分析的复杂程度使分析问题简单化，在此先对该模型作出一些相应的假设，以便得出结论。

1. 地区之间市场开放博弈模型的假定

假定1：地方政府选择的战略空间为地方文化市场保护和市场开放，按各地区的发展程度和竞争力的强弱，区域间竞争可以分为两类：一是同类地区间竞争，即竞争双方都是较发达或较不发达地区；二是不同类型地区间竞争，即竞争双方中一方比另一方发达，竞争实力有差别，其中假设地区 A 竞争力强于地区 B。

在长江三角洲地区，以省级行政单位划分来看，江苏、浙江、上海基本属于同类地区之间的竞争，但如果以省级行政单位内部的情况来看，其竞争态势则是不同类地区之间的竞争。以江苏为例，苏南的南京、苏州、无锡、常州与苏中的扬州、南通就处于不平等的竞争态势，与苏北的盐城、连云港等更是在文化市场规模、人均 GDP、人均文化产业支出等各个方面都有着非常明显的差异。因此，为了区域内分析的需要，同时也为了分析模型对于其他地区的分析有一定的普适性，在下面的博弈分析中我们对两种情况都作详细的讲解。

假定2：地方政府在采取行动时不仅要考虑自身行动的影响，还要考

---

① 周黎安于 2002 年 11 月 17 日在北京大学中国经济研究中心作的题为"晋升和财政刺激：中国地方官员的激励研究"的学术报告。

虑竞争对手的行动可能对自己造成的影响。各地政府会在相互行动过程的选择当中达到行动组合的纳什均衡，即各地政府的行动组合会达到一种状态，在这种状态中，每一方的战略是给定他方采取战略下的最优战略，没有一方积极打破这种均衡采取其他行为。

假定3：假定地方政府的支付是销售本地产品的收益，初始状态下，两个地区市场份额所决定的利益分别用 U_A 和 U_B 表示，地区 A 和地区 B 的市场保护成本及其他成本分别为 C_A 和 C_B 表示，主要指采取保护时的各种人力和资金的投入和可能遭受的风险损失，违反中央政府"开放市场，实行公平竞争"的要求所承担的责任以及其他各种不良后果等。

2. 同类地区间的博弈

同类地区间的竞争博弈矩阵可以用图1描述。在该模型中，由于是同类地区，故 $U_A = U_B = U$，$C_A = C_B = C$。地区 A 和 B 可以选择的行动为市场保护或市场开放，因而，地区 A 和 B 的行动组合一共有以下四种：

地区 B

		开 放	封 闭
地区 A	开 放	U, U	U – kU, U – C + kU
	封 闭	U – C + kU, U – kU	U – C, U – C

图1　同类地区之间的博弈分析

（1）地区 A 和 B 都采取保护时，双方只能从本地市场获益，且获益为 U – C。

（2）地区 A 和 B 有一方采取市场封闭，而另一方采取市场开放，市场封闭的一方不仅能获得本地市场利益，还可以获得市场开放一方的市场利益。假定开放一方被保护一方侵占的市场份额数为 k（0 < k < 1），从而市场保护一方获得的受益变为 U – C + kU，市场开放的一方获得的受益变为 U – kU。一般来讲，市场封闭的成本 C 会小于开放市场后被另一方占领市场份额后的受益 kU，所以说此时开放市场的一方受损，而封闭市场的一方受益。

（3）双方同时开放市场，由于市场扩大，阻碍减少及更加专业化的分工，双方各自获得了 U 的最大收益。

通过分析我们可以得出：同类地区，如果同时开放市场，可以获得最大的总收益2U，此为市场竞争帕累托最优行动组合；如果一方开放市场而另一方封闭市场，双方的关系是一种零和博弈，封闭市场的一方所获的受益为另一方利益的转移，根据利益最大化原则，双方都会在对方选择市场开放时选择对本地市场进行封闭，以实现自身利益的最大化，即双方都不会选择市场开放，结果导致纳什均衡（封闭，封闭）。

在此有一点需要提到的是对于实际情况当中的两个强势（经济发达）地区和两个弱势（经济不发达）地区采取的策略会有些区别。弱势地区的封闭市场的成本较低，从而开放市场后的收益不高，因而会倾向于封闭市场；对于强势地区而言，由于自身经济规模较大及市场化程度较高，封闭市场的成本较高，所以会表现出倾向于开放市场，这一点与上述分析稍有差别，是由于诸多的假设及问题的简单化所致，并不表示结论有误。

3. 不同类地区间的博弈

实际情况中各个地区的经济状况都有所不同，因而该博弈分析更符合实际情况。不同类型地区间的竞争博弈可用图2来描述，假设地区 A 的经济实力或竞争力强于地区 B，双方可以选择的战略空间仍是市场封闭和市场开放。

地区 B（弱）

地区 A（强）

	开 放	封 闭
开 放	$U_A + K_A U_B$, $U_B - K_A U_B$	$U_A - K_B U_A$, $U_B - C_B + K_B U_A$
封 闭	$U_A - C_A + K_A U_B$, $U_B - K_A U_B$	$U_A - C_A$, $U_B - C_B$

图2 不同类地区的博弈

相比较前者的分析，不同类型地区市场开放的博弈分析要复杂一些，首先：

（1）当双方都选择市场保护时，地区 A 的收益为 $U_A - C_A$，而地区的收益为 $U_B - C_B$；由于地区 A 的经济实力较强，所以，$(U_A - C_A) > (U_B - C_B)$。

（2）当双方都开放市场的时候，在自由竞争的情况下地区 A 因较强的竞争力可以获得更多的 B 市场的利益，地区 A 和地区 B 的收益分别是 $U_A + K_A U_B$ 和 $U_B - K_A U_B$。

（3）当地区 A 选择市场封闭，地区 B 选择市场开放时，由于地区 B 本身竞争力就不足，加之因市场开放后地区 A 大批竞争力强的商品的进入冲击，地区 B 市场份额被挤占，从而导致地区 B 的收益急剧下降，此时，地区 A 和地区 B 的收益分别为 $U_A - C_A + K_A U_B$ 和 $U_B - K_A U_B$。

（4）由于地区 A 具有竞争优势，因而更倾向于采取开放市场。当地区 A 选择市场开放，地区 B 选择市场封闭时，地区 B 市场因受到保护不会受到挤占，而且可以自由进入地区 A 市场，此时地区 A 和地区 B 的收益分别是 $U_A - K_B U_A$ 和 $U_B - C_B + K_B U_A$。

根据以上分析可以得出，当 $C_B < K_A U_B$ 时（事实上大部分情况如此），地区 B 倾向于封闭市场；而当 $C_A > K_B U_A$ 时，地区 A 倾向于开放市场。所以，地区 A 封闭市场的成本 C_A 与地区 B 通过地区 A 开放市场所占据市场 A 份额 $K_B U_A$ 的大小比较是判断该博弈均衡的关键，如果前者大于后者，则双方稳定在地区 A 开放市场而地区 B 封闭市场的状况；如果前者小于后者，则双方最终相互封闭市场。总之，在双方竞争力差距较大的情况下，具有竞争优势的地区偏好选择开放市场，而处于竞争劣势的地区总是偏好市场封闭。

以旅游市场为例，当两地产品基本处于同质竞争时（长江三角洲地区的样本选择的是无锡的太湖影视城和浙江的横店影视城），若某地单方面采取合作的方式，则像上面的博弈分析一样产生不利于自己的结果。假设无锡影视基地愿意与横店影视基地结为战略联盟，并采取套票的方式推广，倘若横店影视基地采取相同的合作方式，双方便能均获得 U 的收益，倘若横店方面采取合作的态度时，则无锡的收益为 $U - K_U$；而横店由与无锡合作带来的收益增长为 $U - C + K_U$，但双方利益的不平等必然导致该合作机制的破裂以及市场一体化的退步。总之，地方政府之间的利益博弈带来的市场分割源于政府财政权力的分割以及以经济指标为政绩指标的制度。

在纳什均衡的不稳定合作模型下，地方政府出于对自我利益的保护以及与周边地区的竞争基本采取的是非合作、非一体化的方式，所以，实现此目标的途径基本依靠行政制度性壁垒、地方法规壁垒，等等。以动漫为例，各地为扶植本地动漫企业的发展均提出了企业的动画片在电视台播出后每分钟有多大力度的补贴，如此看似拯救国产动画的一剂良方，但任何在消费环节以行政力量创设"制度性壁垒"，只能是保护落后打击先进。依此，本土的动漫企业则不是以发展本产业或是其他长远的目标为出发点，而是以政府的扶助或其他性质的补贴为企业的目标。这不仅会产生大量的寻租及腐败行为，同时也会对政府既定的政策目标产生较大的影响。

在面对文化市场一体化发展的问题上，地方政府人为制造的各种壁垒成为文化市场一体化的巨大障碍。"制度性壁垒"将会导致行政产生的自然垄断，从而降低能够促进经济发展和社会福利的有效竞争。在文化市场中，行政性的垄断以及公有文化资源的企业占有会导致文化资源的行政性垄断。在自然状况下，将会发生价高质次和"产量"偏低的现象，由此导致较为严重的效率损失。所以，一旦制度性进入壁垒被破除，行政性垄断便难以为继，在充分竞争的压力下，上述不利于公众的现象便可得以根除。

四、政策建议

(一) 西方发达经济体的经验借鉴

任何一个大国，都会存在地区之间的利益冲突问题。减少区域利益冲突，建立全国统一的大市场，为全国范围内实现规模经营创造条件，是任何一个大国所必须面对的问题。我国实行改革开放以来，一直在不断摸索一条有别于资本主义国家的社会主义市场经济体制发展道路并不断前进，期间有过令人瞩目的成就，也走过不少弯路，市场分割现象的存在，是我国目前迈向健全的市场体制所须经历的一个阶段。这种现象的存在及恶化包括体制、财税改革、政府职能等多方面因素，但对于如何改善乃至消除，并没有现成的经验，但可从其他发达的资本主义大国当中借鉴一些有益的经验。在此，将首先论述两个较大的发达资本主义经济体（即美国和欧盟）的统一市场的发展历程，然后对打破当前中国地方市场分割的状况提出课题组的一些见解。

1. 美国经验的借鉴

美国作为一个联邦制国家，州权观念和州权势力十分强大，但是，美国成功地建立了世界上最大的国内统一市场和最发达的市场经济体系。对于中国来说，美国的经验具有重要的借鉴意义，首先来分析一下美国是怎样解决州际贸易冲突及市场分割问题的。美国在经历南北战争之后，各州之间的经济联系逐步加深，贸易利益冲突不断加剧，为了维护自身的利益，纷纷采用各种贸易壁垒的手段。例如，一些州的警察以检查食品为由，阻止其他州的农产品进入本州，以维护本州农产品的生产和销售；州政府利用职权对本州企业给予各种照顾，而对其他州在本地的企业则在发放执照、征税及其他各种管理上予以刁难；在 20 世纪 20～30 年代汽车运输大发展时期，许多州制定通过本州公路的卡车载重和尺寸标准，筑起运输壁垒，大大增加了汽车运输的成本，等等。特别是美国各州拥有相对独立的立法和司法权力，上述种种行为都以州立法机关颁布法令的形式出现，具有法律依据，比如纽约州为了保护本州牛奶的生产和销售，曾颁布《牛奶控制法》，以限制其他州的竞争。各州之间的贸易壁垒严重限制了美国国内统一市场的形成。为此，美国政府采取了系列的对策，其中富有成效的措施主要有：

（1）州际协调，即在发生矛盾或需要合作的各州之间首先进行自我协调。这种协调通常是通过签订具有约束性的双边和多边协定或行政协议来实现。各州所签契约受美国法律的保护，具有法律效力，并据此形成一种正式的和稳定的洲际合作。一方面，契约的内容涉及州际商品贸易的互惠条款，一些大型州际项目的建设和管理，以及具有超越本州利益的项目建设。另一方面，建立各种形式的州际合作组织与机构，增加彼此的联系和信任，未雨绸缪并化解矛盾，对促进州际合作也起到了十分重要的作用。

（2）法制管理。在美国，处理州际关系具有宪法保障和司法制约。由于各州力量的不平衡，在实行州际协调时难免出现不公正。为建立全国统一的市场，限制各种州际贸易障碍和壁垒，美国宪法授予国会在处理州际关系当中具有优先权，国会可以超越各州彼此对立和矛盾的法令，制定全国统一的法律，规范市场。早在 1887 年，美国国会就通过了《州际商务法》，此后又通过了众多的相关法律，有效地消除了州际贸易壁垒，保护了全国市场的规范统一。同时，美国最高法院在州际关系当中扮演着仲裁人的角色，通过对具体案例的司法裁定，查处了一个个贸易壁垒，以框定州际贸易关系。

（3）市场机制。如果说南北战争为美国统一市场提供了政治环境，那么完善的市场机制则保证了美国全国性市场能够真正发挥效用。19 世纪下半个世纪至 20 世纪初，随着全国性铁路网的建设，全国统一市场逐步形成。诞生了美国第一批大型公司和企业。各大公司、企业的管理者和控制者本着开拓、创新、务实的精神，使企业规模迅速扩张，发明创造层出不穷，技术进步促使生产成本不断降低，市场进一步扩大，并反过来促使工业化的扩张，美国开始由农业社会转入城市社会。规模经营与完善的市场体制相结合，企业得以最低廉的价格提供最丰富的消费品，使美国居民生活水平得到极大提高，并成就了美国的富强和世界经济霸主的地位。由此可见，地区协调、法律保障和市场机制是美国建立全国统一市场的关键经验所在。

2. 欧盟经验的借鉴

作为国与国之间经济一体化实施最为成功的欧盟，其经验表明，经济一体化进程发展与其不断完善的制度保障是直接相关的。欧盟在其发展的每个阶段都制定有相关法律，成员国依此实施一致对内对外政策，经历了由低到高的一体化形式。1951 年《巴黎条约》建立了欧洲煤钢共同体，反映了特定经济部门的一体化。《罗马条约》建立了关税同盟，实行区域贸易自由化。《单一欧洲法案》对商品、劳动、人员和资本的自由流动列出了约 300 项立法，并规定了完成这些立法的时间表。1993 年，欧洲统一大市场正式形成。随后，欧共体成员国签署了《马斯特里赫特条约》，并于 1999 年实现了经济货币联盟。如今，欧盟各国又将实行统一的宪法提上了议事日程。可以预见，欧盟将迈向完全的经济一体化，对各种经济政策通过超国家机构进行协调和统一。欧盟的成功是以其制度性的合作规则来保证的。这种区域合作的规则有两个作用：一是为合作行为提供足够的激励；二是对违反"游戏规则"者与机会主义者予以充分的惩罚以使违规者望而生畏。

（二）打破地区市场分割，促进"长三角"地区文化市场一体化的对策

就中国自身国情而言，中国经济乃至社会文化和政体发展都不同于美国及欧盟，因而采取措施的侧重点也应略有不同，大致可分为以下几个方面：

1. 建立跨区域型的文化行业协会

文化市场一体化要想很好地组织与协调，统一性的行业组织就显得尤为重要。协调地方政府之间的利益关系，如果单纯寄希望于中央政府的宏观调控，不仅成本太高，而且难以达到目标。一方面，中央政府远

离各地方，其提供的制度安排虽然具有规范性、制度化水平高的优点，但由于它是以高度的强制性权力为基础，不以一致性为前提的，因而其动力水平相对比较低；另一方面，中央政府不可能对地方政府的所有情况了如指掌，因此在政策制定方面难免有失偏颇，这也在客观上造成地方政府对文化市场一体化的积极性不高。而与地方政府直接接触的跨区域的机构和团体，能够及时了解个人和企业群自发产生的创新意图，因而跨区域机构协调下的地方政府间合作所提供的制度安排更能满足制度需求。并且地方政府权力尤其是经济权力的扩张，改变了它们在政府权力结构中的地位和角色，使它们由集权体制下单纯的中央政府的派出和代理机构转而成为相对独立的行为主体，大大强化和提高了地方政府作为制度创新主体的地位，使地方政府具有追求本地经济快速增长以及响应获利机会进行政府间合作的权力和动机。虽然如此，但政府之间公文式的协调程序将严重影响一体化的速度和质量。因此，以跨区域市场协调统一机构为引领，促进地方政府间合作应该成为协调地方政府间利益矛盾、走出"囚徒博弈困境"的最优选择。

2. 积极探索产品创新，增加文化产品互补性和区域整体性

文化市场一体化进程中一个有力的促进因素是区域文化市场组成既有整体性，又有各自地区特点的文化市场联盟。在文化市场一体化的进程中，更应该注重的是本区域内的专业分工与协作，并建立科学合理的专业分工与协作机制。主要的工作包括：

（1）协调实施跨行政区的重大基础设施联合建设、重大战略资源联合开发、生态环境联合保护与建设；

（2）统一规划符合本区域长远发展的经济发展规划和文化产业结构；

（3）以专业分工的角度，协助各市县制定地方性文化产业发展战略和规划，使局部性文化产业规划与整体性文化市场一体化规划有机衔接。

3. 打破所有制壁垒、创新投融资体制，增强跨区域文化市场资本合作

第一，打破所有制壁垒，取消一些对非公有制经济成分投入文化产业领域的限制，鼓励和放宽各种资本介入文化产业，调整现有的不平衡的单极发展状况，形成多种形式的文化经济利益关系。第二，充分发挥财政、金融、价格、税收的杠杆作用，逐年增加对文化事业和文化产业的投资比例，尝试建立文化产业基金，鼓励民营资本和外资向文化产业

领域流动，形成以政府资金为引导、以企业投入为基础、以银行信贷和民间资金为主体、以股市融资和境外资金为补充的多元化文化产业投融资体系，弥补文化产业跨越发展中的巨大资本缺口。第三，对于市场前景和创新型的文化产业项目实行低息或贴息贷款。第四，鼓励组建各级各类文化产业组织或文化投资公司，实现文化产业投资市场化、社会化和投资主体多元化。第五，要特别培养文化产业经营方面的金融专业人才，使其逐步进入资本市场开展业务，以便更灵活地使用资金和积累资金。

4. 建立健全文化市场统计监测体系，为区域文化市场一体化测评提供信息支撑

当前，有关文化产业的统计调查工作依然停留在部门统计的层次上。由于部门统计的局限性，获取统计资料的渠道不畅，获取的资料也不完整和系统，与促进区域文化市场一体化发展极不适应。因此，必须加大投入，从长江三角洲文化市场的实际出发，尽快建立文化产业统计监测体系和调查核算制度，及时准确地开展文化产业统计核算数据分析研究，为提高党政领导宏观决策的科学性提供依据。同时，发挥数据的预测和检测的功效，积极地通过数据为文化市场一体化献计献策，并不断调整文化市场一体化中遇到的各种问题。

5. 组建跨区域的文化市场的资源配置中心，积极实践"收进来、走出去"战略

文化市场中的很多资源具有不可转移性，建立跨区域的资源配置中心将会有助于文化市场的资源优化配置。文化市场中的生态资源较多，且具有不可再生性，通过对资源的统一协调配置，将有利于文化资源的损耗与重生控制在合理的水平。同时，发挥"长三角"地区现代物流业发达的优势，以现有的物流集散地和高速公路、铁路的交叉点为中心和顶点，以"走进来"战略为指导方向，打造3~5个在区域内领先、在全国有较大影响力的文化资源集散配置中心；发挥地方文化市场特色，以文化产品和资源的配置中心为起点，积极实践"走出去"的发展战略，发挥配置中心的集约化、规模化的优势，开拓区域外的市场，增强区域文化市场共同体的发展实力。

6. 打造区域性文化市场公共服务平台，以信息化引领市场一体化

21世纪是网络全面覆盖的时代，网络资源的开发与利用将会极大地

加速长江三角洲市场一体化的进程。长江三角洲文化市场公共信息服务平台将通过信息化手段，以其文化市场为依托，以原有各区域文化产业信息服务平台搭建基础信息化环境为抓手，以文化市场领域的信息资源整体开发利用为切入点，充分理解文化企业市场一体化的实际需求，集聚贯通、互动协同上海市、江苏省、浙江省文化产业主管部门、市场管理部门、文化产业协会、信息产业主管部门为企业提供的各类服务资源，并充分运用最新的主流计算机和网络科技，建成一个以政府部门、文化企业、文化产业，市场研究机构、中介机构、跨区域协会及市场营销人才群体为服务主体的长江三角洲文化市场公共信息平台，实现跨区域、跨部门、跨企业的主体间互动互联。为了在更大程度上发挥该服务平台的优势，长江三角洲文化市场公共信息平台的建设应涵盖政策公共服务平台、知识产权公共服务平台、信息服务公共平台以及平台信息化工程，并同时为人力资源服务平台、投融资服务平台提供了公共的信息技术支撑。

7. 设立专项扶植基金，对文化市场一体化中的指标性企业增加投入

为促进长江三角洲区域文化市场一体化的发展，对具有指标性的文化企业和创新性文化企业单位提供专项扶植基金是非常必要的。在市场一体化的背景下，文化市场一体化专项扶植基金应积极从区域内各级政府的财政收入中以协议的方式共同出资，从经济规模、跨区域发展、创新性、产业可持续发展性等各个角度对文化企业进行考核并列入专项基金扶植对象。为了在不同层次上促进文化产业的发展，并尽可能提高专项资金的扶植面，专项基金的发放可以采取多种不同的形式，如直接补助、无息或减息贷款、政府担保大额贷款等。

8. 积极促进区域内的文化市场各专业团体的市场联合

加入 WTO 以后，各行业包括文化产业中相当一部分行业将会对全世界的竞争者开放，这必然给我国刚刚起步的文化产业带来相当严重的冲击。为了提高文化企业的整体竞争力，文化产业行业之间的联合，形成同一个声音的共同体，增强对外的竞争实力和话语权就显得相当重要。在报业、新闻、广电等以行政区域划分的行业中，联合各区域的经济实体，以统一的组织形式对外，增强在原材料采购、产品推广与销售等各方面的竞争实力，发挥联合发展和规模经济的优势，在与国外文化企业巨头同台竞争中促进文化产业的整体发展；以政府组织、企业参与的形

式形成一批具有相当规模和影响力的专业团体的联合体，统一调度资源，实现集约式发展和团体内自由竞争，最终达到整体对外竞争的良好的合作态势。

参考文献

［1］顾江．江苏省文化产业区域协调发展战略．南京：江苏社会科学，2006（1）．

［2］顾江．文化产业经济学．南京：南京大学出版社，2007.

［3］顾江．文化产业研究．南京：南京大学出版社，2006.

［4］顾江．文化产业案例精析．南京：东南大学出版社，2007.

［5］李昇．中国的地区市场分割：成因与对策．中国人民大学硕士论文，2005.

［6］王建刚，赵进．产业集聚现象分析．管理世界，2001.

［7］林平凡，陈诗仁．企业聚群竞争力（珠江三角洲企业聚群竞争力提升战略研究）．广州：中山大学出版社，2003.

［8］殷国俊．文化产业统计指标和分析方法探讨．中国统计，2004（2）．

［9］张永红．文化产业统计指标体系的设计与实施．统计与决策，2004（6）．

［10］迈克尔·波特．国家竞争优势．北京：华夏出版社，1990.

［11］陈友华．区域文化竞争力评价指标体系研究．南京大学第二届文化产业学术年会会刊，2007.

课题组成员名单

课题负责人：

顾　江　南京大学国家文化产业研究中心常务副主任，南京大学商
　　　　学院教授、博士生导师

课题组成员：

胡　静　南京大学国家文化产业研究中心在读博士
王道德　南京大学国家文化产业研究中心在读硕士

云南民族文化生态与文化产业发展

云南大学国家文化产业研究中心

◆ **266** **总　论**

◆ **266** 　　一、历史：特殊的生态环境与丰富的民族文化

◆ **270** 　　二、现实：巨大的社会变迁与民族文化的困境

◆ **273** 　　三、发展：复杂的文化生态与民族文化的产业化

◆ **277** **案　例**

◆ **277** 　　一、丽江：民族文化生态与文化遗产产业

◆ **282** 　　二、大理：工艺型文化产业发展

◆ **288** 　　三、峨山：自娱型文化产业发展

◆ **295** 　　课题组成员名单

总　论

一、历史：特殊的生态环境与丰富的民族文化

（一）甘青高原民族迁徙的大通道

云南地处中国西南部，内联西藏、四川、贵州、广西，外邻缅甸、老挝、越南；与印度、泰国虽不直接接壤，但距离也非常之近。由于有温暖的气候、丰富的物产和众多的高山河谷，云南从远古以来就是人类生息繁衍的地方，民族迁徙流动的走廊。如果不算距今 800 万年前的腊玛古猿（1980 年于云南禄丰发现），那么距今 170 万年的元谋人（1965 年于云南元谋发现）的的确确已经是人类的先祖了。另外，在云南发现的古人类还有西畴人（1965 年于云南西畴发现）与丽江人（1960 年于云南丽江发现）。与他们同时发现的，是一些简单打制石器，这说明他们都属于旧石器时代。旧石器在昆明的呈贡、宜良等地也有发现。到新石器时代，云南的出土就非常丰富了。迄今为止，已经在云南 30 多个地方发现了新石器时代的文化遗址和墓葬，至于零星的磨制石器和陶器，几乎遍布全省。云南的新石器文化，不像黄河流域的那样，呈现出一个明显的发展顺序，而是五光十色，各不相同，各有特点。这说明从远古时代起，云南就是不同族群迁徙流动的通道，并在此汇集。云南民族文化的共时性和多样性特征，在新石器时代已初露端倪了。

进入文明时代以来，与云南的自然地理相结连，云南的民族形成了各自有一定的活动范围的格局。从总体上说，云南少数民族分为属藏缅语族的氐羌族系、属壮侗语族壮傣语支的百越族系、属孟高棉语族的濮族系、属苗瑶语族的苗瑶族系（此族系进入云南时间较晚，基本是明、清时期从湖南、贵州、和两广迁来的）。在横断山脉区及往南的滇南帚形山系及河谷地区，从新石器时代到战国时期是甘青高原和东南亚地区民族往来的通道，而滇南山间盆地区的南盘江、元江流域又是我国东南沿海地区、越南同云南各族来往的通道。因此，在横断山脉区及云南高原区，甘青高原上的古氐羌的一部分沿着横断山脉的几条大江南下，同当地土著居民相会，经过融合分化而形成新的族群。这就是云南今天藏缅语族彝语支、景颇语支和缅语支的各少数民族的先民。同是在这一地区，

最早北上的属南亚语系孟高棉语族的族群与土著居民混合而成今天孟高棉语族的佤、德昂及布朗族的先民。傣、壮两族的先民则是原来分布于今广西、云南南部和东南亚各国的古越人。

在漫长的历史发展过程中，各民族经过不断的交流，融合与分化，并以各自的生产生活方式为基调，形成了同一民族大分散、小聚居，有规律分布，同一地区不同民族交错杂居，却又界限分明、井然有序的和谐共处的格局。云南各少数民族的分布格局是，藏缅语各族多分布于海拔较高的横断山脉区和云南高原区，壮侗语族壮傣语支各族多分布于海拔较低的滇南山间盆地区的坝子，孟高棉语各族多分布于滇南山间盆地区的山区（半山区），苗瑶语各族多分布于滇中、滇东的高海拔和滇南的低海拔山区。根据云南的立体地形，各民族又可分为居住坝子和河谷地区、居住半山区、居住高山区三种类型。主要或完全居住在坝子或河谷的有白、回、纳西、壮、傣、阿昌、布依、水、满、蒙古族和少部分彝族共11个少数民族。主要居住在半山区的有哈尼、瑶、佤、景颇、布朗、德昂、基诺和部分彝族共8个少数民族。居住在高山、高寒山区的有苗、傈僳、藏、普米、怒、独龙和部分彝族共7个少数民族。汉族则主要居住在云南腹地的坝区。云南各民族随海拔等高不同有规律地分布，虽相互交流却各不侵犯的现象可以说是云南所独有、世所罕见的。在同一地区，山底下居住着一个民族，山腰上居住着一个民族，山顶上又居住着另一个民族，所谓"十里不同天，一山不同族"。一些民族还有繁多的支系，如彝族有诺苏泼、纳苏泼、聂苏泼、纳罗泼、阿细泼、撒尼泼、俐侎，等等；哈尼族有哈尼、卡多、雅尼、豪尼、碧约、和泥，等等。

民族迁徙不仅是人员的移动和生活空间的改变，同时也是文化的传播与汲取，是历史的书写与创造。在漫长的迁徙流动过程中逐渐形成并定居在云南这块复杂地貌上的少数民族都有自己的迁徙神话和创世史诗，这是全民族的历史记忆，也是民族认同的重要内容。这些迁徙神话和创世史诗包含着民族对世界的认知与探索，他们的理想追求、思想情感和道德评价，还包含他们的生产生活经验，是民族社会传统的百科全书。云南的民族神话史诗保存流传之多，被相关研究者称为"神话王国"。

（二）立体的地貌物候形成不同的生计方式

云南位于有世界屋脊之称的青藏高原东南面，属于中国地势三个梯级的第二阶梯的西南山原。西南山原也是新构造运动掀抬起来的高原，这个高原由广大的夷平面、高耸的山岭、低陷的盆地和深切的河谷所构成。这里地质构造复杂，褶皱紧密，断层成束，大河循着深谷断裂发育。山岭与谷地高差极大，谷底海拔一般 1 500 至 2 000 米，而山岭则常高达 4 000 米以上。金沙江虎跳涧峡谷，江面海拔不到 1 800 米，两岸的中甸雪山和玉龙雪山海拔均在 5 000 米以上，高差达 3 000 米左右。峡谷全长 16 公里，总落差 170 米。虎跳峡河宽仅 30 米，江水汹涌澎湃，涛声震耳欲聋，其险峻远过于长江三峡，是世界上罕见的大峡谷。至北纬 26 度以南，山岭高度逐渐降低。山脉受构造作用，作帚状分出，称为滇南帚形山系。自西向东有雪山、邦马山、无量山、哀牢山，奔流于其间的河流是，怒江、澜沧江、把边江、元江，高差大约 1 500 米。在哀牢山和元江河谷以东为云南高原，这里大部分地面海拔在 1 400 米至 2 200 米，北部较高，渐向南部降低，滇东南的南盘江、普梅河与盘龙江等谷地降至 1 000 米以下。在云南的最南部，东起富宁，西至芒市、盈江，包括西双版纳及河口等地是滇南山间盆地区，其山岭海拔已降至 1 500 米以下。元江、澜沧江、怒江以及龙川江（伊洛瓦底江支流）谷地，海拔大多不到 800 米，至下游降至 300~500 米，最低的是元江下游的河口，为 76 米。由于整个云南高原地形复杂，导致具体的气候千差万别，有"十里不同天"之说。南北走向的山脉河谷，有利于南方湿热气流深入，河谷成为马来亚区系动植物侵进的通路，为动植物的定居、演变和土壤的发育提供十分多样的环境。云南有植物约 12 000 多种，几乎占全国植物种类的一半；脊椎动物有 1 600 多种，占全国总数的一半；昆虫国内见于名录的有 25 000 种，云南有 10 000 多种。此外，云南矿物资源也十分丰富，素有"有色金属王国"之称。

不同的居住条件、自然生态环境，造成了不同的生产生活方式。住在海拔高一些的坝区（大约在 1 500 米至 2 300 米）的白、回、彝、纳西、蒙古族，种植水稻、玉米、小麦、蚕豆等粮食作物和烤烟、油料等经济作物，饲养牛、羊等家畜。居住在海拔低一些的坝区或河谷地带（大约在 1 300 至 1 500 米）的傣、壮、哈尼、瑶、布朗、阿昌、景颇、拉祜、佤、德昂、基诺等族，种植的粮食作物有水稻、旱稻（山区），经济作物有甘蔗、茶叶，部分民族还有橡胶、紫胶和热带水果等。居住在高寒山区的傈僳、藏、普米、怒、独龙及大部分苗族和部分彝族，种植的粮食作物有玉米、马铃薯、青稞、荞子、燕麦等，同时他们还有畜牧业和林业。基诺族、景颇族、独龙族、傈僳族、佤族、怒族等民族实行山地轮歇制的刀耕火种，所谓"人随地走，地随山转"。哈尼族以擅长开垦梯田闻名于世；傣族的水稻种植历史悠久，有完整的水利系统，对畜力的使用也驾轻就熟。

自然生态环境是人类生存的基础，也是人类创造的基础。自然生态环境不仅为人类的生存和创造提供资源，也最终制约着人类的生存和创造。正是由于面对不同的自然生态环境，各民族才创造、积累了不同的文化。云南的 25 个少数民族，在云南这一特殊的自然生态环境中，创造出利用环境、改造环境、适应环境的丰富多彩的民族文化。除了凝固的物质文化外，更有大量表现为语言、文字、口传文学、音乐、舞蹈、美术、戏剧、习俗、技艺等非物质文化。

（三）交通阻隔封存住各具特色的传统

云南是民族迁徙的通道是就漫长的人类历史发展过程而言，就相对的历史时期来说，众多的高山大川是隔绝外部世界的天然屏障。所以中原王朝历来把云南视为化外之地、蛮荒之所，朝廷罪人充军流放之处。明代杨升庵就是流放云南的名士。最早时，楚庄蹻入滇就因为与内地隔绝，所以不得不"变服，从其俗，以长之"。至秦开凿由四川宜宾通往滇东北的"五尺道"并派出了官员，汉武帝更在滇池地区设益州郡，封其统治者为"滇王"，"赐滇王王印，复长其民"。用今天的观点看就是实行"民族区域自治"。直到元代才在云南设立行省。随着明、清后大量移民的进入，中央王朝在云南"改土归流"，把土官制改为流官制，汉文化在云南成为主流，特别是在一些经济比较发达、交通相对便利的坝区如滇中、滇南一带，汉文化的影响已经相当广泛。但对于少数民族聚居的地区来说，仍然是以土司制为主体。实际上，绝大多数的民族群体（也包括以农耕为业的汉族在内）都各自居住在一个相对封闭的地理单元之内，他们相互之间的往来受到极大限制，加之语言和文化的差异，大多数民族都有外族不通婚的禁忌，所以族际文化交流的频度和幅度都比较低，他们都各自传承着自己的历史文化，其社会发展缓慢，文化变迁也不明显。社会形态从原始的公社制、领主制到封建制等都并生而存，与之相应的文化形态也都各具特色。如永宁纳西族摩梭人的母系氏族大家庭及纳西族东巴文化、傣族的贝叶文化、彝族毕摩文化、佤族的木鼓文化等。

二、现实：巨大的社会变迁与民族文化的困境

（一）社会制度变革对传统社会的颠覆

新中国成立后，把过去相对分散的、"各自为政"的传统民族社会纳入了国家政权的控制体系中。政府组织以前所未有的深度进入到传统民族社会中，基层党委会、村委会通过控制土地、资源的配置对民族社会进行整齐划一式的管理。土司、头人、巫师、家族等社会结构被瓦解了，传统的风俗习惯、宗教信仰也在移风易俗的运动中被涤荡，对传统文化的颠覆在"文化大革命"期间达到顶峰。

传统民族社会中民间团体是很活跃的，这些团体往往由民族的精英组成，掌握和发展着民族的文化、技艺和最核心的精神。如匠艺人众多的大理剑川县行业社团就极多，缝纫刺绣行会有"轩辕会"，铁铜银器生产有"老君会"，商人有"财神会"，医师有"药王会"，屠宰匠有"张飞会"，皮匠、鞋匠有"达摩会"，木匠、泥匠有"鲁班会"，教师和学生有"大成会"，戏剧伶人有"老郎会"，这些组织对乡土社会的生产生活产生着不同程度的影响，而在 1950 年以后尤其在合作化高峰期间，这些行业社团一夜之间踪迹全无。在"以粮为纲"的方针指引下，传统村民多种多样的生计方式遭到极大冲击，手工技艺成为搞资本主义的同义词；在建设社会主义新文化的口号下，民族的口耳相传的神话故事传说、代代相沿的歌舞娱乐也失去讲述和操演的空间。改革开放后，民族文化有了宽松的生存环境，但时过境迁，很多宝贵的文化遗产已不复存在。一度被禁止举行的云南大理石宝山的歌会，现在也办得热闹非常，但其中所蕴涵的信仰和丰富的内容已经散失了很多。峨山彝族的花鼓舞，据年青一代的花鼓艺人介绍，现在流传下来的动作和套路仅为过去的三分之一左右。

（二）市场经济浪潮冲击下的民族村寨

市场经济体制的确立对传统民族社会变迁同样产生着巨大的影响。过去，传统社会大多处于相对封闭的、自给自足的生活状态，和外界的贸易往来非常少。市场经济促进人们的物质生活水平迅速提高，大量商

品携带着不同的生产方式、贫富差距和竞争风险涌入到哪怕最偏远的山区，传统社会不可避免地受到来自现代社会不同生活方式和理念的冲击。在与外界的交流中，传统社会中部分人也开始选择弃农从工，或者从商。傈僳族大多分布在相对边远、经济相对落后的地区，如怒江等地。怒江州泸水县百花岭村是一个以农耕为主的傈僳族村寨，市场经济对他们的影响在五六年前就已经显现出来。2000 年对该村的调查显示，10% 的村民想在从事农业的同时从事其他职业，大部分的村民都想利用该村的区位优势从事商业活动，他们希望有很多游客到他们村旅游，这样他们就能够开饭馆和旅店挣钱。

独龙族是生活在云南更为偏僻、更为封闭地区的一个民族，"剽牛"是独龙族祖辈相传的重要祭祀仪式，但生活在贡山县小茶腊村的独龙族村民却由于经济状况所迫而放弃了这一仪式。购买仪式中用的牛需要1 000元左右，对他们来说是难以负担的，并且在仪式后牛肉的分配上也会由于不均衡而引起村民的不满和冲突。他们现在只有在外地人去拍摄或者调查的时候根据客人的要求进行"剽牛"表演，买牛和仪式所需的一切费用都由客人来担负，组织一次"剽牛"仪式大致要花去 3 000 ~ 4 000元，并且要答应在仪式结束后将牛肉分配给村民。某种程度上来说，传统的神圣的祭祀仪式，对现在的小茶腊村民来说已经屈服于现实生活的窘迫了，而只能在难得一遇的外来人的"要求"中成为一笔"小财"的来源。

市场经济使自由竞争和人员大规模流动成为可能，传统社会中剩余劳动力必然也要寻找新的和更多的生计方式，除了传统的手工技艺生产制作以外，很多人选择"劳力输出"，即到城市去打工。临沧市沧源佤族自治县就是如此，很多年轻人都在大都市的民族村、酒店和餐饮娱乐场所进行佤族特色的歌舞表演，他们一年赚到的钱远比在家乡种地来得快和多。大部分年轻人的"走出村寨"，使得传统的文化更多地被驻留在家乡的老人们所固守，而传承就成了问题。传承人的老龄化，是影响民族文化发展的严重问题。云南省省级"工艺美术大师"和"民族民间高级美术师"中，五十岁以下的青壮年有 60 人，而五十岁以上的工艺师却高达 102 人。由此可见，市场经济对传统民族村寨的冲击，不仅仅体现在生存环境的对比、贫富差距的明显和生产方式的改变，更对传统社会的结构和发展产生着本质的改变。

（三）大众传媒浸染下的少数民族心理

　　大众传媒的迅速发展，突破了传统民族社会相对封闭的文化空间，将大量不同时空地域的信息灌输到边远的民族村寨，现代社会的、都市的生活方式、理念向传统民族社会传播，使得过去单纯的民族心理在眼花缭乱的信息世界里也产生了复杂的变化。如同城市里的人不断追逐时尚一样，传统社会的民族也希望追求富裕的、质量更高的生活；和外界生活方式有了对比之后，他们中的很多人也希望求新求变来改变自己的生活状态，向他们认为"幸福"的生活方式靠近。

　　一方面，大部分人对自己的民族保持着极高的认同感，如剑川县大沐邑村的白族，虽然现在很多人在外面打工，但老乡之间一句白话的交流，就可以紧密地团结在一起，互相帮助；白族传统的重农抑商思想在很多人心中还余音未绝，因此农忙时候有很多在外打工的人会赶回来帮忙。问及元阳县箐口村在昆明打工的几个哈尼族年轻人为什么出来打工，他们毫不犹豫地回答："因为可以赚钱回家！"而另一方面，大众传媒传播信息的同时，也必然把主流意识形态、强势话语带入民族社会，应该说在很长一段时期，大众传媒主要传播的就是强制性的主流意识形态，多元信息的介入还是经济体制改革以后的事。在这样的环境中，有的人难免因为自己的民族是"少数"、来自农村和山寨、和城市人过着不一样的生活以及对贫富差距的认识而觉得羞涩，对自己民族的文化失去信心，甚至希望选择其他人的生活方式。鹤庆一位工艺师将瓦猫做成工艺品行销海外，年收入 10 多万元，订单多的时候人手大大不够，但他的两个儿子却只在节假日的时候在家帮忙学做一点瓦猫，其他时候则到镇上学习汽车驾驶，问及原因，年轻人回答："学习驾驶是为了学习一门技术。"在他们看来，制作瓦猫的技艺竟不如驾驶看上去更像一门正经营生。现在大多数传统的民族服饰只有在重要的节庆活动中才能够一睹真颜了，民族群众放弃自己的民族服饰而穿着现代服饰，当然有方便、成本低廉的因素左右，但不可回避的是，审美取向在很大程度上也决定着人对着装的选择，很多年轻人热衷于牛仔裤和各种流行服饰，对自己的民族服饰则态度平平。对很多民族群众来说，穿着民族服饰无疑是为了凸显自己，穿着现代的服饰则可以不被认为是少数民族，也就是得到主流意识的认同，从而避免了特殊性给自己造成的不安心理。而民族语言的传承也存在同样的问题，现在大部分年轻人都不会说自己民族的语言了，因为他们所受的教育就是以汉语为主，而他们也认为学得汉语可以跟外界很好地交流；很多时候和外人交流还尽量避免漏出自己的口音，以免被别人"看不起"，被认为"土气"。

广播、影视、光碟和印刷品，乃至于互联网充斥的民族乡村，年轻人从小耳濡目染的不再是老辈人身口相传的叙事长诗、山歌调子、民族舞蹈和精湛技艺，而是来自现代社会的流行歌曲、快餐文学、街舞和商业竞争。民族心理在无孔不入的大众传媒的浸染下，走向矛盾和复杂。

三、发展：复杂的文化生态与民族文化的产业化

（一）民族文化生态的复杂化趋势

民族文化生态由自然生态、社会生态构成。社会生态包括外部的社会政治环境、社会物质环境、社会氛围、民族之间的相互交往，内部的经济技术变迁、生计方式、物质生活水平及文化历史传统、风尚习俗、宗教信仰、文学艺术等。文化历史传统、风尚习俗、宗教信仰、文学艺术这些本身就是民族文化的内容，但同时也是民族文化传承变迁的基础和条件，因而也可视为民族文化生态的一部分。在社会改革开放、现代化进程日益加快的态势下，民族文化生态已不再是过去相对单纯的情形，而是呈现出复杂化的格局。外部环境（包括自然生态）的变化相当大，内部也在以一种不可逆的态势变化着，表面上看并没有翻天覆地，但潜移默化的细微变化其影响却会越来越大。如果说，过去民族文化的传承、创新、发展主要是民族文化的享有者自己的事，那么今天，作为人类的共同财富的它的意义已经突破了民族的界限，保护和利用各民族的文化遗产（包括物质文化遗产和非物质文化遗产）已成为全世界的共识。民族文化受到了社会的高度关注是民族文化生态趋于复杂化的最明显的表征。

地方政府在新的形势下对民族文化给予非常的重视。云南省在20世纪90年代后期就提出了"建设民族文化大省"的口号，与"绿色经济强省"、"连接东南亚、南亚的国际大通道"并列为全省的三大发展战略目标。全省各州市也纷纷挖掘本地的民族文化资源，在发展中大打民族文化牌。在政府的支持或直接的操办下，各种民族节庆活动异常热闹地开

展起来，各种展示民族风情的旅游景点也雨后春笋般地修造起来。这股热潮至今仍持续不断。在云南，几乎每个月都有大型的少数民族节庆活动。

作为文化持有者的民族群众，也从传统文化的复兴中找到了自己在一个开放世界中的表达方式，因而他们积极地投身于这项活动中，尽其所能通过回忆、创造等方式，恢复、重建自己民族的传统文化。特别是少数民族精英人物，不论是政治精英、经济精英，还是文化精英，他们对自己民族文化的保护、发展有至关重要的作用。

除了本地政府和群众以外，外来投资者也对民族文化抱有浓厚兴趣，他们积极参与开发有特色的少数民族文化资源。云南的很多民族文化旅游项目都是外来资本投资经营的，特别是在云南的旅游热区，如丽江的《丽水金沙》、西双版纳橄榄坝傣族风情园、景洪南传佛教苑等。但投资者对民族文化的市场价值更有兴趣，并可能忽视其在民族社会中的真实性价值，比如他们会随意夸大民族文化中的某些成分，或是任意删改拼接，使之表面化，以招徕或迎合观光游客。这种做法对民族文化的存留与发展产生了很大影响。也有另外的情形，为了吸引游客，外来经营者希望当地民族尽可能地保持传统，但民族群众在经济条件变化以后则希望按城市中的现代方式生活，如橄榄坝的傣族要拆了竹楼盖水泥楼，这就与风情园的经营者发生了冲突。

在复杂化的民族文化生态环境中，研究者和一些非政府组织的介入也构成了重要的因素。研究者会更重视文化的真实性、完整性和原生性，而他们对民族文化的研究与书写也对少数民族如何重新认识和解释自己的文化产生了相当的作用。还有进入少数民族地区的游客、推销商品者或是其他谋生者，也都构成复杂的民族文化生态场中的部分，他们的行为、态度等表现也对民族文化带来诸多的有形与无形的影响。

（二）产业化：民族文化传承与发展的新途径

民族文化变迁的内部动力来自社会结构的变迁，新的发明、创造等；变迁的外部动力来自文化的交流、异文化的借取等。从现实的情况看，云南少数民族文化面临的冲击，从总体说就是社会现代化及现代文化的冲击。民族语言由于社会的开放导致使用的局限，以及与现代科学技术的对接距离而逐渐被年青一代所废弃；民族服饰因为制作成本的高昂及着装的不便而易被现代服装所取代；民族歌舞因交往方式和娱乐方式的改变而越来越缺少跳唱的机会；传统民居建筑如木楞房、干栏式竹楼、茅草房或因其简陋，或因其过度消耗木料，或因其不便而被现代砖瓦房或水泥楼替代；许多传统的生产工具、生活用具连同它们的制作技术都因为有了现代工业化的产品而被淘汰。但这些传统文化却凝结着各族人民的智慧和历史，是宝贵的文化遗产。保护和传承民族文化，是一个民族发展的需要，也是全人类发展的需要。从具体的实践看，保护主要有两种方式，一种是静态的保护，或称为博物馆式的保护，即通过实物（或复制品）保存及实物实境的录音、录像、文字记录等方式进行的保存；一种是动态的保护，或称为活态的、发展式的、传承式的保护，即通过对传承人及相关的文化活动、文化空间进行的保护。

产业化也是对民族文化进行动态保护的一种途径与方式。产业化保护的不同之处就在于它是一种内生性的保护与传承，是通过经济活动的方式来进行的。民族文化本身被商品化，使民族文化的持有者认识到本民族文化的经济价值，从而使他们提高了保护和传承本民族文化的自觉意识。从观察中我们发现，一种民族文化，特别是活的、非物质文化的传承，很难靠其自身力量进行，而必须与民族社会的现实生活需要相联系，才可能保持和发展下去。现实生活的需要有两方面：利益需要和习俗养成的需要。而民族文化产业化由于满足了民族群众发展经济的现实需要，就有了保护和发展的条件和动力。云南的很多民族村寨，因为独特的民族文化吸引了大量的游客使村民受益，老百姓传承民族文化的热情高涨，过去几乎失传的文化又重新传承起来。如丽江的纳西族东巴祭祀活动、东巴文书写、东巴纸制造，景颇族的目瑙纵歌，佤族的拉木鼓，彝族的火把节、密枝节等。

（三）民族文化生态保护：文化产业发展的可持续之道

文化的产业化的确给困境中的民族文化寻到了一条新的传承和发展的途径，但也必须看到，在产业化的过程中，也给民族文化的保存与延续带来一些负面的影响。首先是片面化。民族文化包含的内容与表现的形式很多，但产业化往往只会选择那些有市场效益的资源，而忽略没有或现在还没有市场效益的资源。其次是表面化。民族文化是一个整体，既有特色鲜明的形式，也有独特意义的内容，但产业化注重的往往是形式方面，对于其承载的内容则弃而不顾，甚至可能附加上完全不同的内容。这两种倾向都会对民族文化的传承和发展产生不利影响。这里其实应该划清一条界限：什么是对民族文化的发展？什么是对民族文化的破坏？产业化的保护是动态的保护，动态的保护是发展中的保护，而不是"原汁原味"、原封不动的保护，因此，有发展有变化是正常的，也是必要的。但要防止的是对民族文化破坏性的开发，那将损坏文化产业的发展资源，使产业发展不可持续下去。

一方面，所谓对民族文化的发展或发展中保护，是树立发展主体的发展；对民族文化的破坏或破坏性开发，是破坏发展主体的开发。民族文化的保护也好，发展也好，其主体都是民族文化的持有者自身，而非进入者或异文化的参与。因此，忽视民族自身的需求和愿望，忽视他们的情感和感受，忽视他们的主动性，民族文化在开发和发展中就很可能丧失其基础与真实性，从而演变成伪文化。反之，如果是以民族本身为保护和发展主体，从他们自身的需求和愿望出发，尊重他们的情感和感受，发挥他们的主动性，则变化与发展都会有着自身文化血脉的延续。

另一方面，保护文化生态意味着不仅仅是孤立地保护某一种文化事象，而是同时要保护这种文化事象存留的条件、时间、地点等。1998 年联合国教科文组织《宣布人类口头和非物质遗产代表作条例》中，就明确将人类口头和非物质文化遗产分为两大类，一类是"民间传统文化表现形式"，即语言、文学、音乐、舞蹈、游戏、神话、礼仪、习惯、手工艺、建筑术及其他艺术、传统形式的传播和信息等；另一类是"文化空间"。文化空间就是进行文化活动的特定场所、时间等，这也是我们所说的文化生态的重要内容。比如很多祭祀仪式，如果脱离特定的场所、时间，就等于消解其神圣性，其意义就完全丧失了。再如某项技艺，如果文化空间改变了，其产品已经完全没有了使用的价值和意义，那么这项技艺就无法找到它的传人。云南过去的交通以马帮运输为主，围绕马帮运输有一系列的相关用品的制作生产及技艺，其中一种是竹编的水壶或油壶，先编好竹壶再加矿物质涂层，很结实耐用。过去云南腾冲有很多人从事这种产品的生产，但随着马帮的逐渐稀少和塑料壶的大量出现，这种生产就很快衰落了，加工技艺也濒于失传。因此，保护文化生态、文化空间不可能是无变化地"原汁原味"地保护，也同样有一个发展中保护、变化中保护的问题。如祭祀仪式可以有形式上的变化，地点、时间的调整，但不能消解其神圣性。技艺则要找到产品的新变化和新的市场需求，如大理白族扎染、迪庆藏族土陶，把日用品向工艺品方向发展，把本土消费引向本土外消费，从而获得新的生长空间。

案　例

一、丽江：民族文化生态与文化遗产产业

丽江地处云贵高原与青藏高原的接合部，既是汉藏文化的交融区，又是高原畜牧民族与河谷坝区农业民族交往融合的地方、商旅往来的十字路口，明清以来，随着商业的繁荣，传统的以农业为主的生产方式逐渐转变为农商结合的生产方式，东巴文化与汉、藏文化交融，构成丽江独特的文化生态系统。抗战时期，西部的中印贸易线得到空前发展，丽江又一度成为中印国际贸易的重要枢纽，这极大地刺激了丽江古城商业经济的繁荣。除了纳西族自己的商号，如牛家"裕春和"、赖家"仁和昌"、李家"永兴号"等，外地人也纷纷来丽江古城设立商号，如喜洲帮的"永昌祥"、"鸿兴源"，鹤庆帮的"长兴昌"、"恒盛公"，腾冲帮的"茂恒"、"怡昌"，北京帮的"文正隆"，山东帮的"恒聚义"，西藏帮的"铸记"等。到抗战中期，丽江古城的各地大小商号已达1 200多家，他们从印度运来大批棉纱、布匹、毛呢、染料、锑锅及日用百货，从康巴等藏区运来氆氇、地毯、山货、药材等，转销内地；又从内地收购茶叶、盐、丝绸、火腿、瓷器、皮革制品等，销往藏区和印度。丽江古城商业鼎盛时，来往于茶马道的马匹多达2 500匹。丽江有旅马店几十家，为马帮服务的卖草场、卖草桥、酥油专营户、饲料专营户、马帮用物专营摊点，遍布街头。

商业的繁荣发展得益于丽江的地理位置，同时还与当地开放兼容的民族传统文化和心态有关。纳西族的传统文化是东巴文化，已有近千年的历史，它不仅包含宗教、哲学、历史、象形文字、民俗、医学、天文、历法、地理、生产知识、武器、服饰等多种学科的内容，而且是一座纳西族古代文学艺术的辉煌宝库：其中包括卷帙浩繁的以象形文字写成的神话、史诗、古歌、民谣、经词等文学作品；也包括世界上最早的象形文舞谱和内涵丰富的数十种古典舞蹈，有堪称"天籁之声"的东巴音乐和多种形制、音色

的乐器，有古老拙朴的木牌画、竹笔画、纸牌画、布卷画和形形色色的面塑、泥塑、木雕等艺术形式，由此形成了蔚为奇观的东巴文化。它既是一种宗教文化，也是一种民俗活动，渗透和体现在纳西族社会生活的方方面面；同时藏传佛教、汉传佛教、儒家文化都对其产生影响。丽江纳西族自唐代以来，就一直与汉、藏、白等民族有相当密切的交往。明代纳西族木氏土司采取了相当开明的对外开放态度，他们乐于学习汉文化以及藏族、白族等各民族的多元文化，博采众家之长为我所用。《明史云南土司传》记载："云南诸土官知诗书，好礼守义，以丽江木氏为首。"木府一个高大的牌坊上大书"天雨流芳"四字，乃纳西语"读书去"之谐音，体现出纳西族崇尚知识、热爱学习的民族心性。

经历过历史的发展与积淀，在皑皑的玉龙雪山下，丽江古城和纳西东巴文化成为丽江纳西民族文化的两大杰出遗产，前者已经于 1997 年被列为世界文化遗产，后者中的东巴画也列入国家级第一批非物质文化遗产名录。

丽江古城始建于宋末元初，距今已有 800 余年的历史。公元 1253 年，忽必烈（元世祖）南征大理国时，就曾驻军于此。由此开始，直至清初的近五百年里，丽江地区皆为中央王朝管辖下的纳西族木氏先祖及木氏土司（1382 年设立）世袭统治。其间，曾遍游云南的明代地理学家徐霞客（1587—1641）在《滇游日记》中描述当时丽江城"民房群落，瓦屋栉比"，明末古城居民达千余户，可见城镇营建已颇具规模。古城内的木府原为丽江世袭土司木氏的衙署，始建于元代（公元 1271—1368 年），1998 年重建后改为古城博物院。木府占地 46 亩，府内有大小房间共 162 间。其内还悬挂有历代皇帝钦赐的匾额十一块，反映了木氏家族的盛衰历史。丽江古城坐落于玉龙雪山脚下的金沙江畔，东南是数十里良田阔野，形状如同一块碧玉大砚，所以取名大研镇（"砚"与研同音）。依玉龙雪山而建的古城，与大自然有机而完整地统一在一起。古城瓦屋，鳞次栉比，建筑融汉、白、彝、藏各民族精华，独具纳西族独特丰采。常见的是"三坊一照壁"式民宅，即主房、厢房与壁围成的三合院。每房三间两层，朝南的正房供长辈居住，东西厢房一般由晚辈住用。房屋多在两面山墙伸出的檐下，装饰一块鱼形或叶状木片，名曰"悬鱼"，以祈"吉庆有余"。街道全用五彩石铺砌，平坦洁净，晴不扬尘，雨不积水。玉河水分东、西、中三股流入古城，随街绕巷，穿墙过屋。水边杨柳垂丝，柳下小桥座座，形成"家家流水，户户垂杨"的独特风貌。流动的城市空间、充满生命力的水系、风格统一的建筑群体、尺度适宜的居住建筑、亲切宜人的空间环境以及独具风格的民族艺术内容等，使丽江古城具有独特的魅力。

纳西族及他们的东巴文化早在 1867 年法国传教士德斯古丁斯发现"东巴经"并将他摹写的《高勒趣赎魂》寄回巴黎时，就引起了西方学者的注意，法国人巴克开始对纳西象形文字进行研究。对纳西历史文化真正的学术研究始于 20 世纪初的纳西族学者方国瑜，他在我国著名语言学家刘半农的建议和支持下，从北京大学返回故乡收集整理、系统研究东巴经的象形文字，并用国际音标注音，编成第一部《纳西象形文字谱》。此后，美籍奥地利学者洛克长期居住丽江，在美国《国家地理杂志》发表了一系列介绍丽江人文地理的文章，并在哈佛大学出版社出版了其代表作《中国西南的古纳西王国》。俄国人顾彼得也在丽江生活工作多年，写出了《被遗忘的王国》，并在伦敦出版。通过这样一些作品，不仅国内，国际上都知道了丽江这个神奇的地方和生活在这个地方的极具文化特色的纳西族，先后很多国内外的学者都参与进行研究，并成立了国际纳西学会。纳西民族由于其开放而又保持特色的文化传统及积极进取的民族精神，不断产生出自己的文化精英。老一辈的如方国瑜、周霖、周汝诚、赵银棠等；后一些的如和万宝、和志武、戈阿干、郭大烈等；正当时的学者如白庚胜、杨福泉、和少英等。这些人都不局限在丽江本地，而是到了省里、北京甚至国外，成为知名学者、文化人、官员。白庚胜现为中国文联副主席；杨福泉曾往德国、美国等国家研修，现为云南省社会科学研究院副院长；和少英也到过美国研修，现为云南民族大学副校长。他们研究、宣传纳西族的历史与文化，为东巴文化的保护、发展作出了巨大的贡献。而在丽江，更有一大批纳西族文化精英在为纳西文化做各种各样的工作。他们对本民族的文化怀有深厚的感情，都想把它传承下去，或许是因为他们意识到这是他们存在的价值根据。

丽江县博物馆的馆长李锡认为，东巴文化的精髓就是东巴象形文及东巴仪式，因此，他们就着重这两种文化的传承，开办了东巴文化传习学校，编写了东巴文化教材，面向社会讲授东巴文及东巴仪式。同时他力图把东巴教生活化、习俗化，认为东巴教的仪式是与民俗活动相一体的东西；把祭天仪式作为东巴仪式的最高代表，并把它向社会广为宣传。

2003 年 3 月 1 日，他们组织纳西族同胞在云南省民族博物馆举行祭天仪式，据说有近千人参加。在他的力主下，丽江县博物馆改名为丽江纳西东巴文化博物馆。博物馆主要依靠展出东巴文化及纳西族的民间文物（包括像珍贵的白沙壁画）而获得了可观的收入，李锡表示，如不实行与县财政收支两条线，他们在经济上也可以自立了。博物馆（主要是李锡）还编写出版了许多介绍东巴文化的书籍画册，以及一份《东巴文化报》，还与加拿大夏洛特皇后岛博物馆、瑞士苏黎世大学博物馆结成姊妹博物馆关系，并赴加拿大和苏黎世进行东巴文化展演。

玉水寨的寨主和长红则完全实现了文化和经济的互动。和长红原是丽江运输公司的一名工人，改革开放中下海经商起家，后在丽江旅游的发展中转向旅游业，经营展示东巴文化的大型餐馆——玉水寨，办起了旅游公司，并在互联网上注册销售自己的东巴文化旅游线路。玉水寨是和长红祖先的祭祀之地，依山傍水，可鸟瞰丽江坝子，风景绝佳。古树阴下的山洞里流出清澈的雪山水、顺山势而下的泉水蓄成几个大梯级池潭，养着硕大的虹鳟鱼供游客观赏垂钓，以经营虹鳟鱼为主的餐厅有可观的经济收益。寨内还有一个东巴村，房屋设施全是从纳西村寨中搬迁过来的。村中东巴既传习东巴文化，主要是学习东巴经及书写东巴象形字，又是公司的雇员，当然工资不高，每月除包吃包住外有 300 元收入。和长红在着力经营自己的公司，同时也在全心全意地为东巴文化的传承而努力，并且是卓有成效的。

丽江还设有东巴文化研究所，这是时任云南省人大常委、省民族语言委员会负责人的和万宝筹建起来的，主要工作是组织纳西族学者和东巴协同编纂翻译东巴经，年轻的李静生等人为此坐了 20 多年冷板凳，老东巴先后谢世好几位。如今煌煌 100 卷的东巴经全译并出版，然而他们依然在清贫中生活。东巴研究所培养出的几个东巴传人大多到各旅游景区表演东巴祭祀仪式，以此获得相对丰厚的收入。李静生说，东巴教的社会基础已不存在，人们的观念也已变化，东巴教怎么能够传下去呢？他们的确为此感到困惑。但他们仍然在做研究课题，为能保存东巴文化而努力。

东巴研究所的唯一正高职研究员和力民在向老东巴学习、编译东巴经的 20 余年中自己也成了东巴。现在他在大东巴与东巴经研究员这两种角色中行走，但使他欣慰的不是他谙熟最复杂的东巴仪式、东巴舞蹈、东巴文，而是他培养的小东巴已经回到农村，并且能每年在家族中如期举行东巴仪式。和力民认为，东巴教本来就是在家族中传承的，必须依赖于家族的力量才能存在下去，现在农村中家族的力量还很强大，所以东巴的许多祭祀活动也能经常举行，特别是祭天仪式。稍微使他遗憾的是家族并非完全是在祭天仪式中传承东巴教，而是会掺入一些家族领导的想法或利益。不过更令他痛苦的是他这位自认为是正宗嫡传的东巴在大量涌现出的假东巴的冲击下不被人们所承认。正应了《红楼梦》中的名言：假作真时真亦假。

纳西族还有一位知名度很高的文化人物就是宣科。他酷爱音乐，年轻时在昆明就读于教会学校，能讲一口流利的英语。后曾入狱 20 年，1978 年落实政策后在丽江中学教英语。1990 年退休后致力于纳西文化，特别是纳西民族音乐的挖掘、整理、推广，成立了纳西古乐会并自任会长。时值我国开放国门，许多国外游客进入丽江，古乐会演奏的纳西古乐在口才极好又擅长外语的宣科的推介下，受到外国人的青睐。有经营的头脑的宣科迅速地在古城中开办了第一家纳西古乐会馆，卖票营业，使晚上无处可去的游客有了一项别开生面的娱乐节目。虽然票价不菲，却听者如潮，宣科的生意火暴异常，纳西古乐也从此声名大振。据粗略统计，国内外有 50 多万人听过纳西古乐，有 48 个国家和地区的媒体介绍过宣科。古乐会已到北京等国内十多个城市演出交流，并应邀到英国、挪威、法国、美国等 10 多个国家做过数十场访问演出。2007 年 10 月 22 日，受联合国邀请，丽江大研古乐会进京为庆祝联合国 62 岁生日举行专场演出。只有 30 多人的丽江大研古乐会目前的年收入都在 1 000 万元以上，同时还拉动了上千万元的音像、图书等相关产业。

显而易见，丽江纳西族的文化生态由于有历史的深厚积淀，生产了一大批文化精英，同时又受到外界的高度关注，因此有一个传承发展的良好环境。特别是能与经济发展紧紧联系，形成一个良性互动的局面。但是，必须进一步加强对文化生态的保护，才能使产业化的发展有可持续的资源。现在的一个很关键的问题就是古城的空洞化。古城虽然获得了 2007 年联合国亚太地区保护遗产奖，但颁奖的官员同时指出，今后要努力使古城的居民回到他们的生活之中。事实上，由于古城中老院落的设施不配套，生活上有诸多不便，加之出租房屋能获取较高的租金，因此，老城的多数居民都出租了老房子给外来人经营，而自己搬到了城市的新建小区去居住。一个更重要的问题是很多青年人成了无所事事的食租金者，甚至沉溺于麻将或其他现代娱乐之中，传统文化对于他们来说成了没有关联的事。这样下去，古城与自然相和谐、宁静平实的情调与文化内涵就将被彻底改变，其对世界的魅力也就面临消失的危险。

还有一个突出问题是大量的外来者涌入后，任何人都可以在古城中租一间铺面，大量地复制东巴文化产品，如东巴画、东巴书法等，甚至东巴祭祀也可以不顾及时间、地点、氛围，变成随时进行的旅游景区的表演节目，这对遗产的保护是极其不利的。因为不真，所以丧失价值，产业化的发展也就不会有太好的前景。应该采取保护性措施，如限制外来人员的进入，对东巴文化产品的生产和提供应该进行资格认定等。

在保护民族文化生态、发展文化产业上，丽江的地方政府做了很多工作，从利用丽江大地震的恢复重建之机开始对古城的保护与建设，初期对纳西古乐商业演出采取的宽容政策（这在其他许多地方是做不到的），而后积极改革文化体制、引进深圳能量集团打造大型民族商业演出晚会《丽水金沙》，到丽江文化遗产品牌战略的实施，都是以政府为主导进行的。2006年丽江文化旅游业全年共接待国内外游客460.09万人次，同比增长13.8%；实现旅游总收入46.29亿元，同比增长15.3%。全年国内游客达到429.22万人次，同比增长11.2%；国内旅游收入38.94亿元，同比增长8.0%。全年接待国际旅游人数30.87万人次，同比增长68.9%，其中港澳游客8.67万人次，同比增长1.89倍，台湾游客6.82万人次，同比增长53.0%，外国人15.39万人次，同比增长42.0%；国际旅游收入8821万美元，同比增长78.9%。2006年文化产业产值已经占到GDP的9.8%。政府每年从获得的旅游收入中拿出1个亿用于古城的保护，同时丽江也与联合国亚太组织达成三个共识：一是保护丽江古城是丽江人义不容辞的责任，保护的区域将延伸到周边农村；二是古城遗产保护的国际研讨会将不定期在丽江召开；三是丽江将奖励、鼓励和资助民间文化优秀人才，积极保护非物质文化遗产。随着这些措施逐步实施，丽江的文化生态会得到进一步的保护，其产业发展也会有更丰富的资源与更广阔的空间。

二、大理：工艺型文化产业发展

考古证明，早在4000多年前，大理地区就有人类在生活，汉代设置郡县，唐代至南宋末年，南诏和大理国前后历经 500 年的两个地方政权都以大理为中心。大理又是交通要道，以中原儒家文化、佛教文化、白族文化为主体的本土文化在此相互交融，构成了兼收并蓄的大理历史文化。以大理白族本主崇拜为核心的本土文化传统，奠定了大理文化注重自然和谐、豁达自然的文化价值观；中原儒家文化孕育了大理重人伦、礼仪，耕读传家的文化价值观；历史上汉传佛教和藏传佛教的传入和广泛普及为大理文化注入了重视身心修养，重视自然与人的和谐交融的价值观。大理的手工艺业也有悠久的历史。早在 3 000 多年前，洱海地区就进入了青铜器时代，剑川海门口出土的青铜器和红铜器以及祥云出土的大铜棺和铜鼓标志着大理地区冶炼、铸造技术的水平和高超的工艺技艺；西汉以后，佛教的普及以及战争的需要，大量的铜器用来制作宗教物品，铸造、打制技术进一步得到提高，大理刀、南诏铁柱等标志性产品和器物显示了大理传统铸造业的发达。南诏、大理国时期，在传统的盐业、制铁、冶金业的基础上，大理的建筑业迅速兴盛，带动了木雕工艺、陶器、银铜器、大理石、染织业、造纸、酿造等工艺业的发展。到了近现代大理的扎染、剑川的木雕、祥云的土陶、鹤庆的造纸、酿酒、银铜工艺等已经在滇西北地区，乃至云南、四川、西藏和东南亚地区有一定的影响。

20 世纪 80 年代以后，大理在改革开放的大潮下，顺应时代的发展，以千百年来形成的兼收并蓄、开放的文化心态，利用以苍山洱海为核心的自然生态环境，充分挖掘文化生态资源，大力发展旅游业和民族文化产业。在以文化兼收并蓄、苍山洱海和农工商为特色的文化生态基础上发展起以传统民族工艺产品为核心的"工艺型文化产业"。

大理地区传统民族工艺非常发达，大理石工艺、传统染织技艺、木雕、古建筑技艺、陶器、银铜器工艺、鎏金技艺、石刻技艺、刺绣、草编是大理传统的民族工艺，此外，与节庆、婚丧、宗教文化相伴生的甲马、扎染、泥塑、面塑等传统技艺也十分发达。在大理地区，大理 1 市 11 县，每个县市都有引以为荣的工艺技艺和远近闻名的特色工艺村。大理地区广为流传的"丽江粑粑鹤庆酒，剑川木匠到处有"，就是对滇西北地区传统工艺、地方特色小吃和传统产品品牌的概括。

由于大理在滇西北，处于云南和川藏地区的特殊通道和商业地位，历史上，大理传统民族工艺技艺不仅仅服务于本土，而且服务于整个滇西北、滇川藏交界的民族地区和东南亚边境地区。缅甸、泰国北部地区的不少古建筑、工艺都出自大理的工匠艺人之手。以本土为生存基础，行走四方寻求发展是大理地区传统民族工艺艺人千百年来的基本生存方式。正是在行走四方的过程中，培育了大理工匠艺人善于学习、吸纳各民族工艺技艺的创新能力和敢于闯荡、不断开拓市场的商业精神。

20 世纪 80 年代以后，随着改革开放和云南旅游产业的迅速发展，大理—丽江作为著名的黄金旅游线路，每年都有超过 500 万的国内外游客进入大理地区。同时，交通的改善、现代信息技术的发达，也使大理传统民族工艺产品，以大理为中心，川滇藏交界的民族地区和东南亚边境为边界的市场，迅速拓展，形成了大理、丽江、拉萨三大生产、集散中心。同时，鹤庆银铜器、剑川木雕和古建筑、大理扎染的工匠艺人及产品、生产在全省、全国的不少旅游景区、景点都能看到。

扎染是大理地区传统民族工艺，有着悠久的历史，和白族人民的生产、生活有十分紧密的关系。利用当地传统的亚麻、棉纺布料以及当地广为种植的板蓝根，在布料上用针线扎出不同的图案，再经过浸泡，制作出各种具有民族风格的花鸟、几何、山水人物的图案的布料、挂毯、桌布、饰物、衣帽等。历史上扎染在大理地区各民族，尤其是白族人民的生活中具有十分重要的地位。今天，扎染制作的各种传统的桌布、佩饰、绣球、头巾、帽饰、挂巾仍然是白族及其他民族在婚丧嫁娶、节庆活动、日常家居装饰等日常生活中喜爱的传统工艺产品。在旅游产业的带动下，传统的扎染工艺在原来依托本土市场的基础上，得到了快速发展，走上了产业化开发的道路。尤其是 2003 年，大理被云南省确定为文化产业综合试点地区，大力倡导挖掘民族文化资源，发展具有地域文化特色的乡村文化产业以来，大理传统的扎染在充分利用传统的民族工艺技艺的基础上，产业发展的规模、种类，产品的民族文化特色都进入到了一个新的发展阶段。

传统的扎染得到广大游客的喜爱，尤其是欧美、日本、韩国等游客的喜爱。扎染的原料来自天然植物，是生态型的，不是化工颜料的工业产品，其扎花、染制过程完全依靠手工，从形式、技艺到包容在产品中的意蕴、功能都浓缩了大理白族文化精华。在传统扎染产品的种类、工艺的基础上，大理及巍山等地的扎染产品的种类也由于消费主体的转变，不断得到创新，目前大理扎染产品的种类达到 50 多个大类，近 400 个小类。除了传统的头巾、桌布、民族服饰之外，装饰性的产品迅速增加，具有白族特色的绣球、扎染绣花工艺鞋、茶垫、杯托、扎染画、饰品挂件、T恤衫等大量出现。此外，各种桌布、杯托、茶垫、壁毯、T恤衫等扎染产品的图案在民族文化的基础上，兼收并蓄，吸纳了新的文化因子——云南各民族文化的元素、民族图案，如傣族、藏族、纳西族、彝族等民族的文化象征符号；日本的山水，仕女图案、欧美歌星、体育明星以及各种时尚文化符号也都大量出现在各种扎染工艺产品上。具有云南重彩画、版画和油画风格特征的各种图案的大量出现，使传统的扎染成为大理白族文化和云南文化的重要承载形式。扎染工艺的产业化开发不仅仅使传统的扎染的产品生产走上规模化、产业化的发展道路，而且使传统的扎染的技艺得到了提高，文化意蕴不断丰富。

大理以蝴蝶泉边的周城为中心形成了扎染和刺绣生产基地。据不完全统计，为这些扎染厂扎花的群众达1万多户，2万多人。周城作为大理地区最大的白族村寨，人口超过1万人，然而，他们依靠传统的民族手工艺扎染，成为远近闻名的小康村。目前，周城全村从事扎染品加工较大的有18户私营户主，全村从事刺绣的80多户，带动了5 000多名剩余劳动力从事扎染劳务及系列产品加工，开发出数十种扎染系列、上千种扎花图案，产品远销日本、美国、新加坡等地。2006年，周城村经济总收入完成32 880万元，扎染、刺绣、旅游餐饮服务业的收入达25 000万元，占全村经济总收入的76%，人均纯收入达4 447元。

大理石工艺是白族传统文化的象征，也是大理名扬天下的品牌。传统的大理石工艺品除了在白族人民的日常生活中的具体日用功能外，更多的是作为文化符号出现在家具的装饰、白族民居的装饰以及作为文化艺术品出现的。大理石自然天成的纹路，和中国传统的水墨、写意画追求的意境不谋而合，深受白族人民的喜爱，体现了大理边地文化和中原文化的交融。从古到今大理石工艺及工艺产品一直是大理白族文化的象征。近年来，随着文化产业的发展，古老的大理石工艺承载着古老的文化底蕴，走上了产业化开发之路。并且在传统的大理石工艺产品的产品种类、工艺、风格的基础上，围绕现代审美、消费取向的发展态势，增加了大量具有民族性、视觉性和装饰性的产品。新的具有民族性和现代美感的产品和新出现的冰花石、孔雀石、彩花石材使古老的大理石文化再次绽放异彩。大理三文笔村全村682户，有300多户从事大理石工艺的生产、批发、销售，2005 年大理石工艺、石材收入超过 2 600 万元。[1]
以三文笔村为中心，还形成了一个大理石头工艺品制作、集散、销售中
心，整个大理白族自治州大理石工艺产值已达数亿。

技艺是一个民族在长期的生存发展中形成的技能，是构成地方民族
文化的重要因子。大理剑川的木雕工艺技艺和鹤庆的银铜工艺技艺积淀
和承载了当地民族长期生产生活所创造的历史文化，是这两个地区地方
文化的重要内容和文化品牌。大理白族的特色建筑，包括随处可见的四
合院民居、大量的宗教及公共文化设施成就了剑川的木雕技艺，使剑川
木雕技艺扬名天下。反之剑川木雕工艺产品也通过地方性产品、民族文
化符号、质料与宗教文化功能的积淀，成为大理白族文化的承载和重要
内容。鹤庆银铜器制作技艺形成于大理青铜文明、铁器文明隆盛的时期，
也产生了具有浓郁地方性传统和功能的民族工艺产品。尽管这些地方性
银铜器种类不多，但其代表性的产品银铜火锅、茶壶、铜盆、罗锅、马
掌、马鞍、服装佩饰以及宗教法器等产品以较强的实用性、精湛的技艺，
在大理地区、东南亚边境沿线以及滇川藏交界地区产生了广泛影响，在
这些地区的宗教仪式、文化生活和日常生活中具有十分重要的地位。这
些产品也成为大理工艺技艺文化的象征。

在漫长的发展进程中，小锤敲出一千年，敲打出了白族工匠艺人高
超的技艺和技艺传承的民族文化基础。"不会写字会敲字，不会画画会雕
画"，在行走四方的生涯中，形成了白族工匠艺人不断吸纳各民族工艺的
技艺，不断创新以及拓展市场的工艺技艺文化。在市场经济的浪潮下，
在产业化带来的民族文化传承与发展的进程中，作为大理独特的白族文
化形式，银铜器工艺也迅速走上了产业化发展的道路。银铜器工艺和剑
川的木雕工艺一道成为大理民族文化产业发展中工艺型产业的主要门类。

从规模上看，截至 2006 年剑川从事木雕工艺生产的企业有 10 多户，
古建筑维修 1 户，1 500 多家个体户，40 余家较大经营户，专业人员 3 645
人，全县从事木雕产业的从业人员超过了 7 000 人，拥有木雕产业相关职
称的有 980 人，古建筑装饰维修 316 人。2006 年全县木雕总产值达 4 078
万元，产品行销美国、日本等 120 多个国家和地区。以新华村为主的鹤
庆银铜器工艺加工作坊面积达 39 467 平方米，拥有固定资产 1 亿元。全

----

[1] 资料来源：课题组成员田野调查。

年加工民族手工艺品 500 万件,个体手工艺品加工户 907 户,从业人员 2 118 人,雇工 1 000 多人,产品销售收入 2 亿元,加工户实现利润 6 000 多万元,拥有固定资产 8 000 多万元。2006 年加工民族手工艺 360 万件,全村经济总产值突破 2 亿元,总收入 3 748.7 万元,农民人均纯收入 3 309 元。传统的银铜器手工艺成为全村主要经济来源。位于新华村的新华旅游文化公司的民族工艺销售市场,2006 年度接待游客超过 150 万,日接待游客近 3 万人,日均销售额在 30 万元以上,已成为云南,乃至西南地区最大的民族工艺品集散地。①

从产品的种类和文化意蕴看,以剑川与鹤庆为代表的银铜器工艺在近年来的工艺产业发展中得到了很大的发展。木雕、银铜器工艺的种类以从传统的 10 多个种类发展到上百个大类,上千个小类。工艺技艺不断得到提升,除了具有地方性特色的工艺产品外,大量产品在继承传统文化意蕴、功能的基础上,充分挖掘滇西北地区,乃至云南多民族的文化资源、文化符号,开发出了大量新的工艺产品。工艺产品的实用性功能进一步减少,而装饰性、审美性、文化意义进一步增强。传统的以实用功能为主的产品由于其审美、文化意蕴、技艺的增加,不但提升了产品的经济价值,也提升了其文化附加值。

大理周城、三文笔村、鹤庆新华村、剑川狮河村的扎染、大理石、银铜、木雕工艺已经具有产业化发展规模,产品开发形成了品牌,同时为传统民族工艺的产业化发展提供了范例,带动了周边和其他具有传统民族工艺资源的村寨的经济发展和对传统民族生态的保护与开发。刺绣、石雕、砚台、陶器、泥塑、传统造纸技艺、面塑、传统梅果制作、民族餐饮、民俗古镇的保护与开发的意识不断得到强化。据粗略统计,大理 1 市 11 个县,具有传统民族工艺资源和一定生产规模的村寨近 100 个,每年的产值在 20 个亿以上,直接间接的从业人员在 20 万以上。据不完全统计,大理古城、鹤庆、剑川,以及主要的旅游景区、景点的各种工艺品销售店超过 3 000 家,直接的销售人员在 15 000 人以上。②

全球化给民族文化与经济的传承和发展带来巨大压力,也为地方文化和经济提供了前所未有的发展空间,使西部民族地区可以依托自己的

---

① 资料来源:课题组成员田野调查。
② 同上。

文化资源和文化经济活动走向世界。西部民族地区的发展不一定要走工业化发展的道路，完全可以利用独具特色的文化生态，挖掘丰富多样的民族文化资源，对传统民族工艺进行产业化开发，活跃乡村经济，实现产业结构的调整。大理地区的周城、新华、狮河等一批村庄就是靠传统民族工艺摆脱了依靠单一的农业的发展模式走上脱贫致富的发展道路的。

工艺型产业的开发模式，对传统民族工艺产品的种类、形式、质料、功能带来了较大的改变，只要找到与市场的对接点，就能够促进传统民族工艺的传承与发展、民族文化资源的保护与开发，并促进民族地区政府、企业、民众对文化生态保护与发展的自觉。可以看出，大理文化生态是大理工艺型产业开发得以实现的基础，而传统民族工艺的产业开发，又促进了大理地区文化生态的保护。大理生态文化系统中，兼收并蓄的民族文化心态、苍山洱海和农工商相结合的生态环境、社会环境在继承的基础上，吸纳了新的因子，反倒得到了进一步的保护与发展。

三、峨山：自娱型文化产业发展

"一天不跳脚就痒，寨寨花鼓震天响"是对中国花鼓舞之乡——峨山最贴切的描述。目前，花鼓舞这种传统民族舞蹈在峨山彝族自治县遍地开花，15 万人口的峨山有 1 万人直接参与跳花鼓舞，每年举办的与花鼓舞有关的大小节庆、比赛等活动逾百场，其规模之大、参与人数之众、群众之热情高涨，就国内县域文化发展来说也是首屈一指的。

峨山位于云南省中部山区，有名字的山峰就可以数出 185 座。彝族是峨山的主体民族，也是最早居住在峨山的世居民族，人口数占全县的50% 以上。新中国成立后，峨山成为全国第一个彝族自治县、云南省第一个民族自治地方。彝族是中国少数民族中一个支系众多、分布广泛、文化积淀深厚的民族，其文化在峨山的文化构成中具有极其重要的位置。峨山彝族所传承的文化与其他地区的彝族相比，又存在着明显的地域特色，不仅传承了彝族文化的精髓，如彝族传统的毕摩、祖先、自然崇拜等宗教信仰，孝顺、与人为善等伦理道德习俗，而且延续了火把节、开街节等传统民族节日，刺绣精美、花样繁复、形制多样的彝族服饰，大口喝酒、大块吃肉的饮食习惯，豪爽好客、刚毅勇敢的民族性格，热烈奔放的歌舞艺术等；同时，又受到云南多民族杂居环境的影响，形成了多元化峨山彝族文化，如峨山彝族的花鼓舞就受到了其他民族文化艺术的影响，名为"花鼓"，虽然暂未考证其和安徽凤阳地方的"花鼓灯"、"花鼓戏"的渊源关系，但过去跳花鼓舞的唱词中却有着"听唱凤阳鼓"的说法。发生和发展于峨山的彝族花鼓舞在其他地方的彝族中几乎没有，可以说明峨山彝族文化所具有的一些地域性特点。此外，在花鼓舞的道具中，如筒鼓、大鼓、铙钵等形制和汉族使用的乐器别无他样，更重要的是，在过去花鼓舞的唱词中用的是汉语歌唱而不是彝语。其旋律、节奏等也明显地受到汉族和其他民族的影响。

峨山村镇零落散布于群峰、河谷和坝子间，自古以来交通不便。时至今日，虽然各乡镇都修通了柏油路，但公路仍在群山间蜿蜒盘旋，从峨山县府到所辖其他乡镇，平均需要 2 个小时左右的车程。如百姓从山寨中到乡镇上，依靠马车、拖拉机等交通工具或者徒步的话往往需要大半天甚至更多的时间。由于长期的交通不便，峨山不仅在自身内部形成了区域闭塞的局面，在对外交流方面，也存在着相对缺乏的问题。近年来随着交通条件的改善和玉溪市整体经济的高速发展，峨山依靠矿产业、茶产业、酒业和逐渐发展起来的旅游业，实现了经济的突破式增长。1995 年到 2005 年 10 年间，峨山的人均 GDP 从 3 560 元增加到 9 892 元人民币，翻了近两番。1995 年和 2000 年，峨山的人均 GDP 在玉溪所辖县域中均排名第 4 位，到 2005 年上升到第 2 位；2005 年，在云南省民族自治州以外的 20 个民族自治县中人均收入排名第 1。[①] 经济的繁荣给文化的发展提供了基础，也给社会的稳定提供了保障。2006 年峨山被云南省授予"无毒县"称号，县境内无人吸毒、贩毒，赌博或者其他非法行为也相对较少，人们普遍安居乐业、热情好客。

区域经济、社会和文化的发展必然受到国家和政府发展战略的指导和影响，峨山文化发展近年来也得到了政府的大力推动。为建设民族文化大省、推动文化产业发展，政府以各种途径加强地方文化宣传的力度，组织和引导大量的文艺展演、比赛等活动，如将花鼓舞作为峨山甚至玉溪的标志性特色文化推向"建国 50 周年庆典"、"国际旅游业"、"玉溪市庆"、"中国花鼓舞大赛暨峨山县庆"等大型活动，在彝族传统的"火把节"、"春节"、"开新街"等重要民俗年节活动中，也组织花鼓舞比赛

---

① 资料来源：课题组成员田野调查。

和展演等。以上都有效地扩大了花鼓舞和峨山的知名度。

文化的产业化开发，是社会经济、文化发展到一定阶段的必然趋势。峨山的文化发展在走向复杂多元的同时，那些具有悠久历史、为人们所普遍喜爱、在社会中发挥着重要功能的文化现象，更能体现出其优势和较大的开发潜力，花鼓舞就是这样一种优势文化资源。

随着时代的发展、人们生活水平的提高，过去仅在彝族葬礼上表演的花鼓舞逐渐成为百姓们日常生活中无处不在的民间舞蹈，为年节庆典和群众自娱活动增添热闹，只有男性跳舞的老规矩也被突破，大量的妇女参与其中。当地群众对花鼓舞抱有极高的热情，峨山现在几乎每个村寨都有自己的花鼓舞队，在较大的村寨甚至有十支甚至以上的花鼓舞队。从 1985 年第一次全面调查到 2006 年的 10 年间，峨山花鼓舞队从 133 支发展到 681 支，呈 5 倍增长；人数从 1 300 多人发展到 9 036 人，增加了 6 倍。[①]

在建设民族文化大省和大力发展文化产业的背景下，花鼓舞当之无愧地成为峨山地方文化形象的标志。2006 年 5 月，花鼓舞被云南省列为首批非物质文化遗产；峨山因此获得了"中国花鼓舞之乡"的美誉。政府也给以花鼓舞极大的重视，通过组织活动、加大宣传和向外推介等形式搭建平台，引导和鼓励群众跳花鼓舞。2006 年底在峨山举办了第一届中国·峨山花鼓舞艺术节，来自峨山各村寨、玉溪其他地区、昆明晋宁、楚雄双柏等地的十多支花鼓舞队来到峨山参加比赛，同时有近百支自由花鼓舞队主动参与巡街表演。

花鼓舞的壮大也为峨山当地人带来了一定的经济收入。过去举行葬礼的人家请花鼓舞队来跳，或者主动到事主家"帮忙"的花鼓舞队，在仪式结束后一般都能得到事主家肉、酒和少量钱的"谢礼"。现在政府组织的各项活动中，花鼓舞队都能得到一定的补贴，在各级政府举行的比赛中，跳得好的鼓队也能得到一定数量的奖金。虽然这些补贴和奖金并不能满足花鼓舞表演者们的物质需求，但是却给了他们极大的鼓励，能在政府搭建的"舞台"上表演，无论是否能够获得奖励和补贴，对于百姓来说都是对他们的极大肯定。百姓们获得了展现自己、传承和发展民间艺术的机会，因此越来越多的人积极地参与到花鼓舞中。

---

① 资料来源：课题组成员田野调查。

花鼓舞除了自身能带来经济价值以外，还具有较大的带动作用，花鼓舞大规模地发展很大程度上推动了当地民族服饰、舞蹈道具制作，以及餐饮、娱乐和旅游业等行业的发展。当地彝族的服饰既在日常生活中穿着，也用于花鼓舞表演，一套刺绣精美、制作精湛的彝族服饰可以卖到几百元甚至上千元，当地很多妇女靠民族服饰制作增加了收入。峨山旅游业近年来也迅速发展，一到火把节等彝族传统节日，所有的宾馆床位都能订完。各乡镇庆祝年节的时候，很多花鼓舞队会来参与庆祝，这种时候能够聚集大量的人气，一个人口仅万余的富良棚乡过"开新街"节的时候，超过10支的其他乡镇的花鼓舞队来参加，30多支花鼓舞队巡街表演，来自县内外甚至楚雄的彝族和其他群众都会来观演，人数可超过3万。人们穿着民族服装、歌舞饮宴、通宵达旦，民族饮食、商贸交流活动等都在这里集中展现。

严格来说，花鼓舞在峨山虽然规模很大，但还没有形成具体的文化产品。但其向产业化发展的方向是明确的，可挖掘的潜力也是有目共睹的。文化产业发展的关键在于文化市场的培育和成熟，而任何产业发展的根基都必然落实在本地市场上。花鼓舞正是以其聚集的巨大人气构成了峨山文化消费的本地市场，这个市场还在不断扩大。

自娱自乐是花鼓舞在现在峨山群众中最主要的社会功能之一，也是花鼓舞在峨山得到迅速发展的动力。峨山彝族花鼓舞正是发源于民间，流布于民间，并壮大于民间，其历史发展和未来走向都选择了自娱型的产业开发模式。

不可否认，现代社会很多地方以生态环境的破坏作为产业开发的代价。区域文化产业的开发需利用区域优势的文化资源，势必受到区域文化生态环境的影响。然而不具备可持续发展眼光的文化产业开发，也可能导致文化资源受到不同程度的毁坏，更可能导致文化生态环境的破坏。文化生态环境生成文化资源，因此根本性地影响着文化产业的开发。文化产业要能够真正的发展起来，莫过于和文化生态之间形成良好的互动作用。峨山彝族花鼓舞产业正处于起步发展阶段，而其和文化生态之间的必然联系和互动性是很值得借鉴的。

1. 交通发展与寨寨花鼓

自古峨山高山深壑，各村寨散落于山间河谷，过去由于交通的不便，很长一段时间峨山内部都处于相对隔绝的状态。虽然封闭隔绝对于过去峨山的经济和社会发展形成了一定的障碍，但恰恰是这种隔绝、这种交通不便的状态，使得峨山大部分的彝族村寨都形成并保留了相对完整和系统的彝族文化，因之彝族花鼓舞得以在每个村寨中都发生并发展。彝族的信仰中祖先崇拜占有非常重要的位置，因此他们对于个体的正常死亡也保持着极高的重视。对于正常死亡的老者，必须通过送灵仪式，将其送去和祖先一起生活，这样才能够保佑后代平安顺利、幸福兴旺，而花鼓舞是峨山彝族送灵仪式上必不可缺的舞蹈。对于峨山过去这么一个需翻山越岭、人背马驮走几天路才能从一个村寨到另外一个村寨的山区来说，各村各寨又必须依据彝族的传统给正常死亡者用"花鼓舞"送殡，到外村请一个花鼓师傅①来组建自己的花鼓舞队，其成本远远低于每当有人死亡时就到外村请花鼓舞队。如果到外村请花鼓舞队，锣鼓家私的搬运、人的交通吃住是一大困难权且不论，仅是葬礼本身恐怕也难以等待途中耗费的时间。因此，各村寨均有青壮年自愿组建自己的花鼓舞队，请来花鼓师傅，学会之后，随时可以为本村必要的仪式服务，也能在农闲的时候排演操练。其引起的热闹与气派氛围，不断地感染周围的人，逐渐地，群众越来越喜欢花鼓舞。当然，现在峨山的交通条件和过去相比有了飞越性的改变，所有的乡镇都修通了柏油路，因此峨山的矿产、茶叶和特色产品可以大量地运到外地。峨山的经济迅猛发展，人民的收入水平也大大提高，2005 年人均 GDP 就达到了人民币 9 000 多元。但是和那些位于平坝的地区相比，峨山的公路必须在高山深谷间蜿蜒，至今从县府到最远的乡镇还有 3～4 个小时的车程，而通往一些村寨的路还是狭窄的碎石路甚至是土路。应当说，交通条件的改善打开了峨山原来的封闭局面，也给峨山的文化创造了更多相互交流的机会，过去花鼓舞队也会受邀或者主动到周围村寨，或与本村交好的村寨帮忙送灵或参加年节活动，而参加仪式的花鼓舞队间也暗自比拼技术的高下。在交通条件大大改善的今天，各个村寨的花鼓舞队有了更多去别的村寨、乡镇甚至外县、外地参加活动、互相比赛交流、彰显自己艺术水平的机会，花鼓舞队之间的交流和比拼所带来的热闹和荣誉，大大地鼓励了当地的彝族群众，因此越来越多的花鼓舞队在峨山遍地开花，这也是一些大的村寨

---

① 峨山彝族花鼓舞不是由父子相传，而是请花鼓师傅教授，人们可以自由地组建花鼓舞队，但在过去一般都要举行拜"花鼓娘娘"的仪式，烧过香后，请花鼓师傅教授。

甚至拥有十多支鼓队的原因。

2. 经济发展与"一天不跳脚就痒"

随着峨山经济社会的发展，交通条件的改善，峨山内部和对外的交流越来越多。人们生活水平大大提高，满足了物质生活后，精神生活需求也越来越丰富，而花鼓舞以它热烈奔放、铿锵有力、花样众多、动作繁复漂亮的艺术风格吸引了越来越多的人。当问及当地花鼓舞表演者们为什么跳花鼓舞的时候，大多数人的答案都是："好看嘛，喜欢嘛！"花鼓舞不仅是仪式的舞蹈，更是人们自娱自乐的舞蹈。它已经有机地内化在峨山彝族群众的生活中，对于花鼓舞表演者来说，"彝家人不喝酒就不会吃饭，一天不跳花鼓脚就痒"。在鼓励发展民族文化的政策背景下，各民族都努力地挖掘和树立能够代表自己民族的文化艺术标志，以彰显自己地区和民族的地位和自信力，峨山彝族当然以花鼓舞作为民族文化的标志之一，在现代多元文化并存的社会中，树立并巩固自己民族的根基。因此，花鼓舞随着人们生活水平的提高和政府政策的推动而越发繁荣起来，人们越多地看到政府、社会通过花鼓舞这种形式肯定并且鼓励了自己民族的地位、文化，就越多地参与到花鼓舞中来。花鼓舞所聚集的人气，也正是花鼓舞能够走向产业化的必要保证。

3. 艺术变迁与花鼓舞的传播

应该说，花鼓舞之所以能在峨山达到如此规模、聚集如此高的民众热情，和其自身在社会发展中发生的适应性变迁也是有着密切关系的。在上百年的历史发展中，花鼓舞发生了很多变化。

（1）动作和套路的变化。花鼓舞在"文化大革命"期间也经历过断裂，后来的动作套路大多是经过老辈人回忆、搜集而来的，因此很多复杂的动作遗失了。同时，花鼓舞是通过花鼓师傅来教授和传承的，花鼓师傅们在教授花鼓舞的时候会进行一些创新和改造。据大龙潭乡的周师傅说，他们一般要将一些难度较大、看上去不太美观的动作进行改变，这样更多的人才能学得会。因此，虽然过去花鼓舞有近百个套路，到现在只整理出近40个，但是其被花鼓舞师傅们用心改变过的易学、漂亮的动作能够被普通人所掌握，突破了艺术与普通人之间的障碍，真正使其成为一种民众的艺术。

（2）道具的变化。过去的花鼓舞中的鼓都是当地人自己截取木材做成的，鼓形大且沉，只适用于男性，而现在多用乐器店能买到的筒鼓，光鲜亮丽且轻捷，对于妇女来说也容易背着做腾挪跳跃的动作；而很多花鼓舞中龙头师傅使用的"龙头杖"，也从过去的木雕龙头、布条、雉鸡翎等扎成的几公斤重的"杖"简化掉了龙头，只剩下雉鸡翎和少量的布条。① 据跳舞的妇女们说，过去那样的"龙头"根本舞不动。花鼓舞的道具虽然从重到轻、从复杂到简化发生了改变，但是这样的改变却使花鼓舞很大程度上突破了年龄、性别和体力对人们的限制，过去只有青壮年男子才跳得动的花鼓舞，现在大部分的妇女、年龄在 50 岁以下的人都能够参与其中。

（3）队形和艺术风格的变化。过去的花鼓舞只由 5 位男子跳，现在人数不受限制，一个队多可达 30 多个人，甚至在第一届花鼓舞艺术节时，峨山组织了 600 人的花鼓舞表演；而过去每个花鼓舞队中只有一位"龙头"，现在则根据跳舞人的多少、队形的需要和美观发展成有多位"龙头"，有的花鼓舞队中则干脆以鼓为主不要龙头。大龙潭乡的柳师傅和周师傅则创造了只有两个龙头师傅跳的"柳周对脚"。花鼓舞一直都有急鼓和板鼓之分，急鼓节奏热烈、动作交换快，板鼓节奏铿锵、动作交换慢，但有的动作要求在空中停留，难度更大。过去跳板鼓的很多，现在会跳板鼓的人已经很少了，更多的则是结合了急鼓和板鼓，使花鼓舞节奏快慢起伏有致。

在挖掘民族艺术资源、繁荣民族文化的过程中，花鼓舞的发展不仅得到了当地群众的支持，也得到了地方政府、学者、文化精英们的关注。地方政府曾组织专门的舞蹈家、县文工团的艺术人才向群众教授花鼓舞。以花鼓舞为主要元素创造的一些舞台艺术精品也逐渐脱颖而出，如《喜丧》在云南省第五届民族民间歌舞乐展演晚会中获得金奖，而在 20 世纪 50、60 年代的时候，通过艺术家们改编创造的、以花鼓舞为主要元素的舞蹈作品就已经获得过成功了，大大地宣传和发扬了花鼓舞这种民间艺术。

从祭坛走向生活，再走上舞台，透视花鼓舞不断改变的艺术符号，可以看到花鼓舞这种艺术形式文化内涵的变迁与发展。虽然，有一些传

---

① 过去的花鼓舞中都有一位龙头师傅领跳，其他人背鼓而龙头师傅持"龙头"，此"龙头"由一根头部雕有龙的木质短杖和雉鸡翎布条扎成，布条是花鼓舞到人家参加送殡时由主人给挂上的，有奖励和感激的性质，因此跳得好的、被请去参加仪式多的花鼓舞队，龙头杖上的布条就越多越鲜艳，一看花鼓舞队的龙头杖，就知道这个花鼓舞队水平如何、受欢迎的程度如何了。其实在过去的花鼓舞中，龙头杖的作用如同祭祀时用的法器。

统的元素和规则被遗忘和抛弃，但同时也突破了花鼓舞的神圣性、艺术性和普通民众间可能存在的藩篱，大量人群不受任何限制地参与花鼓舞表演，正标识了花鼓舞在现阶段所具有的"民间艺术"的真正文化内涵。

课题组成员名单

课题负责人：

施惟达　云南大学国家文化产业研究中心主任，云南大学文化产业
　　　　研究院院长，研究员、博士生导师

课题组成员：

李　炎　云南大学国家文化产业研究中心常务副主任，云南大学文
　　　　化产业研究员常务副院长，教授、博士
李菊梅　云南大学文化产业研究院书记，助理研究员
林　艺　云南大学文化产业研究院院长助理，教授
王　佳　云南大学文化产业研究院助教，在读博士
肖　青　云南大学文化产业研究院乡村文化产业研究室讲师，博士
侯云峰　云南大学文化产业研究院演出演艺产业研究室副教授，在
　　　　读博士

中国会展文化研究

华中师范大学国家文化产业研究中心

◆ 298 引　言

◆ 299 一、中国"会展文化"的内涵与构成

◆ 304 二、文化是中国会展业可持续发展的终极动力

◆ 316 三、如何营造有中国特色的"会展文化"

◆ 323 参考文献

◆ 325 课题组成员名单

引　言

按国内外业界理解，会展有狭义、广义之分，狭义上，会展是指会议（Convention and Conference）和展览（Exhibition），广义上，会展还包括各种节庆活动、体育赛事，以及各种博物馆、纪念馆的展览展示活动。本文取会展的狭义之义，论及各种展览会、博览会等通称的会展，而不涉及 APEC 会议、博鳌"亚洲论坛"之类的单纯的会议。

会展一般又可分为专业展和综合展两类。前者主要是某一行业的展览，后者则囊括众多行业、领域展品的展览，吸纳社会观众入会观展。综合展又有大小之分，"小"型综合展主要是超越行业界限的某一类展览会，比如义乌国际小商品博览会、广交会、华交会，而"大"型综合展主要是指对展品没有任何行业领域限制和类别属性的展览会，体现的是社会发展的综合水平和文明进步的整体程度，比如西湖博览会、世界博览会。此外，会展按展品征集的地域范围还可分为地方性、全国性、国际性和世界性展览会。

会展具有很强的产业关联和社会带动效应。在国际上，对会展直接经济效益和关联产业的间接经济效益的关系有 1∶9 之说，即举办一个会展，它所带动的旅游、娱乐、商贸、资讯、物流、金融、酒店、交通、广告、装饰设计等相关行业的经济收益是会展直接经济收益的 9 倍。而且，大型会展还具有很强的社会效益，它除具有商业资讯传播的媒介和平台，以及类似直销的营销功能之外，还能促进城市规划优化和基建水准提升，促进城市整体服务更加开放、优质和国际化，提高市民素质，增加就业机会，提升社会整体文明，等等。所以，国内外有"会展业"（Convention and Exhibition Industry）或"会展经济"（Convention and Exhibition Economy）之说，这是一种能创造高额经济价值和社会价值、综合性强、关联度高、拉动作用强劲的服务产业和经济形态。

最近一二十年，会展业或会展经济在中国发展迅猛，年增幅约达20%，得到各级政府和商界的极度重视，学界最近几年也开始加大对会展和会展经济的研究。但目前政界、商界、学界关注的主要是如何发挥会展的社会效益和经济效益，而对隐藏在会展业背后的文化因素却关注甚少。发达国家的产业和经济发展经验告诉我们，任何产业和经济形态要得到健康的可持续发展，必须要有良好的文化氛围和文化环境作支撑。中国会展经济要得到可持续发展，在国际会展业竞争中占有一席之地，必须要营造一种有中国特色的"会展文化"。

因此，本文拟从社会文化学的角度，结合国内外会展发展的历史与现实，重点探讨文化与会展的关系，思考中国应该构建什么样的会展文化体系，如何营造有中国特色的先进会展文化，以使文化成为中国会展业发展永不枯竭的"软动力"。

一、中国"会展文化"的内涵与构成

随着中国会展业的发展，业界人士开始关注"会展文化"，其具体见解，则可从被视为"会展人节日"的"中国国际会展文化节"一见端倪。

近年来，隶属国家发改委的会展业权威媒体《中国会展》杂志社从2005年开始，连续举办了三届中国国际会展文化节。2005年7月，首届中国国际会展文化节在郑州举行，主题是"和谐社会和会展业发展"，提出了"诚信、责任、创新、人本、可持续发展"的会展文化理念。2006年7月，第二届在长春举行，主题是"创新与会展文化"，提出了"绿色、和谐、可持续发展"的会展文化理念。2007年7月，第三届在深圳举行，主题是"竞合与会展文化"，提出了"和谐、诚信、互动、有序"的会展文化理念。细析三届会展文化节的主题和理念，都很强调"诚信、竞合、创新"。

在这三届会展文化节上，不少业界顶尖人士都发表了对"会展文化"的看法。《中国会展》杂志社社长倪玮认为，"会展文化"就是会展业从业者崇尚的价值观理念、人文精神和生活方式，[1] "竞合"是当前会展业的主流发展态势，其基础是优势互补，其方式是资源共享，其结果是共赢互利[2]。中展集团总裁梁文认为，会展文化就是会展产业的企业文化，包括能推动国民经济发展的产业目标、符合产业发展要求的产业从业人

---

[1] http://finance.sina.com.cn/g/20050710/22241780419.shtml.
[2] http://money.163.com/07/0625/21/3HS5D7GT002524TE_3.html.

员的价值观和能指导企业发展的产业核心理念，主要有五个方面：公平合理的竞争理念、诚信的经营价值观、尽责的服务意识、合作共赢的协作精神和为国家、为相关行业积极承担风险的责任感。① 第三届中国国际会展文化节组委会副秘书长文涛认为，会展文化是经营、组织和从事会展活动的所有人共同形成并认可的各类价值观、规范和制度等方面的集合，应该由核心的理念、具体的规范和制度、一定的传播形式和渠道等要素组成。北京第二外国语学院会展研究中心主任刘大可认为，会展文化至少要具备以一定价值观为核心的会展行为文化、会展表象文化、会展制度文化三要素，会展人的价值观决定了会展业构建什么样的游戏规则及行为准则，也决定了会展文化概念的总和。②

对"会展文化"进行系统辨析的当首推中国会展经济研究会秘书长陈泽炎，他认为，"会展文化"就是会展活动所涉及和体现的"文化"内涵，包括三方面的含义：第一，"会展文化"是以会展活动为载体所直接展示、代表和反映出来的关于文化的内容，主要有社会文化、消费文化和企业文化三个层面。第二，"会展文化"是会展活动被视为一种产业经济活动，在总体上所表达、展现和突显出来的会展产业在精神、理念、价值等方面的文化内涵，有四个层面：产业目标共识，即中国特色会展经济的发展要有中国特色会展文化作支撑，要遵循中国特色发展道路；产业核心理念，针对目前会展业的弊端，主要是要形成"规范"的会展业核心理念；产业价值观念，主要是要形成"合作、共赢"的会展业价值观；产业道德自律，针对当前会展业的问题，应以"诚信"为会展业道德自律的准则。第三，"会展文化"是会展组织者在筹办具体会展活动项目的过程中所体现出来的文化内质，包括展会的主题、策划宣传、会场活动、展品征集及所提供的服务等各个方面所表现出的组织者的文化观念。③

以上这些看法，基本都是从会展活动和会展经济的角度对"会展文化"进行界说，尽管可成为一家之言，但显得还较为狭窄。在我们看来，要正确而全面地理解"会展文化"，还需进一步开阔视野，打开思路，多

---

① http：//www.cce365.com/kcnews_ detail. asp? id＝753.
② 《竞合与会展文化》，《中国会展》，2007 年第 11 期。
③ 陈泽炎：《会展文化概念辨析》，《中国会展》，2005 年第 14 期；《竞合与会展文化》，《中国会展》，2007 年第 11 期。

方面加以借鉴。

首先，要清楚什么是"文化"。历来对"文化"的界定众说纷纭。英国著名学者泰勒认为，文化或文明是包括知识、信仰、艺术、道德、法律、习惯，以及其他人类作为社会成员而获得的种种能力、习性在内的一种复合体。① 有些西方学者定义得更为宽泛，人类学家克鲁克洪认为，文化是指在整个人类环境中由人所创造的有形的和无形的东西共同组成的综合体，"一种文化"就是指某一人类群体创造出的独特的生活方式，是一整套的"生存式样"②。著名人类社会学家马林诺夫斯基认为，文化就是人类社会的能直接或间接地满足人类需要的一套工具及一套风俗，是人体的或心灵的特性。③ 我国学者大多秉持《辞海》的解释："（文化）从广义来说，指人类社会历史实践过程中所创造的物质财富和精神财富的总和。从狭义来说，指社会的意识形态，以及与之相适应的制度和组织结构。文化是一种历史现象，每一个社会都有与其相适应的文化，并随着社会物质生产的发展而发展。"

其实，文化既具有人类所共有的普遍性，也具有民族性；既是历史积淀的产物，也体现时代特色，同时还具有地域、类别属性。一个时代、一个地域、一个类别所呈现出的文化现象有良莠之别，文化水平和文化素质有高低之分，因而，文化有个动态发展过程，随着实践活动的进行而不断地变化、运动、发展。文化建设的目标就是推动文化向前发展，构建一种高品质的、健康的、能推动社会发展的先进文化。

文化又是由多个相互关联的因子构成的繁复系统，其内容庞博复杂，有多种分类。就其构成、系统层次而言，可分为本土文化和外来文化、东方文化和西方文化、主流文化和亚文化、高雅文化和通俗文化、城市文化和乡土文化、精神文化和物质文化、行为文化，等等。著名文化学者庞朴曾把文化分为物质、心物结合和心理三个层面：物质层面文化是指经过人力作用的自然和物化了的劳动，即马克思说的"第二自然"所体现出的文化现象，属于文化结构的表层，是文化中最活跃、最容易变动的部分；心理层面的文化则与意识形态、思想精神相关，包括价值观

---

① J. 泰勒：《文化之定义》，见庄锡昌、顾晓鸣等编译：《多维视野中的文化理论》，浙江人民出版社1987年版，第98页。
② ［美］克莱德·克鲁克洪等著：《文化与个人》，高佳等译，浙江人民出版社1986年版，第5～8页。
③ ［英］马林诺夫斯基：《文化论》，费孝通等译，中国民间文艺出版社1987年版，第2～14页。

念、思维方式、审美情趣、道德情操、宗教情绪、民族性格，等等，属于文化结构的深层，是文化中最稳定、最保守的部分，"是文化形成类型的灵魂"；心物结合部分的文化属于文化结构的中间层，是"理论制度文化"，包括人的感情意识、社会精神产品、各种制度和社会组织，等等，这是文化中"最权威的因素，它规定着文化整体性质"①。

"会展文化"属于人类文化在会展领域的显现。现代会展事业自诞生以来就蕴涵了丰富的文化内涵。作为全球最高级别会展盛事的世界博览会，富有"创新、进步、和谐"的精神理念。创新是历届世界博览会发展的永恒动力。"富于创新的 19 世纪留给人类一个传统，这个传统在世界各大都市之间不定期地辗转传承，绵延至今，那就是世界博览会"②。每届世博会都力争办成有史以来最富创新特色的一届世博会，其创新不仅体现在会场布置、展馆展台的建筑装饰设计上，还体现在主题的推陈出新，显现人类社会每个时代的发展进步。世博会往往成为人类总结历史经验、展示聪明才智、交流最新文明成果的世界大舞台，传递的是永不枯竭的创新精神。

与创新精神相伴随的是进步理念。每届世界博览会既是上一时代文明成果的总结，也预示着下一时代的发展方向，紧扣时代发展脉搏，展示人类文明发展的进程。世界博览会能把最新的科技文明成果汇聚一堂，在长达六个月的时间里供来自世界各地的观众观摩品评，不仅加速推广了新技术，而且使人们开阔了眼界，激发出新的活力与进取心，推进人类思想和科学技术的综合文明上到新的台阶。可以说，促进人类文明进步，是世博会不懈的追求。

历届世界博览会在竞争中追求创新与进步，同时也追求人类社会与自然的和谐发展。不少世博会都具有和平理念，追求人类和平共处，到1960 年代，世博会开始关注人类与自然的和谐关系。比如，1967 年蒙特利尔世博会、1970 年大阪世博会分别以"人类与世界"、"人类的进步与和谐"为主题，1999 年昆明世博会强调"人与自然"和生态保护，2005年爱知世博会以探索大自然的睿智为主题。至今，世博会仍十分注重环保，强调人类之间、人类与自然之间和谐相处。世界博览会把各国人民

---

① 庞朴：《文化的民族性与时代性》，中国和平出版社 1988 年版，第 37～38 页。
② 马塞尔·加洛潘：《20 世纪世界博览会与国际展览局》，钱培鑫译，上海科学技术文献出版社 2005 年版，前言第 1 页。

聚集在一起，平等相处，相互促进文化交流、商业贸易，增进彼此了解，共同讨论改善人类生存状况，促进世界和平和谐与进步发展。

欧美发达国家的会展业历经几百年的发展，积淀了十分丰富的文化内涵。以被誉为"世界展览王国"的德国为例，它基本形塑成了自身极具竞争力的"会展文化"，主要是：第一，严格的行业管理，有序的会展业市场竞争文化。德国设有国家级的展览管理机构——德国展览委员会（AUMA），它代表参展商、参观者和展览会组织者三方利益，具有很强的协调、监督和管理功能，其职责和权力具有唯一性、全国性和权威性。为了维护展览市场的有序竞争，AUMA 对展览会的类别、展期、地点等方面都要进行全盘协调，保证参展商和展览商进行良好合作，避免展览会的重复举办，从而有利于展览业长期、高品质地良性发展。第二，高质、有效、领先、全方位的会展业服务文化。德国会展业流行用服务水平来衡量展会的质量，而不是用经济效益和会场出租面积。德国对会展服务十分重视，具有一套成熟的展览服务运作模式，包括展品运输、仓储、展台设计、搭建、撤展等展览的各个流程，以及交通、资讯、住宿、餐饮、旅游等各种配套服务，都很细腻周到，能使参展商毫无后顾之忧，而对参观者的服务也十分周全，会展休息休闲、娱乐游玩的设施都一应俱全。第三，品牌化、国际化、开放性的会展业经营、发展理念。德国的展览公司十分重视品牌化经营，以往全方位的展览会基本都被专业展览会所取代，实施品牌化发展战略。德国会展业一直面向全球，极力拓展国际市场，国际化是德国会展业的主要竞争优势，其所办展会遍布整个欧洲市场乃至世界市场。第四，严格、规范、高水准的会展业人才教育培训文化。德国会展业从业人员都有很高的专业素质，这保证了展会的高质量。在德国，许多高校都开设了与展览会相关的专业，注重会展理论及会展营销、策划等方面的研究，AUMA 等行业组织也制定了整套的专业人才培训内容，通过业务培训、调查实践、授予资格证书等方式全面提高会展从业人员的专业素质。

会展事业在近代中国也极为活跃，大致可分为参加国际博览会和在国内举办博览会两大部分。中国近代会展事业基本以追求富强与进步为目标，发展是其核心理念。无论晚清还是民国会展事业，都很注重展品的品评和研究，规模稍大的博览会，还会对展品进行审查，对优者给以奖励，对劣者给以鞭策。一般都会成立由专家组成的展品研究委员会和审查委员会，针对各类展品进行详细品评研究，就展品自身和展品所在行业写出详细的研究报告，指出优者的优点，劣者的弊端，然后提出发展、改进之道，以使优者明确如何更好地发展，劣者如何进行改良。近代会展事业中的发展理念，除了体现在希望展品和行业本身发展之外，还体现在希望通过举办各种各样的展览会，促进整个国民经济发展，提升整个社会的发展水平，即增进国家的富强、进步，服务于民族和国家的长远利益。可以说，民族化和民族精神的提升是近代中国会展事业的核心精神和基本诉求。

综合国际会展业和近代中国会展事业的经验，以及当今会展业界的看法，结合当今中国社会经济和文化实情，从社会文化学的角度，我们基本可以对中国会展文化的内涵作出以下的界定：

中国会展文化就是会展从业者在中国特定背景下，通过会展活动，以具体展会、会展企业、行业组织，以及会展经济为载体而直接或间接体现出的精神意志、价值观念、人文素质、行为方式和文化样式。它凝聚在会展业的存在状态与发展方式之中，体现了行业、国家、民族乃至全人类的共同精神追求，既是一种物质文化，又是一种精神文化，同时还是一种行为文化，是一个有机构成的文化系统，具有丰富的内涵，对会展业的发展起着极其重要的导向和制约作用。

二、文化是中国会展业可持续发展的终极动力

（一）中国会展业发展现状

中国贸促会副会长王锦珍谈到中国会展业发展现状时说："中国会展业的发展状况，可以用两句话概括，一是我国会展业在不长的时间内取得了突飞猛进的发展，并且有着光明的发展前景；二是我国会展业还处在市场化、产业化的初级阶段，离全面、协调、可持续发展的要求还很远。"①

第一，改革开放以来，特别是近十年来，中国会展业得到了迅猛发展。1997 年中国内地举办的各类展览会数量第一次达到 1 000 个，到 2006 年就达到了 3 800 个，实现直接经济收益 140 亿元，间接经济收益达

---

① http：//www.jlccpit.com/MeetDetails.asp？ArticleID＝485.

1 260 亿元，年增幅约 20%，"十五"（2001—2006 年）期间，会展业有年均 14% 的增幅。举办的展览会数量仅落后于美国而居全球第二。展览馆的规模不断扩大，数量也不断增多，到 2003 年，全国已建成 212 个展馆，至今，全国不少城市，特别是中西部城市都在规划建设大型展馆，中国展馆数量仅在美国、英国之后而居世界第三。目前全国主营展览的公司有近 3 500 家，从业人员达 15 万人。①

现今中国展览业面临着良好的发展机遇，最大的机遇是我国国民经济持续快速发展的大好形势。展览业是国民经济、城市经济发展的"晴雨表"，国民经济发展是会展业发展的主要依托和物质动力。发达国家会展业发达与其发达的经济是紧密相关的。庞大的中国制造业、年均增长约 10% 的国民经济为我国会展业发展奠定了雄厚的经济基础。

第二，各级政府的高度重视为我国会展业提供了强大的政治驱动力。近年来，从中央到地方的各级政府都认识到了会展的直接、间接效用而对各种展会青睐有加。国家"十一五"规划也首次提到了会展业发展，在内地 31 个省、直辖市、自治区中有 27 个将会展经济（会展业）列入了本地区的发展规划，比例高达 87%。各级政府发展会展业有明确的目标和规划，北京、上海、广州、南京、武汉、郑州、西安、重庆、成都、昆明等众多城市都依据自身特色为未来五年发展会展经济确定了目标，规划了步骤。比如，北京要打造"文化会展中心"和"国际会展之都"，成都要建设"辐射全国、面向世界的会展之都"。此外，各级政府还成立了专门机构，负责发展会展业，采取切实措施推动会展业发展。据统计，截至 2006 年，约有 34 个城市设置了相关会展管理机构。②

第三，经济体制改革的深化和统一、开放、竞争、有序的全国市场体系的形成，将为我国展览业发展提供良好的体制环境和保障。2003 年，国务院取消了在境内举办经济技术展览会的主办单位资格的审批。2004 年 7 月 1 日开始实施的《行政许可法》，取消了组织企业出国举办或参加国际展览会的主办单位资格的审批。这些举措，极大地调动了各方面参与展览活动的积极性。随着经济体制改革的进一步深化和政府职能的进

---

① http：//www.beijingww.com/4/2007/07/26/61 @ 31414.htm；http：//fair.mofcom.gov.cn/html/75/2007/9/2007925 – 9 3538 – 4972.htm；http：//www.showguide.cn/info/news_ detail.asp? id = 8990&wordPage = 2.
② 过聚荣主编：《2006—2007 年：中国会展经济发展报告》，社会科学文献出版社 2007 年版，第 34、39 页。

一步转变，政府将逐步退出对展览活动的直接参与，承担起经济调节、市场监管、社会管理和公共服务的职责，行业协会、商会等社会中介组织将承担起行业管理协调职能，从而形成政府宏观管理、企业微观参与、中介组织进行协调的良好关系，为展览业创造更多自主发展的空间。

第四，会展经济整体上有着良好发展态势。在国民经济总体存量不断扩大、中外贸易不断扩大和加深，以及经济全球化向纵深扩展的宏观经济环境下，全国大致形成了分别以上海、北京、广州为中心的长江三角洲、环渤海湾、珠江三角洲，以及东北和中西部等五大会展经济带，形成了较为合理的体现区位优势、资源优势的会展产业空间分布格局。

第五，会展业界的内部运行环境不断改善、优化，整体是向法制化、专业化、国际化和市场化发展。至 2006 年，国家相继颁布了《展会知识产权保护办法》、《出国举办经济贸易展览会审批管理办法》等法规，上海、北京、广州、湖南、四川、湖北等各地方政府也颁布了有关展览业的管理办法，不少地方建立了会展行业组织，制定了行业规范。据统计，主管会展的中国国际贸易促进委员会在全国成立了 50 个分会，地方行业性组织至少有 38 个。[①] 这使得会展业运行的制度环境趋向规范化，会展业技术运行环境也大大改善。由政府、高校、民间建立的研究机构至少有 18 个，各类会展图书、杂志大量出版，至少有 49 个各种会展网站纷纷创建，会展人才的培训教育也开始启动，会展场馆不断兴建、扩大，城市基础设施大大改善。此外，会展企业经营品牌化加强，倾力打造了一批有影响的展会品牌，专业化趋势也很明显，会展企业市场竞争意识得到加强。同时，在竞争的基础上，也加强了行业合作、区域合作、国际合作。

中国会展业面临着重大挑战。中国加入 WTO 以来，日益成为外国大型展览公司实行全球战略的首要目标市场。至 2005 年底，德国、日本、英国、美国、法国、意大利、新加坡、韩国、荷兰等十多个国家和香港、澳门地区的著名展览公司都已经纷纷进军中国市场，2006 年 WTO 在中国全面实施后，外资毋庸置疑地全面强势进入，这既给中国展览市场带来新的活力，为中国展览公司带来可资借鉴、学习的国际先进展览理念、

---

① 过聚荣主编：《2006—2007 年：中国会展经济发展报告》，社会科学文献出版社 2007 年版，第 43～46 页。

管理经验，促使中国展览业更加国际化、专业化，但同时也使中国办展机构和企业面临更加激烈的市场竞争和严峻的挑战，今后如何进一步增强自身的核心竞争力，提升本土品牌展会的国际化程度，如何在竞争中实施有效的战略合作，积极应对国际竞争，是中国展览机构和企业面临的前所未有的重大课题。

但中国会展业面临的最大挑战来自内部存在的问题和发展的不足，与发达国家的展览业比较起来还有很大差距。2007年，中国贸促会会长万季飞说："尽管中国会展业在近20多年时间里获得了迅猛发展，但是就行业的规范性、竞争力、效益水平而言，我国会展业还有很大差距，存在着一些亟须解决的问题。"他把中国会展业的差距和问题归纳如下：

展览业的市场化程度较低，行业内计划经济体制的惯性妨碍着统一、开放、竞争、有序的全国展览业市场体系的形成。展览业的资源配置、地域布局对行政的依赖度还相当高，行政条块对展览市场的分割造成行业内市场竞争不充分，严重影响了市场在资源配置中作用的发挥。

由于竞争和开放不充分，展览业效益水平不高。近两三年来，每年在我国举办的2 000多个大大小小的展览会中，大规模、上档次的展览会所占比例非常小，具有国际影响、形成品牌的展览会更是屈指可数。同时，重复办展现象十分严重，参展商严重分流，展览水平普遍不高。中国展览会的平均产值为280万元人民币，而德国展览会的平均产值为1 000万欧元。由此可以看出，我国展览活动还有很大的效益空间。

展览业发展不平衡，行业布局需要调整。展览组织、展台设计与搭建、物流、咨询等方面的服务能力相对滞后，展览设施闲置相当普遍，全国展览馆的平均使用率不足30%。而在某些地方，展览场馆供不应求，硬件设施成为行业进一步发展的瓶颈。同时，我国东西部地区展览业发展不均衡，东部沿海地区展览业较为发达，全国举办的国际性展览活动中仅北京、上海、广州、大连4个城市就占了77%。

展览业自身建设相当薄弱，亟待建立行业自律和公共服务体系。高水平展览专业人才相对缺乏，展览统计、信息发布体系不健全，宏观协调缺位等问题，妨碍着我国展览业向更高层次发展。

我国展览业存在的以上问题，从根本上说都是体制问题。展览业管理体制的改革和开放相对滞后、市场机制不够健全、法制化程度不高、市场配置资源的基础性作用没有得到充分发挥等问题，如果不在深化改革中加以解决，我国展览业就很难进一步发展。①

就以会展业相对发达的上海为例，其与发达国家相比，也存在较大差距和不足。据"上海会展经济发展报告"② 的调查研究，其差距和不足具体表现在：

第一，管理体制差距。上海会展业管理体制较之其他地区虽要先进些，但仍存在多头管理，没有一个权威的管理机构来进行统一协调，行业协会发挥的作用也相当有限，未形成合理的利益共享机制与分工协作体系，也尚未形成对办展主体有效的规范和约束机制，还存在无证办展、主题冲突、虚假广告、低水平重复办展和场内外秩序混乱等不良现象，严重损害了上海会展业的健康发展。

第二，经营机制差距。举办会展是市场行为，不是政府行为，政府不应该成为办会展的主体，办会展的主体应该是商业协会和专业会展公司，这是国际惯例。但上海的会展公司普遍都存在规模小、资金少、观念落后、经验不足等问题，与国际上许多著名的会展公司相比，在管理模式、管理总体水平、公司结构、技术手段、整体服务等方面都有很大差距。

第三，场馆设施差距。场馆规模直接制约展览业发展，国际知名展览中心都是靠大规模的展馆支撑。德国、美国、法国、日本等发达国家的会展城市一般都拥有近 10 万平方米的大型会展场馆，展览总面积都是20 ~ 50 万平方米，而且，布局合理，配套设施很完善。而上海会展场馆虽已初具规模，但总体看来，展馆建设缺乏长远规划和合理布局。上海的展馆总面积只有 15 万平方米左右，而展览面积超过 10 万平方米的展馆只 1 个，其余展馆均在 1 ~ 3 万平方米之间，而且上海展馆的配套服务设施还不完善，服务方面存在的问题很多，如展位布局不够理想、银行外币兑换不方便、交通不便等。

第四，品牌差距。上海的工业博览会、华交会、汽车展、国际家具展等在规模和服务水平上都已达到较高水平，在国际上具有一定的影响，但上海缺乏世界级的品牌展。在上海举办的展览会与世界级展览会的品牌影响相距甚远。

---

① http：//www.ce.cn/cysc/hzjj/hzjj/200709/11/t20070911_ 12863412. shtml.
② 《上海会展经济发展报告》，见过聚荣主编《2006—2007 年：中国会展经济发展报告》，社会科学文献出版社 2007 年版，第 175 ~ 199 页。

第五，人才差距。上海展览业从业人员整体素质还不高，在设计、创意、服务等方面，都与发达国家存在一定差距。同时，上海高校会展教育虽已起步，但尚未形成体系，在整个会展产业链上对高端人才的全面培养还远未实现，而培训领域在课程设置、师资、教材、证书、主办单位、培训效果评估等方面，也还没有真正满足对职业人才培养的需求。

第六，企业实力差距。目前，在上海从事展览活动的大小机构有150多个，一个展览企业举办的展会每年平均不到两个。上海缺乏具有重大影响的大型展览公司，整个展览市场的经营活动十分分散，竞争无序现象十分严重，一些展览游击队（包括外地和本地的小公司）唯利是图，趁机浑水摸鱼，造成上海展览市场十分混乱，严重损害了参展商和参展观众的利益，同时也损害了上海展览业的形象。

第七，展览规模差距。世界上最著名的专业展览几乎都是大型展览。世界第一展览强国德国每年举办约130个国际展，净展出面积690万平方米，平均每个展览超过5万平方米。而上海的展览会数量不少，但规模偏小，据统计，2002年，上海2万平方米以上的大中型展览只有18个，其中5万平方米以上的仅4个，93.4%的展览均为小型展览。而且，展览的同质化问题十分严重，很多展会内容相同、档期相近，不仅大量浪费资源，而且搞乱了市场秩序，大大降低了展览的影响力。

第八，国际化程度差距。按国家有关规定，冠以"国际"之名的展览，海外参展商必须达到20%以上，但现在上海的所谓国际展一般都达不到这个水平，有的根本就没有外国参展商。总体说来，上海展览业的国际化程度虽有所提高，但还处于初级阶段，距世界一流水平仍然有一段距离，外国参展商的数量不多，所占比例不大，尤其是缺乏国际上有影响力的企业参加。

（二）终极发展之道：大力建设有中国特色的"会展文化"

中国会展业为什么会出现前面所说的问题和不足呢？怎样才能根本消除这些问题和不足，促进中国会展业快速、良性、可持续发展，缩小与发达国家的差距，真正达到国际一流水准？人们基本认同：落后的会展文化制约了会展经济的发展。[①] 从2005年开始，会展人士开始高度关注会展文化建设，极度重视文化对会展业发展的重要性，相继于2005、

---

① 任子：《呼唤会展文化》，《中国会展》，2005年第13期。

2006、2007 年分别在郑州、长春、深圳召开中国国际会展文化节，2007年还在宁波召开了"中国城市会展合作与发展论坛"，对会展文化展开讨论。国际展览局主席吴建民认为，文化是会展的灵魂，会展能否成功，关键是看它反映的是什么样的文化，它有什么样的灵魂，谁懂得会展文化，谁能把会展文化的理念很好地体现，谁就能在市场竞争中战胜到最后。① 中国会展经济研究会秘书长、中国贸促会机械行业分会副会长陈泽炎认为："文化是一种力量，她对行业的兴衰发挥着越来越重要的作用，甚至是关键性的作用。未来的会展文化必将是行业竞争的焦点所在，未来的会展行业也因此才会机遇更多，前景更广。"② 界上传媒集团总裁倪玮说："文化是一个行业发展的根"，"我们越来越强烈地感觉到，会展业要图谋更大的发展，必须根植于文化的沃土中方能有生命力，方能长成参天大树"。③ 可见，业界高度认同会展业发展的终极之道在于建设好"会展文化"。

文化在社会发展中起着至关重要的作用，文化以其无形的力量创造了整个世界，它能促进经济发展，引导社会进步，而且文化通过传承、积淀能衍生文化本身，推动文化自身向前发展。文化观念是现代化的内在动力，现代化，特别是物质现代化大多只是文化观念的实现标志。一个民族一旦有了先进文化的自觉性，就能形成无穷无尽的生命力、凝聚力和创造力，即使它在地理环境和自然资源方面处在不利的位置，即使它在现代化进程中起步较晚，也能奋起直追、后来居上。④ 文化是物质文明不可缺少的无形的灵魂，是民族的灵魂，是社会组织的灵魂，无处不在，无时不有，它对于社会事物，犹如水和空气融于万物之中。它凝聚和焕发人们的归属感、积极性和创造性，是社会创新和发展能力的根本机制。⑤

发达国家物质文明高度发展的成功经验也可归结于文化的作用。1992 年，美国前助理国防部长、哈佛大学肯尼迪政治学院院长约瑟夫·

---

① 吴建民：《文化：会展的灵魂》，《中国会展》，2005 年第 13 期；《首届会展文化节回眸》，《中国会展》，2006 年第 12 期。
② 陈泽炎：《会展经济需要文化营养滋润》，《中国会展》，2005 年第 12 期。
③ 薛秀泓：《期待会展文化鲜花"怒放"》，《中国会展》，2005 年 11 期。
④ 花建等著：《文化力——先进文化的内涵与 21 世纪中国和平发展的文化动力》，上海文艺出版总社 2006 年版，第 1 页。
⑤ 倪会林主编：《城市文化与文明研究》，高等教育出版社 2005 年版，第 15 页。

奈在《美国定能领导世界吗?》一书中提出了"软实力"一词,认为一个国家的综合国力既包括由经济实力、科技实力、军事实力和资源潜力等组成的"硬实力",也包括以与文化、意识形态、社会制度等紧密相连的导向力、吸引力和效仿力表现出的"软实力"。2002 年,美国历史学家戴维·兰德斯把对文化作用的思考,从仅限于国家竞争力和综合国力上,进一步深入到经济、观念、体制和民族精神上,他在《国家的穷与富》一书中就明确断定:"如果经济发展给了我们什么启示,那就是文化乃举足轻重的因素",他还在《文化至关重要:价值观如何引导人类进步》一书中,把冷战结束后,众多国家和民族的发展进步都归结于文化的力量。韩国前总统金大中认为,韩国的振兴来自文化的力量,既包括韩国人民争取成为世界一流国家的挑战精神和信念,也包括各种相互匹配的制度和方法、不断进取的改革精神、国民财富的平均分配、平等的受教育机会、发达的教育、对人的尊重和对创造力的推崇,等等。① 更有人直接说:"国家富不富,文化最重要","在决定某些社会比另外一些社会更富裕方面,社会态度比政治和经济更重要",其所说的文化,不仅指一种理念,还指社会的价值观、结构、体制和交流网络。② 可见,发达国家的经验告诉我们:文化是一个民族、一个国家发展的根本力量,是社会发展进步的根本动力。

同样地,中国会展业的发展虽然与中国整体经济发展、社会发展密切相关,但终极动力是来自会展文化的无形力量。建设好富有中国特色的"会展文化",可以为会展经济发展提供强大的"软动力",是中国会展业可持续发展的终极之道。

物质文化是会展文化的表层部分,是会展业发展的"硬条件"。没有好的物质文化,属于高端服务业的会展业就失去了发展的基础。会展物质文化主要有四个层面:首先,核心层面是具体展会,包括展馆展台的建筑与设计、展品的布置与包装,以及场馆的配套设施所体现的文化理念,它是吸引观众眼球、启发观众思考的主要工具。这些都属于展会的形象包装文化,具有好的包装、高品质的文化内涵的展会才能吸引人们

---

① 金大中:《21 世纪的人力资源发展:加强知识与信息能力》,见联合国计划开发署:《2001 年人类发展报告》,中国财政经济出版社 2001 年版。
② 转引自花建等著:《文化力——先进文化的内涵与 21 世纪中国和平发展的文化动力》,上海文艺出版社 2006 年版,第 15 页。

的注意力，也更能传承、创新会展文化。其次，规模大、功能齐全、配套服务完善的展馆是会展业发展的必备条件。再次，实力强、专业性强的会展公司相互联合，走集团化道路是会展业发展的组织条件。最后，配套周全、顺畅便利、安逸舒适的城市环境，包括交通、酒店、商场等城市基础设施，旅游资源建设，等等，是会展业高端发展的必要的外围物质条件。

精神文化是会展文化的核心部分，是会展业和会展文化发展、提升的力量源泉。会展精神文化是会展人通过会展活动体现出的知识文化和观念文化。知识文化指专业的会展知识体系，观念文化则指会展人融合在会展业中的世界观、人生观、价值观和道德观。建设好"创新、开放、进步、服务、和谐"的会展精神文化能使具体展会、会展行业、会展经济获得取之不尽、用之不竭的精神动力。

中国特色的会展精神文化包括以下要素：第一，追求社会与自然和谐发展，尊重自然与追求进步并重，这是展会应体现的永恒之义，也是使会展业能持续发展的深层次的精神因素。第二，追求民族、国家的富强、进步与发展，在会展业中熔铸具有巨大凝聚力和富于创新、进步、发展愿望的民族精神，始终是中国会展业发展的巨大精神动力。第三，会展经济要服务于国民经济的发展，每个会展人、展会和会展公司都应具备通过会展经济活动为国民经济发展作贡献的理念，使会展经济与国民经济协调发展。

行为文化是会展文化的中间层面，也是会展文化的主体。会展行为文化不仅体现着会展精神文化，并在精神文化指导下，创造着高质量的物质文化。完善的会展行为文化不仅不断衍生、创造会展文化，使之不断发展、进步，而且能营造会展业发展的微观和中观环境，规范着会展业具体运行的秩序，可以使会展业的运行规范更加优化。

会展市场建设主要依靠会展行为文化建设，会展行为文化由五大部分构成。第一部分是会展制度文化，包括以法律、法规、规则等形式被固定下来，具有强制约束力的正式制度，即"硬制度"，以及以约定俗成的习惯、道德等形式存在，虽不具有强制性，但有一定约束力的非正式制度，即"软制度"。制度文化既是精神、观念文化的体现，也是生产物质文化的手段。各种"硬制度"，包括各级政府制定的会展法律法规、会展行业组织与会展公司、展会举办主体制定的规章制度，能使会展业运行有法可依、有章可据，特别是通过政府制定的严格而周全的法律法规对规范会展市场起着巨大作用。但"硬制度"运行成本高，而且具有滞后性，难以即时施行到会展市场的方方面面，这就需要主要由行业习惯和道德规范组成的各种"软制度"予以补充，它有利于培育会展行业的自觉意识，形成高度的责任感和规范意识。"硬制度"和"软制度"相结合，达成行业共识，就能以"集体行动控制个体行为"，形成一种个体行动的阈值，从而规范会展主体的市场行为，使得会展市场秩序化、规范化，大大减少骗展、同质化竞争、缺乏诚信等破坏会展市场的不良行径。

第二部分是会展产业文化，就是会展业以一种产业形态，即会展经济，所具有的目标共识、核心理念、价值观念和道德自律。整体而言，"创新、发展、开放、规范、竞合、和谐、人本"的会展产业文化不仅可以使会展经济符合社会主义市场经济的道路和方向，遵循中国特色的发展道路，而且可使会展经济发展面向世界，面向国际。同时，不断创新、科学发展的核心理念与共生共赢、同步发展的价值观念，诚实守信、以人为本、和谐发展的自律觉悟，有利于形成通过发展会展业来促进国民经济发展的产业目标共识和一种创新发展、积极进取的产业精神，以及规范和谐的产业运行秩序，从而推动会展业良性发展。

第三部分是会展形象文化，即会展业的品牌特色文化，包括会展业的整体形象、会展公司的具体形象和具体展会的品牌形象。形象就是标志，好的形象就是好的品牌，具有无形的价值，对消费者容易形成一种消费定式。按品牌化、专业化举办展会能提高展会的知名度和市场影响力，能吸引高质量的参展商，形成固定的参展群体。具有好的形象的会展公司也会具有好的信誉度，从而获得展会举办权的几率和举办成功的几率也大得多，在市场竞争中成功的几率就更大。

第四部分是会展组织文化，可分为组织建设文化和组织管理文化，主要体现在会展行业组织、会展企业组织和具体展会组织之中。完善、严格、规范的会展行业协会、会展企业和展会主办机构及其有效的管理能使会展行业运行、展会举办工作有条不紊，使会展市场在中观层面得到有效调节。

第五部分是会展服务文化，会展服务包括具体展会服务、会展行业服务、会展公司服务和与会展相关、为会展配套的服务。著名服务营销学者 Gronroos

认为："服务文化是一种鼓励优质服务的文化。拥有这种文化的组织可以为内部顾客、外部顾客提供相同的服务，组织中的每个人都将为外部顾客提供优质服务视为最基本的生活方式和最重要的价值之一。"① 随着市场竞争越来越激烈，文化是企业通过服务制胜的根本，文化是服务之根，是服务之魂，是服务的最高境界，服务的竞争实质是文化的竞争，在产品质量、品种、功能高度同质化的服务企业尤为如此。服务一旦跃上了文化的层面，有了文化的支撑，就能使企业的服务与经营有机地结合在一起，健康持续地发展，服务文化一旦内化为企业员工的心理需求，员工的积极性和创造性就会持续不断地激发出来，不仅使优质服务规范化、常态化，而且能主动服务、用心服务、创新服务。建设好服务文化，能使服务从制度层面完成文化和观念上的整合，充分发挥服务文化的陶冶力、推动力，从而形成重要的生产力。以"诚信、人本、周全、规范、优质"为内涵去建设好各个层面的会展服务文化，无疑会聚合成会展业发展的巨大推动力。

中国会展文化的系统结构

文化层面	内　　涵
表层：物质文化	
1. 展会	直接展示文化表征
（1）展会整体	时尚、专业、预示发展方向
（2）展品	展示时代文化信息
（3）会场建筑与布置设计	融合艺术文化和时代精神
2. 展馆	规模大、功能齐全
3. 展览公司	集团化、专业化
4. 其他物质环境：交通、酒店、商场等城市基础设施，旅游资源建设，等等。	配套周全、顺畅便利、安逸舒适
中间层：行为文化	
1. 制度文化	周全、严格、规范、有序

---

① 李开新：《浅谈企业的服务文化》，见 http://www.cnii.com.cn/20060808/ca376906.htm.

续　表

文化层面	内　涵
（1）国家会展法律与法规	（1）"硬"制度：各种规章制度，要周全、严格，使会展行业运行有法可依、有章可据；
（2）会展行业规定与规范	
（3）会展公司制度与规范	（2）"软"制度：行业自律与自觉规范，形成高度责任感和自觉意识、规范意识。
（4）具体展会规定与规范	
2. 产业文化	创新、发展、开放、规范、竞合、和谐、人本
（1）会展经济运行基本规律	与社会主义市场经济特征相适应
（2）产业目标共识	会展产业发展和国民经济发展
（3）产业核心理念	创新、发展、科学
（4）产业价值观念	发展、进步、共赢
（5）产业道德自律	诚信、人本、和谐
3. 形象文化	健康、特色
（1）具体展会形象	品牌化、行业特色
（2）会展公司形象	诚信、行业特色
（3）产业整体形象	规范、中国特色
4. 组织文化	完善、严格、规范
（1）行业组织文化	（1）组织建设：完善
（2）企业组织文化	（2）组织管理：严格、规范、有序
（3）展会组织文化	
5. 服务文化	
（1）展会服务	诚信、人本、周全、规范、优质
（2）会展行业服务	
（3）会展公司服务	
（4）其他关联服务	
深层：精神文化	创新、开放、进步、服务、和谐
1. 人类共有精神层面	追求人类、社会与自然的和谐发展
2. 国家民族精神层面	追求国家富强、民族进步、社会发展
3. 会展经济精神层面	为国民经济发展服务
4. 会展行业精神层面	符合社会主义市场运行基本特征

续　表

文化层面	内　　涵
5. 会展公司精神层面	有特色的企业精神
6. 具体展会指导思想	时代性、前瞻性
7. 会展人的知识、观念、精神	爱国、敬业、专业

会展物质文化、会展行为文化和会展精神文化是会展文化中相互依托、相互提升的三个层面。会展物质文化是会展文化的表层，是会展业发展的基础条件，也是会展文化具体显现的外在载体。会展行为文化是会展文化的中间层，也是其主体和关键部分，它重在营造会展业发展的微观和中观环境，会展行为文化体现着会展精神文化，并在其指导下，不断创造出会展物质文化，没有高品质的会展行为文化，会展业就难以型塑出丰富而优质的文化内涵，也就难以得到可持续发展。会展精神文化是会展文化的深层，也是其核心部分，它是会展业和会展文化不断发展、提升的力量源泉。

三、如何营造有中国特色的"会展文化"

目前，会展业界直接注重"会展文化"建设的举措主要有三个：一是举办会展人的专业论坛，比如中国国际会展文化节、城市会展合作与发展论坛，汇集业界专家进行研讨。二是在举办展会时注重塑造"文化"内涵，以"文化"凸显展会特征，形成"文化"特色与优势。比如，2007年6月在厦门举行的"海峡西岸汽车博览会"主打"文化"牌，以"建设融合汽车文化、促进海峡两岸合作交流、为消费者服务的综合平台"，定位为"人、车与自然"，以"车文化"立展，同时，以与"车"有关的娱乐活动进行造势。① 三是举办文化展览会。近年来，随着文化产业升温，全国各地都注重发展文化经济，举办各种各样的文化展览会，这是一种以"文化产品"为展品的展览会，展示的是"文化"成果。目前业界和学界对如何建设会展文化的讨论和研究还只是停留在界定什么是"会展文化"的表面，而且，现有思考都只是停留在"思考"层面，

---

① 《2007海峡西岸汽车博览会成功举办》，《中国机电工业》，2007年第7期。

并没有与中国会展业发展的现状相结合进行全面和深入的研究。此外，对如何把文化与会展相结合，真正使文化成为会展业发展的"软动力"还存在认识误区。建设会展文化并不只是打"文化"牌，不只是凸显"文化"主题，更不只是通过展会展示"文化"，而更多的是把"文化"融合到具体展会和会展业运行的各个环节之中，使文化成为一种无形的资源和动力，即所谓的"文化力"、"文化资本"。

那么，到底如何按照本文所界定的中国"会展文化"内涵，结合中国会展业发展现状进行具有中国特色的"会展文化"建设呢？

会展文化既是社会主义先进文化的一部分，也是会展业的行业文化；既要体现有中国特色的社会主义的精神和特征，也要体现国内外会展业的基本特征。因此，中国会展文化建设总的指导思想，一是要体现有中国特色社会主义的主流意识，以马克思主义、邓小平理论、"三个代表"重要思想、科学发展观为指导，要积极为有中国特色社会主义市场经济发展服务，要遵循中国的发展道路和方向，把会展文化建设与熔铸民族精神结合起来，形成一种蓬勃向上的追求进步的发展观念，一种为国家富强、民族进步而积极进取的高度责任感和奉献精神。二是要在会展业界形成一种创新、进步、和谐、诚信的共有价值观，形成人人谋发展进步，人人遵守规章秩序的共识。三是要注重会展行为文化的建设，以此作为会展文化建设的切入点和抓手。此外，还要把国际标准、中国特色、地域文化、民族文化融合起来思考会展文化建设的具体措施。

关于具体建设措施，我们建议从以下几方面着手：

第一，行业组织要大力建设会展行业文化。

健全的市场体系及市场运行机制离不开行业组织，它已成为政府、企业、市场之间联系的纽带和桥梁。建立和发展行业组织是解决政府缺位问题的有效形式，它可以协助政府实施行业管理和维护企业合法权益，从而推动经济的健康发展。行业组织具有"自我管理、自我服务、自我协调、自我约束、自我教育"的特性，它既是企业在市场竞争中站稳脚跟、赢得市场、做大做强的必然选择，也是企业走向市场的向导，是企业权益和社会经济秩序的维护者。

至2006年，我国很多省市都建立了会展行业组织，在政府有关部门的指导下，上海、北京、广州、福建、浙江、宁波等地的会展业行业协会颁布了自律和服务公约，确定会展行业标准和经营行为规范，建立和推行符合国际惯例的会展项目评估和主体资质认证，完善信息、联络、代理、咨询、调解等服务功能，发挥行业统计、调查、分析等自律管理作用，推动和引导会展经济健康有序地发展。但就全国而言，就行业整体而言，一是要建立全国性的会展行业协会，全面协调国家政府与整个会展行业的关系，协调会展行业的全国性市场关系；二是要弥补地区差异，上海、北京、广州等地会展行业协会的组织建设和自律功能的发挥较为完善，但其他地区，特别是中西部地区行业协会要么没有组建，要么只有组织形式，没有实质性功能发挥；三是随着会展业的不断发展，不断完善行业协会发挥功能的机制，使行业协会的功能得到充分发挥。

第二，会展公司要积极建设企业文化。

会展企业文化是会展文化的重要组成部分。企业文化是企业在经营活动中形成的为全体员工遵循的共同意识、价值观念、经营理念、职业道德、行为规范和准则的总和，是企业在自身发展过程中形成的以价值为核心的独特的文化管理模式。它可分为企业精神文化，即体现企业核心价值观的主流意识形态的总和；企业行为文化，即企业的各种制度、经营活动和员工行为所蕴涵的文化观念；以及企业的形象文化，即通过企业的产品、广告、员工等标志体现出的企业整体风貌。企业文化是企业个性化的根本体现，也是企业生存、竞争、发展的灵魂，是企业的核心竞争力。企业文化具有理念导向作用，引导员工围绕企业目标，在各自的工作岗位上实现自身和企业价值；精神激励作用，强有力的企业文化，是发掘内在潜力，促进企业发展的不尽源泉；团队凝聚作用，能增强团队的向心力，凝聚力；内在约束作用，企业文化作为一种无形的非强制性的约束力量，能够弥补强制性约束的不足，有利于排除企业内部管理方面的潜在障碍；创新推动作用，能推动企业全面创新，提升竞争实力；形象辐射作用，能内提素质，外树形象，提高企业知名度，强化美誉度，增强感染力。

中国会展公司要想在与发达的国际会展公司竞争中立于不败之地，必须营造有特色的企业文化。而中国会展业要营造富有先进性的会展文化体系，也必须要依靠一批具有良好企业文化的会展企业。会展公司在顺应集团化、专业化的国际发展趋势的同时，要通过借鉴国际先进企业文化建设经验，把中国社会主义市场经济的特征和中国传统文化的优势结合起来，积极推进企业文化建设。首先，整合企业精神文化，确立价值观念系统，把包括企业使命、企业愿景、核心价值观、企业精神、经营理念、管理风格、人力资源理念等全部价值理念进行发掘、总结、提炼和升华，或因地制宜地引入当代前沿的先进理念，以形成独具本企业特色的融科学性、现代性、系统性、统一性为一体的价值理念系统。其次，规范企业行为文化，建立行为规范系统。在企业核心价值理念的指导下，对企业职业道德规范、员工行为准则、团队管理、沟通渠道等等进行规范设计，形成既具现代文明又有可操作性的实用的行为规范系统。再次，创造企业形象文化，建立品牌形象系统。以全方位的表层形象来反映深层的企业价值理念，对企业名称、标志、商标品牌、广告包装、员工服饰、环境装饰、内外宣传等等进行策划、创作、设计、制作，形成具有鲜明个性的品牌形象系统。①

第三，按专业化、国际化标准打造一批具有影响力的品牌展会，建设品牌会展文化。

品牌展会是指具有一定规模，能代表和反映该行业的发展动态和发展趋势，对该行业具有较强的指导和影响力的展会。品牌代表了规模、信誉和企业形象，品牌化必将是会展行业未来的发展趋势。与一般展会相比较，品牌展会具有四大基本特征：一是具有较高的知名度和较大的影响力；二是具有较好的规模成效，能吸引许多参展商、专业观众的参与，具备相当的展位规模；三是具有较强的权威性、前瞻性和预见性，能代表该行业的发展方向，拥有较强的声誉和可信度；四是具有规范的服务和完善的功能。

那么，如何打造品牌会展？一要树立品牌意识，以品牌观念塑造品牌展会；二要科学地明确品牌定位，确立品牌会展的经营导向；三要制定、实施长期的品牌战略；四要走专业化、集团化、国际化发展路线；五要引进现代管理经验，提升品牌服务理念；六要加强品牌宣传，积极获取权威协会、机构和代表性参展商的支持与认可；七要根据自身优劣势，采取培育品牌的正确路径，主要有自我培育、强强展会联合和移植国际品牌三种；八要建设优质品牌文化，品牌是文化的载体，文化是凝结在品牌上的企业精华，也是对渗透在品牌经营全过程中的理念、意志、行为规范和团队风格的体现。因此，当产品同质化程度越来越高，而企

---

① 此处参考了张云初、曹东林等编著《新企业文化运动》，中信出版社 2006 年版，第 7~8 页。

业在产品、价格、渠道上越来越不能通过差异化来获得竞争优势的时候，品牌文化正好提供了一种解决之道。总之，未来企业竞争不仅仅是品牌的竞争，更是品牌文化之间的竞争。

品牌展会是会展文化的集中展现，凝聚了会展文化内涵，好的品牌能提升、发展、传播会展文化，反过来，文化是品牌的核心，是品牌的内涵，能提升品牌附加值，提高品牌产品竞争力。未来市场竞争是品牌的竞争，更是文化的竞争。中国会展业要打造一批会展品牌，要善于利用品牌的文化优势，将无形的文化价值转化为有形的品牌价值，把文化财富转化为企业竞争资本，使品牌的文化内涵带给品牌更高的附加值和市场价值，真正地视品牌为生命，以品牌文化提升核心竞争力，才能在市场的激烈角逐中立于不败之地。

第四，大力开展会展教育与培训，建设一支高素质的会展专业人才队伍。

富有高素质文化内涵的会展人才既是会展文化的集中体现，也是会展文化的创造者、传播者和运作者。没有在策划、经营、管理、营销、设计、物流等各个环节的专业人才和系统人才，没有具有语言能力、沟通能力、管理能力和专业知识的复合型人才，没有既具备传统文化素养，又有现代科学知识的通达人才，就难以打造出一批影响深远、知名度高、具国际权威性的会展品牌，难以建设出有中国特色的"会展文化"，也就难以促使会展业的持续性发展、繁荣。会展业是一种高端的服务产业，要具备"人本"观念，人才是至关重要的。

建设会展专业人才队伍可从以下诸方面入手：（1）建立高等教育、职业教育、行业协会教育和企业教育"四位一体"的会展教育培训体系。高等院校应成为会展教育的核心，担负着课程规划、学历与学位教育、科研等职能；职教主要承担具体操作业务的培训，培养有实际操作技能的实际运作人才；行业协会主要从事资格认证教育，同时组织业内人士相互研讨，交流经验；企业主要是结合企业文化对员工进行培训。（2）实施开放性教育，要积极吸收国外先进的办学经验和教学体系，同国外最先进的管理模式接轨，与国外高等教育机构、国内外有权威的相关行业协会、国内外具体从事会展活动策划、经营与管理的企业合作办学，增强教育培训的实用性和针对性。（3）加强师资队伍建设，培养职业化的教育与科研队伍。师资建设要走国际化道路，选派相关人员到国外培训，吸收国外最新知识与研究成果，政府和企业要积极出资培养科研队伍，对有关会展研究的项目给予政策倾斜和资金支持。（4）要实行综合性教育与培训。会展活动是综合性活动，会展产业是高度综合性的服务产业，也是具有高关联度的产业，会展高端人才不仅要具备会展的综合知识，还要具有有关会展业的法律、旅游、语言等关联知识，因此，会展教育与培训，就必须把会展专业知识与旅游、酒店管理、营销、法律、设计、社交礼仪、金融等关联知识结合起来，实施综合知识教育。（5）对会展人才要实施人文素质教育，包括道德修养、传统文化素质、职业操守、民族国家意识、进取精神、宏阔视野、开放意识，以及对企业文化、会展文化的认同，等等。（6）要完善用人机制，建立会展职业经理人体制和流动机制，为优秀人才创造良好的展示其才华的条件，并注重人才的合理流动性，把人才培养和人才引进有效结合起来。

第五，塑造会展城市的良好形象。

城市是现代文明的集聚地，也是传播文化的主要载体之一。好的城市建设、城市形象，能体现现代文明的发展成果，也能代表先进文化的发展水平和发展方向。反过来，文化是城市的内涵，是城市的灵魂，没有文化品位的城市，纵有摩天大楼、霓虹灯海，也是没有灵气、没有生气的城市，即使能辉煌一时一世，也必然会走向衰落。文化是城市的核心竞争力之一，是城市发展的终极动力。会展品牌是城市的一大标签，能展示城市的文化个性，创新城市的文化特色，提升城市的文化形象。同时，好的城市形象与城市基础条件有助于打造好的会展品牌，能与会展文化相得益彰。

塑造会展城市良好形象首先要根据自身的资源优势，明确会展城市的科学定位。会展产业作为高端服务产业，对资源基础的要求非常高，虽然所有城市都可以把举办会展作为拉动经济、推动城市发展的一个举措，但不可以"会展立市"，并不是所有城市都可定位为"会展城市"，而且，即使适合大力发展会展业的城市也要根据自身的区位优势、产业优势、自然资源优势、文化旅游优势等条件确定要打造出什么样的会展形象。国内外知名会展城市都有明确的定位，比如，法兰克福的消费品博览会、慕尼黑的建筑机械博览会、纽伦堡的玩具博览会、底特律的汽车博览会、义乌的小商品博览会。其次，要按专业化、国际化要求，综合城市资源条件，打造品牌会展，让会展品牌形象与会展城市形象相互推动，相得益彰。再次，要大力开始社会主义精神文明建设，提高市民文明素质和国民素质，为会展发展营造良好的人文环境。复次，要完善城市交通、通讯、金融、酒店、展馆等基础设施，提升城市整体服务水平，为会展业发展创造便利的物质性条件。最后，要利用政府公权力，积极进行会展城市形象的策划、宣传、营销，吸引观众、参展商，特别是权威性行业机构、著名企业、知名专家参加本城市举办的展会。

第六，积极建立促进会展文化自身创新、发展的机制。

文化不仅作为一种资源，形成文化力，而且，它自身也有个不断发展的过程。文化作为一种系统结构，其发展受多种因素的制约，除了受物质文明条件的制约之外，也受其内部发展条件的制约。建设好会展文化，除了前面所说的通过会展行业组织、会展公司、品牌会展、会展人、会展城市等有关会展文化载体予以着手之外，还必须采取促进会展文化自身发展的一些措施：（1）积极开展会展文化理论研究，不断丰富会展文化的时代内涵，提升社会各界对会展文化的认识水平。（2）提高市民文明素质和会展从业人员及相关管理服务人员的人文素质。（3）发挥相关文化力的作用，在会展中开展各种文化活动，或把文化理念融合到会展业和具体展会的各个环节，用文化来促进会展文化的发展。（4）建立科学的会展文化评估体系，对会展文化的各个要素进行分析评估，从而形成会展文化创新发展的约束机制和激励机制；会展文化评估与会展评估要紧密结合起来，共同推动会展业的发展繁荣。（5）建立科学的会展文化调控机制和预警机制，加强政府指导思想、社会主流意识和行业主流规范和发展趋势对会展文化的导向作用。（6）扩大会展文化的传播渠道。会展文化虽然可以通过品牌会展、会展城市、会展人等载体无形地展示出来、传播开来，但"会展文化"作为一个文化事物，其内涵、作用，以及建设措施与途径要为社会各界，特别是会展业界所认识、接受，成为一种共识，还必须通过业界会议、学术会议、现代传媒等各种渠道大力宣传"会展文化"，扩大"会展文化"的声势与影响。

第七，要重视展会的网络文化建设和以网络举办展会的文化建设。

现代计算机通讯技术日新月异、突飞猛进，网络成为人们联系、沟通、交流的较为普遍的一种方式，成为现代资讯发展的一种主要手段。信息技术在会展经济中的应用日趋明显。先进的网络技术可以提高展馆、展会、展览企业的服务水平，它方便、快捷，便于系统管理、操作和跟踪服务。网络展会是网络电子商务的一个体现,网络展览是企业之间通过网上琳琅满目的商品信息、完善的物流配送系统和方便安全的资金结算系统进行交易的网络平台,它借助数据信息传输手段取代了传统的实物展示手段,打破了时间与空间的局限,是对传统展览的创新与突破,给传统展览模式带来了新的生机和压力。网络会展是未来会展业发展的一大趋势,但它不会取代实物会展而成为会展业的主角,只会与实物会展相互补充、相得益彰,共同推动会展业的发展繁荣。会展业通过网络而体现出的文化对会展文化研究而言,是一个新事物,也是一个新的研究课题。会展网络文化,除具有实物会展文化和网络文化的一般特征之外,诚信和安全是其两大核心。缺乏诚信,网络展会就失去了生存的基础;缺乏安全,网络展会就失去了生存的保障。

参考文献

[1] 过聚荣主编.2006—2007 年:中国会展经济发展报告.北京:社会科学文献出版社,2007.

[2] 2007 年中国会展经济研究会学术年会论文集.广东东莞,2007 – 03 – 09 ~ 12.

[3] 沈丹阳主编."十五"期间(2001—2005)中国展览业发展报告.北京:经济日报出版社,2007.

[4] 中国国际贸易促进委员会编.中国会展经济发展报告:2005.北京:中国经济出版社,2006.

[5] 中国国际贸易促进委员会编.中国会展经济发展报告:2004.北京:经济日报出版社,2005.

[6] 徐晨滨主编.中国博览会和展览会.北京:中国言实出版社,2003.

[7] 刘大可主编.中国会展业:理论、现状与政策.北京:中国商务出版社,2004.

[8] 文魁,储祥银主编.北京会展业发展研究.北京:首都经济贸易大学出版社,2006.

[9] 朱立文主编.中国会展城市备忘录.北京:中国海关出版社,2003.

［10］周利方，沈全主编．会展政策与法规．上海：立信会计出版社，2006.

［11］应丽君主编．21 世纪中国会展经济与会展产业．重庆：重庆大学出版社，2003.

［12］戴光全．重大事件对城市发展及城市旅游的影响研究——以99'昆明世界园艺博览会为例．北京：中国旅游出版社，2005.

［13］张玉敏主编．中国及海外会展概览：2007—2008．北京：经济日报出版社，2006.

［14］张玉敏主编．中国及海外会展概览：2005—2006．北京：经济日报出版社，2004.

［15］孙明贵主编．会展经济学．北京：机械工业出版社，2006.

［16］刘大可，王起静主编．会展活动概论．北京：清华大学出版社，2004.

［17］京柏．会展实践与理论．深圳：海天出版社，2004.

［18］王玉松主编．会展业的法律规制．上海：上海人民出版社，2005.

［19］施昌奎．会展经济：运营·管理·模式．北京：中国经济出版社，2006.

［20］沈丹阳主编．中国展览概述．北京：中国劳动社会保障出版社，2006.

［21］余阳明，姜炜．博览学．上海：复旦大学出版社，2005.

［22］张文建，金辉主编．中外会展述论．上海：上海人民出版社，2006.

［23］肖海．法兰克福家用纺织品博览会趋势解读．北京：中国纺织出版社，2007.

［24］梁文．经济全球化与国际展览业．南宁：广西人民出版社，2004.

［25］周秀琴，李近明编著．文明的进程：走进世界博览会历史．上海：学林出版社，2007.

［26］上海城市规划设计研究院编著．世博会：回眸与展望．上海：上海文艺出版社，2005.

［27］阿尔弗雷德·海勒．文明的进程：世博会的发展与思考．吴惠族等译，上海：上海科学技术文献出版社，2003.

［28］马塞尔·加洛潘．20 世纪世界博览会与国际展览局．钱培鑫译，上海：上海科学技术文献出版社，2005.

［29］丁锡镛著．世界博览会全纪录：1851 至 2005 年（上中下三册）．台北：岚德出版社，2006.

［30］庄锡昌，顾晓鸣等编译．多维视野中的文化理论．杭州：浙江人民出版社，1987.

［31］克莱德·克鲁克洪等著．文化与个人．高佳等译．杭州：浙江人民出版社，1986.

［32］马林诺夫斯基．文化论．费孝通等译．北京：中国民间文艺出版社，1987.

［33］庞朴．文化的民族性与时代性．北京：中国和平出版社，1988.

［34］花建等著．文化力——先进文化的内涵与 21 世纪中国和平发展的文化动力．上海：上海文艺出版总社，2006.

［35］饶会林主编．城市文化与文明研究．高等教育出版社，2005.

［36］张云初，曹东林等编著．新企业文化运动．北京：中信出版社，2006.

［37］洪振强．民族主义与近代中国博览会事业（1851—1937）．华中师范大学博士学位论文，马敏教授指导，2006.

［38］况坤林．会展经济研究，武汉大学博士学位论文，2005.

［39］王新刚．中国会展经济研究．吉林大学博士学位论文，2004.

［40］国家发展和改革委员会主管．中国会展杂志．

课题组成员名单

课题负责人：

马　敏　华中师范大学校长、教授、博士研究生导师，中国史学会
　　　　副会长

课题组成员：

付海晏　华中师范大学国家文化产业研究中心副教授、博士
洪振强　华中师范大学国家文化产业研究中心副教授、博士